产品力

专业PO的产品管理实用手册

[荷] 克里斯·卢卡森　　罗宾·舒尔曼　著　　周子衿 译
(Chris Lukassen)　　(Robbin Schuurman)

清华大学出版社

北京

内容简介

  本书共 7 部分 33 章，阐述了专业产品人可以通过哪六种姿态来构思、设计、影响和管理产品。两位作者有多年的从业经验，通过本书分享了产品人常见的误区及其改进策略，强调了专业产品人的关键职责：最大化产品价值、管理产品待办事项列表、沟通产品目标和保持产品透明度等。书中还分别介绍了专业产品人的六种姿态以及如何运用这些姿态来提高决策质量、创新业务模型、扩大产品规模和影响干系人。

  本书适合所有关注产品及其生命周期管理的读者阅读和参考。

北京市版权局著作权合同登记号 图字号：01-2023-5001

Authorized translation from the English language edition, entitled Practical Product Management for Product Owners: Creating Winning Products with the Professional Product Owner Stances 1e by Chris Lukassen/ Robbin Schuurman, published by Pearson Education, Inc, Copyright © 2023 Pearson Education, Inc.

All rights reserved. No part of this book may be reproduced or transmitted in any form or by any means, electronic or mechanical, including photocopying, recording or by any information storage retrieval system, without permission from Pearson Education, Inc.

CHINESE SIMPLIFIED language edition published by TSINGHUA UNIVERSITY PRESS LTD. Copyright © 2025.

AUTHORIZED FOR SALE AND DISTRIBUTION IN THE PEOPLE'S REPUBLIC OF CHINA ONLY (EXCLUDES TAIWAN, HONG KONG, AND MACAU SAR).

本书简体中文版由 Pearson Education 授予清华大学出版社在中华人民共和国境内（不包括香港特别行政区、澳门特别行政区和台湾地区）销售和发行。未经出版者许可，不得以任何方式复制或传播本书的任何部分。

本书封面贴有 Pearson Education 防伪标签，无标签者不得销售。

版权所有，侵权必究。举报：010-62782989，beiqinquan@tup.tsinghua.edu.cn。

图书在版编目（CIP）数据

  产品力：专业 PO 的产品管理实用手册 / (荷) 克里斯·卢卡森 (Chris Lukassen)，(荷) 罗宾·舒尔曼 (Robbin Schuurman) 著；周子衿译 .
  北京：清华大学出版社，2025. 9. -- ISBN 978-7-302-70125-5
  Ⅰ . F273.2-62
  中国国家版本馆 CIP 数据核字第 2025VE1513 号

责任编辑：文开琪
封面设计：李　坤
责任校对：方媛媛
责任印制：杨　艳

出版发行：清华大学出版社
   网　　址：https://www.tup.com.cn，https://www.wqxuetang.com
   地　　址：北京清华大学学研大厦 A 座　　　　　　　邮　编：100084
   社 总 机：010-83470000　　　　　　　　　　　　邮　购：010-62786544
   投稿与读者服务：010-62776969，c-service@tup.tsinghua.edu.cn
   质量反馈：010-62772015，zhiliang@tup.tsinghua.edu.cn
印 装 者：涿州汇美亿浓印刷有限公司
经　　销：全国新华书店
开　　本：178mm×230mm　　　印　张：24.5　　　字　数：517 千字
　　　　　（附赠全彩不干胶手册）
版　　次：2025 年 9 月第 1 版　　　印　次：2025 年 9 月第 1 次印刷
定　　价：139.00 元

产品编号：103083-01

姿态 "stance" 的定义

/stɑːns, stans/

名词

一个人站立的方式或立场，也指一个人的姿态，特别是有意选取的姿态，尤其是在柔术、高尔夫和其他体育运动中。

She altered her stance, resting all her weight on one leg.（她换了换姿势，单腿站立，整个身体的重量集中于此。）

—— 《牛津英语词典》

推荐序

> 产品负责人是一个人，而不是一个委员会。在产品待办事项列表中，产品负责人可以代表诸多干系人的期望和要求。为此，尝试改变产品待办事项列表的人需要先尝试说服产品负责人。
>
> ——《Scrum 指南》2020 年版 [①]

PO（product owner，产品负责人或产品经理）具体负责什么呢？负责将团队工作成果（即产品）的价值最大化。至于具体细节，不同组织、Scrum 团队和个体可能有很大的差异。此外，PO 还负责对产品待办事项（product backlog list，PBL）列表进行有效的管理，具体细节如下：

- 制定产品目标并以明确、有效的方式进行传达和沟通；
- 创建产品待办事项并以清晰、有效的方式进行传达和沟通；
- 对产品待办事项进行优先级排序；
- 确保产品待办事项列表是透明的、可见的和可理解的。

以上这些工作，PO 既可以自行完成，也可以安排其他人完成。然而归根到底，她/他是最终责任人。为了确保产品的成功，整个组织需要尊重他/她做出的产品决定。这些决定具体表现为产品待办事项列表中包含哪些内容及其优先级顺序，以及冲刺评审会议中可检视的产品增量。

对许多组织来说，产品所有权的归属都是一个极大的挑战。这样的组织在讨论该主题时，很多员工往往会提出诸如此类的问题："产品负责人是来自研发部门的业务分析师吗？""产品负责人是来自业务部门的产品经理吗？"实际上，一旦组织采用 Scrum，其思维模式就会发生变化，原有的组织架构需要做出相应的改变。这样的组织很难接受这个观点：要想最大化产品相关工作成果的价值，必须由专人来负责产品的

---

① 参见 https://scrumguides.org/scrum-guide.html#product-owner。

管理。如此单一的职责，在大多数组织看来是无法接受的。他们希望通过团队、管理级别、流程、控制和管理来确保产品能够以正确的方式完成并实现更大的价值。一旦出现失误，就是所有人的责任，然而，所谓人人有责，实际上也意味着没有人真正能够为此负责。Scrum 之所以引入"产品负责人"这个角色，其目的是帮助团队实现有效交付价值并消除传统组织决策中的障碍。目的是明确的，但细节比较模糊。产品负责人如何定义"最有价值"呢？他们的日常工作有哪些？他们如何与干系人和团队互动？他们要为多少个团队提供服务？

　　这些问题很难回答，因为不同的行业和业务场景下，Scrum 的应用方式呈多样化态势。例如，基因研究机构中产品负责人所需要的技能显然不同于银行或零售机构中的产品负责人。此外，每个组织应用 Scrum 的方式也不同。在一些组织中，Scrum 团队可以直接与客户联系，并拥有直接交付价值的自主权。而在另一些组织中，Scrum 团队所遵循的是一个复杂的发布流程，涉及数十个小团队，这些团队需要合力实现相互关联且彼此依赖的目标。对各个待办事项的价值进行排序以及与各个团队进行合作，要基于具体的情境选取不同的关注点和方法。

　　所有产品负责人都需要掌握一系列必知必会的基本技能。更重要的是，这些技能可以分门别类，呈现为不同的姿态，为产品负责人提供背景和边界。在我们看来，可以用"姿态"来描述产品负责人的工作方式。在与本书两位作者（克里斯和罗宾）共同为 Scrum.org 开发"专业 Scrum 产品负责人高阶课程"时，我第一次了解到这些很受欢迎但又经常被误解的姿态。它们不仅为产品所有权的阐释提供了非常有效的方式，还为产品管理搭建了一座桥梁。在面对困境时，这些姿态还能帮助产品负责人有所取舍，做到要事优先。

　　例如，在一个涉及多个团队的复杂环境中，产品负责人更像是乙方而不是甲方，在这种情况下，选取"愿景家"姿态可以让产品负责人更清楚如何支持待办事项列表，以及如何帮助团队了解产品待办事项的背景。尽管选取"愿景家"姿态并没有改变产品负责人的乙方角色，但它有助于鼓励他们运用更多的技能，使其充分理解他们所接手的产品待办事项的上下文。在应用这些姿态的过程中，产品负责人有望逐步建立和提升自己的产品影响力。

这些姿态与产品管理、精益 UX、精益创业、教练、引导和其他知识领域有关。从中可以看出，为了有效创造价值，优秀的产品负责人需要具备非常广泛的技能。有趣的是，尽管《Scrum 指南》的描述很简短，只有 4 个段落和一个要点列表，但它传达的信息却相当丰富。这也体现了 Scrum 的特点，常言说得好："知易行难。"

在这本书中，克里斯和罗宾详细介绍了产品负责人可以选取的各种姿态及其可能的技能组合。他们用生动的例子展示了产品负责人面临的挑战以及产品所有权到位能带来的价值。作为 Scrum.org 的产品负责人，我采纳了书中许多实用的示例和思路。阅读这本书也让我重新调整了自己的关注点，以免饱受细节干扰而分心。价值是我的终极目标，但其他事情经常让我迷失方向。在本书中，克里斯和罗宾为我提供了一盏或者说六盏指路明灯，帮助我找到了能够为组织交付更多价值的方法。

成为一流的产品负责人不容易，很多人甚至可能永远无法企及。从我的个人经验来看，尽管已经投身于这个领域很多年，但我仍然在努力寻求平衡、保持专注和加强沟通。值得欣慰的是，我们每完成一个了不起的增量、交付一个 Sprint 目标以及实现一个产品目标，实际上都是在改变世界！祝大家好运，同时也希望大家喜欢这本书。

——戴夫·韦斯特（Dave West）

Scrum.org 首席执行官 & 产品负责人

前　言

本书旨在帮助产品负责人了解和避免一些常见的低级错误，为他们提供更好的选择、更有效的行为方式以及实用的工具、概念与方法，使其成为出色的产品负责人并为客户提供更高价值的产品和服务。本书采用案例研究的方法来展示这些问题及其替代解决方案。尽管案例是虚构的，但确实来自两位作者与产品负责人的真实合作经历。

尽管组织在开发产品和服务上投入了大量的时间和资金，但并不能保证最后交付的产品或服务是十全十美的。我们认为，原因在于产品负责人（也称"产品经理"）通常缺乏为客户提供优质产品和服务所必要的责任感、经验和技能。因为经验不足，所以他们经常千方百计地迎合干系人，完全按照对方的想法来做产品，即使这些想法可能并不是特别适合客户。

经验不足的产品负责人缺乏必要的技能，并且经常无权根据真实客户的反馈来确定产品的方向。他们经常不理解客户使用产品或服务的真正目的，因而总是基于与实际客户需求不符的、主观且片面的二手信息来做产品决策。简而言之，他们很多时候像是盲人捕鱼，指望自己能撞大运。

本书的结构

本书旨在帮助产品负责人和产品经理以有效的行为方式替换那些导致产品失败的无效和有害的行为方式。首先，本书要介绍一些被误解的姿态以及一些理想的姿态。

其次，本书要讨论"客户代表"这个姿态。读者将从中了解资深产品负责人如何与客户共情、如何为客户识别价值以及如何将客户、价值和产品特性整合成一个连贯的故事。

"愿景家"姿态主要涉及如何以更有说服力的方式讲故事、如何明确设定产品目标、如何制定一个有效的产品路线图以及如何处理公司价值与产品定价之间的关系。

接下来，本书要介绍"实验者"姿态，探索如何对业务模式进行创新、如何设计和执行实验以及如何有效地扩大产品的规模。

一流的产品负责人往往也是出色的决策者。如何做出决策、选择决策方式、确定参与的人员以及如何有效地评估决策，这些都是以"决策者"姿态来开展工作的产品负责人的主要工作内容。

当然，产品负责人还需要与其他人保持合作。敏捷治理、敏捷预算和敏捷合同等都有一些特定的模式，这些模式可以帮助产品负责人成为超级"合作者"。

最后，本书将介绍"影响者"姿态。一流的产品负责人擅长于影响其客户、用户、干系人和团队。掌握"影响者"姿态对产品负责人取得成功尤为重要。

目标受众

本书主要针对追求职业发展和 / 或希望提高个人产品影响力的产品负责人、产品经理和产品主管。参加"专业 Scrum 产品负责人一级"（PSPO-I）培训、获得"Scrum 产品负责人认证"（CSPO）或阅读过《专业产品负责人》[①] 之后，人们能够大致理解自己在 Scrum 框架中的角色。但是，将理解转化为有效的行动，并将有效的行动转化为价值最大化的产品，完全是两个层面的问题。这一类目标受众通常是已经有多年经验的产品负责人或产品经理。

第二类目标受众包括敏捷教练 / 顾问和 Scrum Master/ 教练。他们在指导、培训和辅导产品负责人、经理与领导者的实践过程中，可能遇到了困难。许多人在指导产品团队和公司管理层进行有效管理产品时，经常感到挑战重重，以至于对产品负责人的姿态有广泛的误解。本书将帮助敏捷教练和 Scrum Master 深入了解产品负责人的不同姿态、必要

---

① Don McGreal and Ralph Jocham, *The Professional Product Owner: Leveraging Scrum as a Competitive Advantage*, 英文版由 Addison-Wesley 出版于 2018 年。

的工具和技巧，使他们能够协助产品负责人用好六项思考帽，成为更好的"愿景家""客户代表""合作者""决策者""实验者"和"影响者"。

在推进组织中产品所有权/产品管理专业化的过程中，许多产品与公司的领导、经理和高管也屡屡受挫。本书将帮助他们更好地指导和培训产品团队，使其在个人层面、团队层面和产品发展上取得长足的进展。

最后，感谢我们的家人对这本书的全力支持，也感谢他们为我们提供足够的时间和空间让我们完成这本书。感谢 Scrum.org 为我们提供的环境，让我们成功实现了专业 Scrum 产品所有权的"闭环"：检查、适应、设想和知识分享。

我们要特别感谢花时间审阅本书并提供宝贵意见和建议的所有人，尤其是库尔特·比特纳、吉莉安·李、汤米·诺曼和肯特·J.麦克唐纳。

感谢参加过我们的培训课程并提出大大小小诸多难题以及鼓励我们将这些亲身经历写下来的所有人。我们还要感谢 Value Maximizers 社区所有优秀的产品人，感谢大家参加我们的讲座与工作坊，和我们分享自己的亲身经验和其他真实案例。

关于作者

作为一名资深产品人，他活跃于产品管理领域超过 20 年，先后就职于初创公司和老牌的大企业。他做过的产品中，有的获了奖，有的则以失败告终。他的目标是指导人们以一种创新的方式创造产品，使其相信"曾经沧海难为水，再也不能回从前"，唯有步步向前。克里斯的灵感来自武术，尤其是柔术，他经常从中看到它与产品管理的共性。他的处女作《产品武士》（该书名后来成为他的绰号）为他赢得了声誉并成为此后他一直用于全球大会的灵感来源。在业余时间，克里斯喜欢玩各种弦乐器、修理或驾驶私人帆船或者与 4 个孩子和爱妻享受快乐的家庭时光。他与罗宾共同创立 Value Maximizers 并在 Scrum.org 共同开发了"专业 Scrum 产品负责人高阶课程"。作为一名活跃的专业 Scrum 培训师，克里斯面向产品负责人提供 Scrum、领导力、用户体验和度量等方面的培训。

克里斯·卢卡森
（Chris Lukassen）

目前，克里斯在 Expandior 担任首席产品官（CPO），他致力于产品创新和破除产品管理与数据的壁垒。克里斯非常重视读者的反馈，可以通过领英联系他：https://www.linkedin.com/in/chrislukassen/。

知名产品总监、培训师和咨询师。他是 Xebia Academy 的主要负责人和 Value Maximizers 的联合创始人。此外，他还为各种规模的组织提供数字化、敏捷和产品转型的相关支持与建议。通过教练指导、课程培训和咨询服务，罗宾·舒尔曼帮助许多产品负责人、产品经理和产品总监增强了他们的客户影响力、提升了组织的敏捷力和缩短了他们的学习周期。

罗宾·舒尔曼
（Robbin Schuurman）

罗宾的另一个身份是 Scrum 官方培训和认证机构 Scrum.org 的"专业 Scrum"培训师。他是 Scrum.org 的"专业 Scrum 产品负责人高阶课程"的共创者和课程管理人。罗宾提供各种 Scrum.org 认证课程，包括"专业 Scrum 产品负责人""专业 Scrum Master"和"专业敏捷领导力基础"。罗宾在敏捷、Scrum、项目管理、产品管理以及产品组合管理领域的经验超过 10 年。近些年，罗宾先后在不同组织中担任项目经理、产品负责人、敏捷教练、敏捷顾问、变革领导、软件开发经理以及产品总监。可以通过领英联系他：https://www.linkedin.com/in/robbinschuurman/。

简明目录

01

▲ **第 I 部分 产品负责人的姿态**

02

▲ **第 II 部分 客户代表**

03

▲ **第 III 部分 愿景家**

详细目录

第Ⅲ部分　愿景家

第VI部分　合作者

第VII部分　影响者

第 1 部分

产品负责人的姿态

相比世界以怎样的姿态对你，你以怎样的姿态对待世界更重要。

——穆罕默德·穆拉特·伊尔丹①

---

① 译注：Mehmet Muratildan，出生于 1965 年，土耳其著名剧作家、小说家和思想家，主要戏剧作品有《乞丐的预言》《魔法之眼》《伽利略·伽利莱》《威廉·莎士比亚》。小说作品有《伊斯坦布尔的魔法》《智慧的召唤》等。其他还有短篇小说集《伊斯坦布尔的夜晚》和哲学散文集《智慧的碎片》等。

小测试

为了给第 I 部分做个铺垫，请通过勾选下表中的"赞同"或"不赞同"来回答下表中的每一个判断题。答案将在第 I 部分的小结中给出。

测试题	赞同	不赞同
1. 为了取得成功，产品负责人和产品经理需要掌握同样的知识、技能和能力。		
2. 产品负责人应专注于产品开发，主要负责策略执行。		
3. 产品负责人实际上是一个具有相关专业知识或产品开发技巧的敏捷项目经理。		
4. 在各个组织中，产品负责人执行的责任都是一致和相同的。		
5. 要成为高效率产品负责人，需要具备多种能力。在不同的情况下，必须采取不同的姿态才能成为优秀的产品负责人。		
6. 如果负责合同、治理、定价、预算或营销等方面的工作，就不需要学习或展示这些领域的知识。		
7. 产品负责人就是产品经理，而产品经理也可充当产品负责人。		

第1章

新场景下的产品管理

1.1 产品负责人还是产品经理

在产品负责人面临的诸多问题中，最大的问题是，他们的职责和权限通常并不限于其本人，而是分摊到了多个人员和不同的职位上。例如，传统上来讲，产品愿景的定义和传达不是由分配任务的人来完成的，而是另有其人。"产品负责人"这个词主要用在 Scrum 应用场景下。不是所有团队和组织都采用 Scrum，所以产品负责人的所有职责无法归到一个人身上。

肯·施瓦伯和杰夫·萨瑟兰强调，在 Scrum 的应用场景下，工作方式不同于传统方法。随着 Scrum 框架的创立以及对产品负责人的职责进行明确定义，他们二人提出一个关键的问题：产品的所有权到底属于谁？根据我们的观察，在很多组织中，这个问题并不容易回答，因为这些组织往往既有产品管理团队，又有业务、IT、设计以及软件开发等不同的职能团队。在大多数组织中，各个部门都声称自己知道怎么做才对客户和产品最好。然而，我们经常发现，产品必须要有一个对应的负责人。

在深入讨论这个问题之前，先回顾一下"产品管理"这个概念是如何诞生的。

1.2 什么是产品管理

1931 年，宝洁公司的员工尼尔·麦克尔罗伊[1] 注意到，自己遇到的大部分竞争都来自公司的内部员工。对于如何确保产品成功，公司内部似乎缺乏一致性且没有重点。产品的所有权和管理权分散到众多员工身上。基于这些观察，麦克尔罗伊写了一份备忘录，在其中首次提出"品牌经理"的理念。品牌经理是公司内部的员工，他们要负责一个品牌的方方面面，例如销售、营销、产品管理、研发、供应链管理等。宝洁公司采纳了麦克尔罗伊的提议，并率先成为一个以品牌为中心的组织。随着品牌经理这个概念的推广，产品管理对应的职位"产品经理"或"产品负责人"也应运而生。

几年后，麦克尔罗伊与两位年轻的企业家——惠普公司的创始人比尔·惠利特和大卫·帕卡德展开合作。这两位先生将品牌经理的概念诠释为"让决策尽可能地贴近客户"。基于这种实践，惠普成为首批设立产品经理职位的公司。他们的工作方式发生了变化，开始按产品进行组织，"以产品为导向"的管理理念应运而生。

到了 20 世纪 70 年代末，在迈克尔·波特的推动下，产品管理开始走向系统化。波特提出了产业竞争的五力分析以及产品经理为满足客户需求而需要关注的经典市场策略。但随着全球环境变得越来越复杂，产品经理的角色并没有得到扩展以应对这些新的挑战，反而被分散到多个人和多个领域。角色分工的目的是让各部门专注于产品的某一特定方面或复杂性。结果，人们开始偏离最初的"品牌经理"理念，导致其原本要解决的一些问题死灰复燃。

结果，这种方法在许多组织中导致了营销、工程和战略的割裂。不幸的是，直到今天，仍然有许多组织对这些领域进行独立管理。最后，

---

① 译注：Neil McElroy（1904—1972），首次提出品牌经理制，主张由一个人统一管理和负责一条产品线或一个品牌的整体规划和运作。

所有部门都认为自己"拥有"产品，因而最清楚什么最符合客户的需求，也最了解市场。

自 20 世纪 70 年代以来，市场营销部门纷纷开始专注于品牌管理和吸引客户。工程部门负责产品的研发。产品部门负责管理产品、服务和 / 或价值主张。然而，并不是所有组织都专门设立了产品部门。

为了使产品取得成功，各个部门的努力从相互协调变成了明确各自的职责。因此，市场部门提出产品需求，研发或生产部门也会做同样的事情，并将这些需求交给工程部门。一旦产品失败，人们的做法往往是加倍努力地做记录和明确规范，而不是增强各部门之间的沟通和合作。这种方法导致产品开发过程变慢，对市场变化反应迟钝，更难采纳新的技术和整合新见解以做出更适合市场需求的产品。

20 世纪 90 年代，敏捷开发框架和实践开始崭露头角，其核心是通过简化流程来加速反馈，并由一个人全权负责产品，为客户、用户、社会和企业创造价值——实际回归到"品牌经理"这个概念。

然而在软件行业中，这种方法带来了新的问题。在过去的 60 年，实施产品管理职责的方式并不符合专职"产品负责人"这个概念。起初，行业创新者提出了"敏捷产品经理"的概念，但它带来的更多是混淆而不是真正的变革。因此，在 1995 年到 2001 年之间，这个职位的名称被改为"产品负责人"，强调将职责集中于单一角色的重要性。

归根结底，头衔并不重要。拥有产品所有权的人被称为"产品负责人"还是"产品经理"，取决于具体的个人和公司。真正的重点是，组织需要建立以产品为导向的文化。

1.3　以产品、销售或市场为导向的组织文化

在以产品为导向的组织中，所有人都全身心地投入到产品及其相关体验中。在这样的组织中，每个人都致力于为客户、用户、社会和组织持续创造价值和创造优质的体验。组织的核心理念是，只要每个人都集

中精力解决客户的实际问题、满足其需求和期望并交付合适的产品或服务为其解决实际问题，自然会取得积极的业务成果。

　　然而，组织文化可能也以市场或销售为导向，很多组织都这样。以销售为导向的组织主要依靠销售团队，所以许多决策和行动都由面向大客户的销售机会来驱动，他们的目标并不是提供最好的产品或体验。以销售为导向的公司最重视产品销售，而不是构建出色的产品。以市场为导向的组织主要关注如何从内容营销的角度实现增长。为了吸引潜在客户，他们会把重心放在各种营销策略上，比如创建白皮书、电子书、网络研讨会、信息图、广播、电视和平面广告、社交媒体等。

　　以销售或市场为导向确实有促进增长的可能，尤其是在组织的早期发展阶段。但总的来说，大部分组织目前都在逐渐转为以产品为导向的策略。在这样的组织中，产品负责人或产品经理往往能够对产品产生最为显著的影响并真正实现价值交付。

1.4　什么是产品负责人

　　在探讨更高级的产品管理主题之前，让我们先对敏捷 Scrum 应用背景下的产品负责人建立一个共识。《Scrum 指南》如此描述："产品负责人负责最大化 Scrum 团队工作成果（产品）的价值。至于如何做到这一点，不同组织、Scrum 团队和个体之间可能存在很大的差异。"[①]

　　《Scrum 指南》并没有详细列出产品负责人的所有职责和工作内容，这是故意留出的空白，因为它不是一个巨细无遗的指导手册，它只说明 Scrum 的核心概念，并指出许多其他的模式、流程、见解、实践和责任都可以与 Scrum 相结合。组织额外补充的实践和理念与其面临的具体情境高度相关，对此，《Scrum 指南》并没有做任何明确规定。

　　产品管理涵盖许多活动，如产品发现、客户研究、市场研究和产品

[①] 参见 https://scrumguides.org/scrum-guide.html#product-owner。

营销等。尽管这些活动都没有在《Scrum 指南》中明确列出，但它们都是产品管理的核心组成部分，也是产品负责人的核心职责。

与此类似，产品经理的角色也有多种实践方式。有些产品经理主要关注产品开发（技术型产品经理），有些更关注商业表现（增长型产品经理）或数据与人工智能（数据型产品经理），还有一些则是通才（通才型产品经理）。

产品负责人执行的活动取决于其所处的具体情境。尽管可以将某些活动的具体执行委托给团队中的其他人员，但他们仍然要为产品的整体成功及其价值最大化承担责任。《Scrum 指南》明确指出：产品负责人还负责对产品待办事项列表进行有效管理，具体事项有：制定并清晰传达产品目标；创建并清晰地沟通产品待办事项；对产品待办事项进行排序；确保产品待办事项列表是透明的、可见的和可理解的。[①]

虽然《Scrum 指南》没有明确列出产品负责人要执行的所有产品管理工作，但产品管理活动无疑是其中最重要的。产品负责人可以自己完成部分工作，也可以选择委派给其他人来完成，但最终责任人仍然是产品负责人。产品负责人要想取得成功，就需要让整个组织尊重其决策。产品负责人应该是产品相关决策的最终决策者。同样重要的是，产品负责人是单独的一个人，而不是一个委员会。再次强调，虽然这并不意味着产品负责人需要亲力亲为地完成所有任务，但责任和决策权仍然是他们的。产品负责人可能代表各种干系人的需求，如客户、用户和内部干系人。若想对产品进行变更，可以尝试说服产品负责人，使其知道自己的想法有哪些潜在的价值。

针对产品管理，《Scrum 指南》的核心是，在 Scrum 框架中，产品负责人是对产品拥有完全责任的唯一人选。产品负责人不仅有 Scrum 框架中明确定义的职责，而且可能还有其他很多额外的职责和责任，如图 1.1 所示。

---

① 参见 https://scrumguides.org/scrum-guide.html#product-owner。

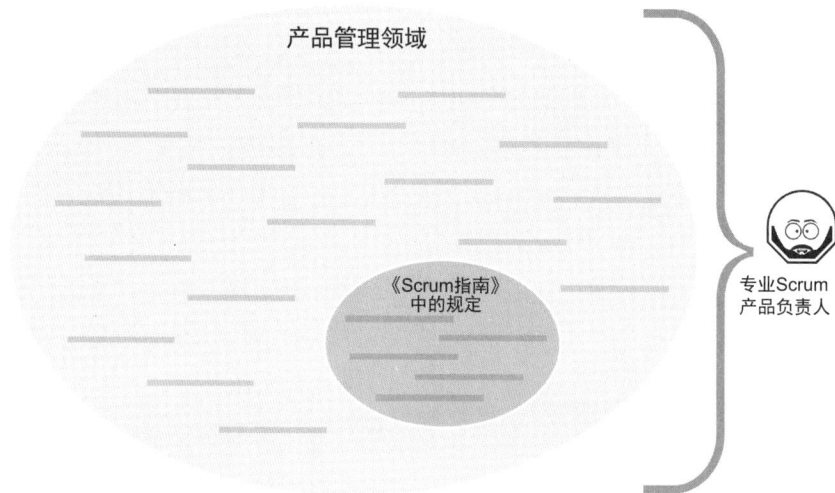

图 1.1   产品负责人的职责与产品管理领域

产品管理的职责可能包括但不限于：产品愿景设定、产品策略、战略产品规划、产品路线图管理、产品营销、客户分析、竞争对手分析、产品发布、产品退市及产品运营等。此外，取决于具体的应用场景，产品负责人可能还有其他许多职责。如前所述，产品负责人虽然可以自行完成这些任务或将其委派给其他人，但他们始终是这些工作的唯一责任人。

1.5 不同类型的产品负责人

各种类型的产品负责人如图 1.2 所示。尽管都被称为产品负责人，但其成果、影响力和主要关注点却有显著的差异。在过去的二十多年中，Scrum 框架逐渐普及，人们根据组织的独特环境对 Scrum 做了不同程度的调整，于是就有了这些不同类型的产品负责人。

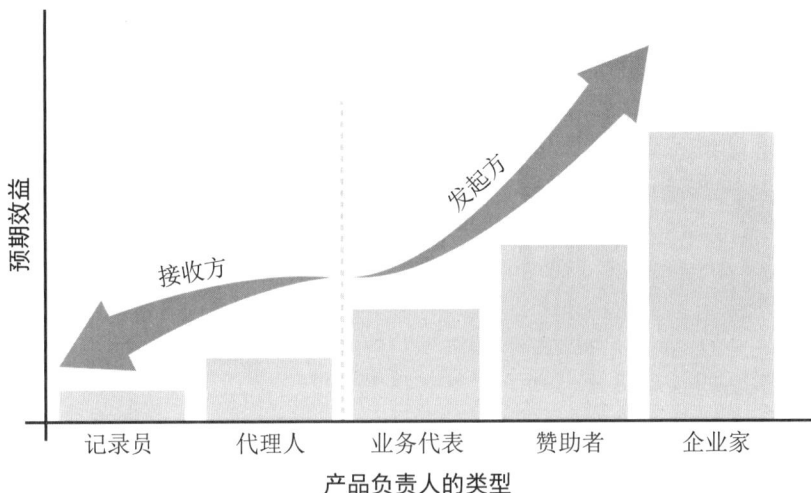

图 1.2　按预期效益划分的产品负责人类型

虽然很多人和组织在不同的环境中都以不同方式应用 Scrum 并让产品负责人承担不同的责任，但有时，人们会根据具体需求调整 Scrum。虽然他们有时会从 Scrum 中借用术语、思想和概念，但并没有真正执行"专业 Scrum"，具体表现为：

- 团队并没有每天都举行每日站会；
- 冲刺评审会议只是一次产品演示；
- 开发人员轮流担任 Scrum Master；
- 产品负责人未被充分赋能，因而在做许多决策时都需要事先取得干系人（如指导委员会）的许可。

如果实施改编版 Scrum 而不是专业 Scrum，团队就会经常遇到困难，并受限于公司治理和 / 或对 Scrum 有误解。这会导致 Scrum 收效甚微、产品延期上市以及价值交付减少。这些不足也会严重影响到产品负责人履行其职责和取得成效。

真正实践专业 Scrum 意味着遵循《Scrum 指南》，但不限于遵循此框架的机制和基本原则。专业 Scrum 需要一种能有效应用 Scrum 原则和实践的思维方式，需要一个有充分信任基础的支持性环境。它要求团队秉持 Scrum 的核心价值观、以结果为导向、有成长型思维，并在决策和质量保证方面表现得更加专业，更有职业操守。

要判断组织是否因为执行 Scrum 不当而导致收益不大，有个办法是看它的产品负责人属于什么类型。下面来探索一下产品负责人的不同类型。

1.5.1　记录员

在刚开始实施 Scrum 或尚未真正接受敏捷产品管理思维的组织中，"记录员"这种类型的产品负责人最为常见。在这些组织中，主要将产品负责人视为 Scrum 团队"工作清单"（即产品待办事项列表）的管理者。记录员收集各个干系人的愿望，并将其转化为开发人员的工作事项。他们往往权力小，只负责以开发人员能理解的方式描述干系人的愿望和要求。若想成为一名更有经验、更高效的产品负责人，"记录员"这种类型的产品负责人应该深入了解提出需求的人及其真正的目标。

1.5.2　代理人

与"记录员"类似，"代理人"这种类型的产品负责人往往出现在敏捷和 / 或 Scrum 实践不太成熟的组织中。他们拥有的权力略高于"记录员"。例如，他们可以在一定范围内有权决定产品待办事项的优先级。然而，愿景、目标、期望的结果和范围仍然由其他干系人（如指导委员会或产品经理）决定。有时，这种类型的产品负责人被称为"阿迪达斯型产品负责人"，因为他们经常奔波于组织上下收集需求、向业务干系人说明需求并将这些需求传递给开发人员。尽管代理人在业务角度上对需求有一定的理解，但这种形式的产品所有权并不是最有效的。

1.5.3　业务代表

通过与业务干系人、市场、业务和客户服务部门紧密合作，产品负责人能够深入了解市场、客户、产品和组织的相关知识。拥有这些知识后，产品负责人能够更好地代表客户和产品，并提升到"业务代表"这一级别。"业务代表"这种类型的产品负责人不只是接受别人的要求和需求，还有自己的想法并主动采取行动。对业务没有深刻理解的话，产品负责人在这个角色下可能不会有出色的表现。

1.5.4　赞助者

在工作方式上，"赞助者"这种类型的产品负责人和"业务代表"这种类型的产品负责人很像，唯一的差异是前者需要负责预算。他们在做产品决策和获得资金支持时可能遇到困难，其原因往往是他们不熟悉财务相关术语和实践。他们有时觉得"开发"产品和"拥有"产品之间有一堵隐形的墙。在这堵墙的另一侧，人们说的仿佛是另一种语言，讨论的全都是投资回报、运营成本、资本支出、现金流、库存等话题。正所谓"入乡随俗，身在法国，就说法语。"

若想提升自己，"赞助者"这种类型的产品负责人需要学会与财务、风险和法务等部门沟通，当然，还需要学会与高管沟通。"赞助者"这种类型的产品负责人通常负责决定预算的使用，如决定为团队、基础设施、市场营销、销售、支持等分配多少预算。预算是推动产品发展的关键。融入这样的组织，最简单的方法是与这些部门建立友好关系，与他们紧密合作、学习并在预算以及时间和资源的开销上保持公开透明。如此一来，产品负责人对产品的控制权将有望得到逐步提升。

1.5.5　企业家

产品负责人的最后一个类型是"企业家"。有些人甚至还将产品负责人称为"小 CEO"，但这种情况实际上很少发生。"企业家"类型的产品负责人是专业 Scrum 最理想的产品负责人，并且可以在 Scrum 早期的一些发现或实施中找到。"企业家"虽然不是一个只有理论的抽象概念，但这种类型的产品负责人罕见，特别是在大型企业中。在初创公司，产品负责人往往是公司的直接投资人，并对产品的成功承担责任。在大型组织中，这样的小 CEO 并不常见。"企业家"类型的产品负责人可以有相同的思维方式，对价值最大化孜孜以求，为成功而欢欣雀跃，以及为失败而深感懊悔。

"企业家"类型的产品负责人可以对客户、用户和组织产生更大的影响，他对产品负有全部责任，并对产品有绝对的决策权。"企业家"类型的产品负责人对市场和产品有明确的愿景。他们对产品充满热情，有出色的领导力和沟通技巧。"企业家"类型的产品负责人对产品的成败及其商业结果（盈利或亏损）负有最终责任。

> 如果你自己没有计划，你就会成为其他人计划中的一部分。
>
> ——泰瑞司·麦肯南 [1]

案例研究：初探世界新闻公司

出场人物：诺亚（数字化产品负责人）和戴夫（CEO）

"嘟，嘟，嘟。"诺亚睁开眼，一巴掌关掉闹钟。她决定不再赖床，因为她知道今天是一个特别的日子。她充满期待，准备在世界新闻公司履新数字化产品负责人。

诺亚一边骑车穿过晨雾，一边想象着自己在新的公司如何结识新的同事。公司的入职流程是先与世界新闻的首席执行官戴夫见面。[2] 尽管诺亚意识到戴夫的日程安排很满，因而自己大概只能问少数几个问题，但她脑海中仍然盘旋着无数个问题："我应该从何处着手？你对我主要有哪些期望？目前公司最大的挑战是什么？你希望我在这个职位上具体做些什么？在这家公司，成功的产品负责人应该具备哪些特征？"

在等红灯的时候，诺亚停下来喘了一口气。她有一个新的工作

---

[1] 译注：Terence McKenna（1946—2000），作家，易学家，民族植物学家和神秘主义者，以对致幻剂的研究以及用《易经》来推论 2012 年预言闻名于世。

[2] 本书案例中提到的"世界新闻公司"是虚构的，但其创作灵感来源于我们或其他产品负责人经历的真实事件和案例。

头衔——"数字化产品负责人"。尽管已经做了多年的产品负责人，但她仍然想知道新的职位包含哪些工作内容。理论上，她知道这个职位应该负责完成哪些任务。但是，在她的前东家那里，她发现产品负责人的角色并没有以最有效的方式发挥作用，事实上与专业产品负责人相去甚远，这也是她之前选择离职的原因。她不想像以前那样。

"好吧，"当交通灯变绿时，她对自己说。"我首先需要梳理清楚产品的定义。这取决于戴夫如何定义产品的范围。"这是一个很好的问题。她踩下自行车踏板，加速骑往世界新闻公司。

"欢迎来到世界新闻！"戴夫说，"我是戴夫，公司的首席执行官。我很高兴你选择加入我们，成为我们的数字化产品负责人。我们有很多工作要做。我希望我为你准备的入职资料派上了用场，能帮助你顺利地开始新的工作。"

诺亚确实在入职时收到了一个详细的资料包，其中包括公司的财务信息、近几年的经营情况、一些客户画像、世界新闻的使命和愿景、组织结构图，以及她入职前几个月做的市场分析——其中最有意思的信息。尽管有许多问题要问，但她很快意识到戴夫更喜欢说话而不是聆听。

"世界新闻在 1989 年由三位创始人成立，他们现在已经退休，成为股东。我们每天的工作是设计、印刷和发行，并且我们内部拥有足够的专业能力来提供所有这些服务。"说着，戴夫的目光落在墙上的一张照片上，诺亚猜想照片上的人可能是公司的创始人。

戴夫继续说："公司在 1989 年发展迅速，到年底时已经有 110 名员工。在 20 世纪 90 年代，公司经历了飞速的发展，收购了多家印刷厂、出版社和媒体。到 2005 年，世界新闻大约有 700 名员工，年收入达到了 1 亿美元。但之后的几年对我们来说很艰难。为了保持市场份额，我们收购了更多的公司，但到 2010 年，我们不得不进行大规模的重组，裁员 250 人。"

诺亚发现这段历史对戴夫影响很大，于是问及公司现在的经营状况。"过去十多年，我们一直在为生存和维持盈利状态而战。像其他许多新闻公司一样，纸媒业务的很多优秀员工已经离开，现在我们有 400 名员工，年收入为 5200 万美元。"

戴夫直视着她："我承认我们在纸媒业务上已经停滞不前很长一段时间了。我们尝试过数字化转型，但在数字媒体领域，我们仍然远远落后于竞争对手。向对手看齐，是你的使命。"

"噢，看来压力不小。"诺亚想。她之前想到的所有问题现在似乎变得不那么重要了，她也不确定此时该问什么问题。但至少戴夫对产品负责人的角色是了解的，未来可能会有一段有趣的经历！

第 2 章

产品负责人的姿态

2.1 走样的产品负责人

产品负责人（PO）的职责经常被误解，以至于 Scrum 的实施——特别是产品所有权的实施——变得有些"特别"。这种误解往往源于组织试图将 Scrum 框架和产品负责人的职责生搬硬套到现有的流程、角色、工件和事件上，其后果是 PO 的态度和行为往往严重走样。这些低效的行为和态度统称为"被误解的产品负责人的六个姿态"。

那么，什么是姿态呢？我们可以认为姿态即模式，是产品负责人在特定关键时刻展示出来的态度和行为。因为大多数人并不会始终如一地展示这些姿态，只是偶尔展现，所以在 Scrum 语境下，运用"姿态"这个词比"模式"更合适。下面将探讨 PO 被误解的六种最常见的姿态及其典型特征。

2.1.1 办事员

"办事员"（clerk）也称为管理员、秘书、服务员、应声虫或接单员。

办事员

　　"办事员"就像服务生一样，收集干系人的愿望和需求并将它们以用户故事的形式提交给开发人员。他们并不关心怎么实现产品的愿景或设定明确的目标和任务。办事员从来不对干系人说"不"，而是想方设法通过实现其愿望和满足其需求来取悦他们。为客户和干系人提供服务固然是对的，但如果每天的主要任务是从干系人那里收新的"订单"，说明这样的产品负责人并不理解如何才能成为一名优秀的产品负责人。

　　"办事员"姿态往往有以下共性。

- "办事员"通常有一个数量惊人甚至看似没有尽头的产品待办事项清单。这主要是因为他们很少或几乎从不拒绝干系人的请求。只要干系人提出新的想法、希望增加新的特性或给出指示，办事员通常都会不假思索地满口应承："好的，我这就加到待办事项清单中。"

- "办事员"主要关注公司内部，由公司内部的干系人来安排应该做什么和开发什么。他们很少与公司外部的干系人交流，更不会与实际购买产品的付费客户交流。他们很少有机会接触到外部影

响者或合规相关的干系人（例如法律机关和 / 或监管机构）并与
他们进行交谈。

- "办事员"是开发人员和干系人的中间人（或者说"信使"、"传
声筒"）。他们经常需要让人先等等，因为他们也得从别人那里
得到更多信息。他们在行动前需要先获得批准和许可，因此往往
不能自主决策。这种被动的、依赖授权的行为方式往往会打击所
有人的积极性。"办事员"类型的产品负责人很难开口向干系人
说"不"，因为他们是讨好型人格，总是试图取悦所有人。他们
经常进行微管理，把任务分配给团队成员，通过电子表格进行管
理，想方设法地利用人力资源配置，压缩开发人员预估的工作量、
最大化产出以及充当团队的协调员。

2.1.2　故事编写者

"故事编写者"（story writer）也称为分析师、技术文档工程师、
旧系统的模仿者、抄写员和记录员。

　　我们通常可以根据说话的方式来辨别故事编写者。比如，他们往往三句话不离产品待办事项列表中的细节。一旦工作不满足"就绪定义"（definition of ready，DoR），Scrum 团队里的开发人员就会表示反对，并敦促产品负责人确保项目按照 DoR 的标准为冲刺做好准备。故事编写者和 Scrum 团队有时会采用"就绪定义"这样的实践，在 Scrum 中并不是必要的。尽管 DoR 对一些团队有帮助，但如果它被故事编写者视为合同，而不是一个简单、方便的清单，那么 DoR 的效果可能适得其反。

　　然而，真正的问题并不在于"就绪定义"本身，而在于"故事编写者"是"细节控"，过分关注所有的细节，比如需求描述、验收标准、非功能性需求和工单中的其他信息。一旦产品增量没有实现 Scrum 团队预期的价值或结果，开发人员往往就会抱怨需求不够明确和规格说明有遗漏。这通常会强化"故事编写者"姿态，导致产品负责人进一步以事无巨细的方式记录所有信息。

　　"故事编写者"姿态往往有以下共性。

- "故事编写者"通常有一个明确的产品待办事项列表。列表顶部的产品待办事项（通常是用户故事）小巧、明确、设计得当、详尽、估算准确并经过精心的梳理。他们致力于将工作描述得非常详细，确保开发人员不会提出进一步的问题，因为所有细节已经包含在工单中。

- "故事编写者"对细节有出色的观察能力，喜欢深入到每一个琐碎的细节。他们非常擅长描述用户故事，往往整天都在写用户故事、验收标准和功能描述。

- 其他常见身份还包括业务分析师和技术文档工程师，工作内容包括模仿旧有系统、做记录以及记笔记等。

2.1.3 项目经理

　　"项目经理"（project manager）也称为速度高手、资源利用高手、愿望清单管理员、管理层的助手和进度报告员。

"项目经理"通常很关心开发人员的日常进展。他们基本上不会错过任何一次每日站会，哪怕只是询问团队成员做了什么、接下来打算做什么以及是否有任何阻碍。他们用速率是否增加来衡量团队的表现，并在冲刺回顾会议中经常向干系人报告故事点数量、燃尽图以及速度的相关信息。总的来说，采取"项目经理"姿态的许多产品负责人非常注重工作的进展、资源的利用、依赖关系的管理和 Scrum 框架的基本应用（例如，参与 Scrum 的各种活动并确保不同角色和职责都已经明确到位）。虽然这些活动都有价值，但它们不应该是产品负责人的首要关注点。而且，它们会使产品负责人无法集中于其核心职责——最大化产品的价值。

以"项目经理"姿态出现的产品负责人往往有以下共性。

- "项目经理"习惯于管理项目，而不是管理产品。这些项目有明确的开始日期和结束日期，属于短期项目，并且由一个临时组成的团队或组织来开发。"项目经理"的职责是产生输出，并将这些输出传递给相应的组织以便进一步实施和实现预期的结果。然而，担任产品负责人并不是一个短期任务。产品负责人应该为了长远利益而参与其中，对产品的总成本和盈亏负全责，而不仅限于提供一些输出。

- "项目经理"通常很关心开发人员的日常进度。不过要明确的是，了解开发人员的进展情况并不一定是坏事。但是，产品负责人的职责并不是管理开发人员的进展，而是确保开发人员优先完成最有价值或最有风险的工作，以这种方式来实现价值的最大化。

- 当一个冲刺完成的故事点多于前一个冲刺时，"项目经理"通常非常开心。

- "项目经理"经常习惯于使用传统的进度来做汇报，例如项目的范围、时间和预算以及可交付成果、已完成进度的百分比、风险、里程碑和与原始计划的偏差。尽管关注预算和潜在风险并不是什么坏习惯，但在 Scrum 框架中，处理这些问题的方式和传统方式完全不同。

- "项目经理"习惯于有明确范围、时间线和预算的项目（或任务）。他们还习惯于向指导委员会申请行动和决策许可或批准。然而，产品负责人不应该受指导委员会约束，他们不是要寻找新的项目，而是要制定产品的愿景和策略，以求价值的最大化并对最终的结果承担责任。

- "项目经理"的其他一些典型行为包括微观管理、度量管理、设定截止日期、把任务分配给团队成员、通过电子表格进行管理、充分利用人力资源、削减开发人员预估的工作量、最大化产出以及担任团队的协调员。

2.1.4　主题专家

"主题专家"（subject matter expert，SME）也称为高级用户、关键用户、流程经理、领域专家或业务专家。

主题专家

"主题专家"擅长解释原理。以这种姿态出现的产品负责人既可以为 Scrum 团队带来福音，也可能带来问题。他们带来的相关专业知识可以帮助团队做出更加明智的决策和更好地实现冲刺目标。"主题专家"这个姿态还可能导致知识成为单一的信息来源。"主题专家"不会像故事编写者那样尽可能避免讨论，而是会对开发人员进行细致入微的管理和指导。另外，他们的专业知识有时可能导致他们的判断有失偏颇，因为他们经常坚信自己知道什么对客户最有价值，哪怕客户的直接反馈表明情况并非如此。

很多组织似乎希望产品负责人同时也是业务流程知识相当丰富的主题专家。然而，对业务流程有深入的了解固然很好，但产品负责人真的不必成为这方面的专家。

以"主题专家"姿态出现的产品负责人往往有以下共性。

- "主题专家"能够详细说明工作内容。正如其名，他们是精通业务、领域或技术的专家，有的人非常乐于将这些知识分享给其人。但这种类型的产品负责人有一个潜在的问题：他们可能会花好几个小时来讨论自己的专长，因而经常导致会议时间延长。尽管"主题专家"滔滔不绝地进行了讲解，但参会者往往还是一头雾水。

- 与之相反，另一些"主题专家"经常表示："你不需要知道那个"或者"到时我再告诉你怎么做。"他们手头的信息可能很有价值，但他们却相当保守，不愿分享出来——有时是有意为之，有时则是无意的举动。知识就是力量，一些"主题专家"把自己的知识看作个人工作的"护身符"。并不是所有"主题专家"都乐于分享知识，有些"主题专家"更喜欢一次只给开发人员提供一小部分信息，以确保自己全程参与开发。

- "主题专家"经常表现出来的一种有风险的行为是同时担任产品负责人和开发人员。例如，"主题专家"型产品负责人可能也兼任软件/企业架构师、业务开发人员或客户体验专家。同一个团队中身兼数职是有风险的。一旦成为团队中的资深成员或专家，他们通常就会陷入亲自介入并动手完成工作的陷阱。这样的例子并不罕见，比如有的资深开发人员或架构师可能会在一夜之间重构整个代码库，或者有的市场营销产品负责人可能会在周末重新拟定整个市场活动策划。

- 与此相关的身份包括但不限于担任架构师、担任技术开发的专家、担任测试经理、作为团队中的资深（技术）成员或担任用户体验设计师，其行为表现为决定所有事宜、进行微观管理、为团队成员分配任务，以及削减开发人员预估的工作量。

2.1.5　门卫

"门卫"（gatekeeper）也称为守护者、保护人、入口或唯一联系人。

"门卫"是 Scrum 团队与外界进行沟通的唯一桥梁。他们倾向于阻断开发人员与干系人之间的所有联系，所有的沟通都要通过"门卫"进行。以"门卫"姿态出现的产品负责人需要回答开发人员的所有问题，但是，他们留给团队的时间并不多。此外，"门卫"通常希望亲力亲为，自己敲定所有的需求。

保护开发人员以使其免受外界干扰，这没有错。同样，向干系人解释不要直接与某个团队成员接触，因为团队是作为一个整体来开展工作的。为了帮助开发人员保持专注，产品负责人可以与 Scrum Master 合作，两个人联手指导干系人，让他们明白开发人员是如何开展团队合作的。然而，那些使自己成为开发人员和外界唯一联系人的产品负责人，其实并不真正理解一个优秀的产品负责人应有的理想姿态。过度保护开发人员并使其与干系人隔离以阻止他们直接从客户、用户和其他干系人那里获得反馈，结果往往是错失价值最大化的机会。

以"门卫"姿态出现的产品负责人往往有以下共性。

- "门卫"擅长于让干系人避免与开发人员直接沟通，阻断他们之间所有的通信。门卫与开发人员达成的约定是，所有问题的提出和解答都通过"门卫"来进行，"门卫"会咨询干系人。开发人员不会直接向用户或干系人提问，更不会直接向客户提问。

- "门卫"的另一个典型模式是，所有的想法、愿望、需求和工作都要直接传达给产品负责人。如此一来，"门卫"就确保了没有任何来自干系人的请求会在自己不知情的情况下传达给开发人员。

- "门卫"也会拦截干系人对开发人员的反馈。他们倾向于认为 2 到 4 小时的冲刺评审会议是在浪费开发人员的时间——这些时间本来可以更好地用来写代码。因此，他们会分别召开冲刺评审会议，从干系人、用户和客户那里收集反馈，然后再把这些反馈传达给开发人员。

- "门卫"坚持对开发人员产出的所有需求和交付成果进行审批。

2.1.6 经理

"经理"（manager）也称为团队的头儿、团队领导、技术领导、产品负责人兼 Scrum Master 和 HR 负责人。

经理

"经理"关心 Scrum 团队的状态和福祉。"经理"喜欢看到团队成员心情愉快、积极参与和充满动力。当团队成员致力于自我成长、学习新技能和掌握新知识时，即使他们在过程中犯了错误，"经理"也会感到欣慰。"经理"真正在践行"与人为善"的理念，始终关注团队成员的成长和发展。此外，"经理"的另一个职责是对每个团队成员的表现进行评估。

"经理"型产品负责人通常负责团队的绩效管理和评估。他们经常与团队成员进行一对一的对话，以更好地了解其个人目标和表现。关心开发人员，鼓励他们尝试、学习、实验和接受失败，这些都没有问题。但如果产品负责人过分强调绩效管理，说明他们可能并没有真正理解什么才是成为优秀产品负责人的关键。

对产品负责人的姿态的误解，往往缘于不明确产品所有权的真正意义。幸运的是，我们有很多办法可以纠正这些对产品所有权的误解。例如，通过展现恰当的立场、态度和行为，并解释为什么组织的内部系统诱发了人们对产品所有权的误解，而你可以帮助改进系统。即使自己不是产品负责人，你也可以通过对系统施加积极的影响来帮助产品负责人实现价值最大化。

不要尝试改变人，系统改变之后，人们自然随之而变。

——塞尔日·博蒙特

2.2　产品负责人理想的姿态

为了对抗这些受误解的姿态，我们要选取产品负责人的理想姿态。在对成千上万名产品负责人和产品经理进行十多年的辅导和培训后，我们整理出很多种可以帮助产品负责人进一步取得成功的姿态。这些理想的姿态与我们观察到的众多优秀产品负责人展现出来的有建设性的、积极的和有价值的姿态相吻合。

理想的姿态包括"愿景家""合作者""客户代表""决策者""实验者"和"影响者"。

现在，让我们深入了解产品负责人各种理想的姿态。

2.2.1 愿景家

"愿景家"（visionary）也称为启发者、现状的挑战者、梦想家或富有想象力的产品负责人。

"愿景家"型的产品负责人对未来有着清晰的愿景（或梦想），他们积极挑战现状，通常被视为值得追随的启发型领导者。他们不满足于现状，而是执着于追求更好的未来。他们的使命感、愿景、激情和灵感吸引着许多人成为他们的粉丝。

不是每个人都能够设想出一个遥远且截然不同的未来。愿景不一定必须宏大如"从今天开始努力，10年后把人送上火星"那样。一些愿景很宏伟，一些愿景很渺小，并不是每一个愿景都必然会实现。但愿景家最主要的特质是能够以激励团队的方式分享其愿景。人们能从这些愿景家身上获得启示，思考可以从他们那里学到什么，总结他们的成功和不足，从而努力提高自己，成为一名有远见的产品负责人。

2.2.2　合作者

"合作者"（collaborator）也称为富有团队精神的人和团队成员。

产品管理属于团队活动。为了准确地理解客户的需求并将这些需求转化为有价值的产品，产品负责人必须与形形色色的干系人、团队和部门紧密合作。"合作者"型的产品负责人倾向于在团队自行探索的时候为他们提供支持，无论是确定目标、明确产品待办事项还是分析客户需求。

"合作者"富有团队精神，他们将团队的福祉置于个人的福祉之前。相比那些成员只关注个人目标的团队，所有成员互助合作并追求同一个目标的团队更加高效。合作者的态度开放和透明，主动分享各种信息、洞见和知识。他们的倾听是为了更好地理解，而不仅仅是为了做出回答。他们允许团队成员各有所长，并会尽其所能地支持团队，帮助团队取得成功。

2.2.3 客户代表

"客户代表"（customer representative）也称为客户代言人、客户心声、用户代表、用户代言人或用户心声。

组织内有人想了解客户或用户对某个产品或服务的期望时，其首选联系人就是"客户代表"型产品负责人。

采取客户代表姿态的产品负责人倾向于帮助其他人（比如开发人员）理解客户的需求、他们面临的挑战以及他们的痛点和收益点。一旦采取客户代表姿态，产品负责人往往会解释团队的工作将如何影响客户、用户和业务流程。

2.2.4 决策者

"决策者"（decision maker）通过缩短决策时间来帮助干系人和团队缩短产品上市时间。每天都有许多事情需要做出决策。有些决策可以委托给 Scrum 团队或干系人，但有些决策必须由产品负责人来决定。

decision（决策）一词起源于 15 世纪中期的拉丁语 decisionem：

> decisionem（名词形式 decisio，其词根 decidere），意为“决定、确定”，其字面意思是“切断”。[1]

做决策实际上是“切断”选择，也就是放弃其他行动方案。这听起来似乎是一种限制，但实际上却是一种解脱。我们有无尽的选项和可能性来创建产品，但有时候，我们需要果断做出决策并确定前进的方向。

那么，优秀的决策者会怎么做呢？答案是倾听。优秀的决策者会确保别人感到自己的意见被倾听并得到了理解。下次有人对某个决策表示担忧时，您不妨试着留意一下自己的回应方式：（a）否定他们的担忧，如“那种情况不可能发生”；（b）淡化它，如“那不成问题”；（c）拿自己的经历来作比较，如“与我的经历相比，这不算什么”；（d）在他们说话时打断他们。

---

[1] Etymonline.com, s.v. decision (n.)，访问日期为 2019 年 10 月，网址为 https://www.etymonline.com/search?q=decision&ref=searchbar_searchhint.

2.2.5 实验者

艾萨克·牛顿、路易·巴斯德[①]、玛丽·居里、阿尔伯特·爱因斯坦和尼古拉·特斯拉[②]都是历史上最伟大的科学家。如果没有特斯拉这样的伟人,你可能不会读到这本书,我们甚至可能根本不会写这本书。他们以及其他科学家、创新者和"实验者",是推动创新的核心力量。

产品负责人采取"实验者"姿态时,会明确表示哪些事情是已知的,哪些是未知的。他们更多的是提出假设,而不是用户故事和需求。他们将团队的工作视为实现(旨在发现新的和隐藏的价值),而不是单纯地完成既定的任务。"实验者"知道,未知的远远超过已知的,因此他们总是愿意探索、创新和实验。

[①] 译注:Louis Pasteur(1822—1895),近代微生物学奠基人,法国著名微生物学家和化学家,影响人类历史进程的 100 位名人之一。他说:"在观察的领域中,机遇只偏爱那些有准备的头脑。"他认为:"字典里最重要的三个词,是意志、工作、等待。我将要在这三块基石上建立我的金字塔。"
[②] 译注:Nikola Tesla(1856—1943),世界著名科学家、发明家、物理学家、机械工程师和电机工程师。

2.2.6 影响者

"影响者"（influencer）也称为政治家。

甘地、纳尔逊·曼德拉、马丁·路德·金和亚伯拉罕·林肯等人是历史上最著名和有影响力的领导者。他们往往入选最佳政治家、影响者、改变世界的人等榜单的前 10 名。的确，这些领导者对他们的人民、国家乃至全世界都产生了巨大的影响。这些人中的大多数最终都身居高位，这为他们提供了更多改变世界的机会。他们一开始都没有任何权力，但他们都是有远见、能够鼓舞人心的人，最重要的是，他们都是伟大的影响者。

出色的"影响者"型产品负责人能够在不行使权威的情况下完成工作。出色的"影响者"在世时可能不会备受瞩目，但当他们离世后，会受到人们深切的缅怀。

"影响者"帮助所有干系人达成关于产品愿景、策略、目标和目的的共识。影响干系人和 Scrum 团队无疑是一项艰巨但至关重要的任务。"影响者"运用有效的沟通、谈判和劝说技能，让人们为了共同的目标而团结起来。"影响者"对自己的处境有深刻的理解，包括正式和非正式的汇报结构，并且知道谁对谁有影响力。

所谓机智，指的是一种能力，能以开玩笑的方式让对方对未来满怀期待，即使是"下地狱这样糟糕的事情"，也能让对方对此满怀憧憬。

——温斯顿·丘吉尔

第 I 部分

产品负责人的姿态：小结

关键学习与洞察

第 I 部分到此结束。本部分从姿态的角度介绍了人们对产品负责人的一些常见误解和理想的姿态。通过本部分的介绍，您不仅了解了产品负责人必须根据不同的情况灵活地采取适当的姿态，还掌握了产品所有权和产品管理的基础知识。

小测试回顾

如果您在第 I 部分的开篇完成了小测试，就将答案与下表中的答案进行对照。在了解产品负责人的姿态之后，您会修改自己的答案吗？你赞同这里给出的答案吗？

测试题	赞同	不赞同
1.为了取得成功,产品负责人和产品经理需要掌握同样的知识、技能和能力。	☑	
2.产品负责人应专注于产品开发,主要负责策略执行。		☑
3.产品负责人实际上是一个具有相关专业知识或产品开发技巧的敏捷项目经理。		☑
4.在各个组织中,产品负责人执行的责任都是一致和相同的。		☑
5.要成为有效的产品负责人,需要具有多种能力。在不同的情况下,必须采取不同的姿态,才能成为优秀的产品负责人。	☑	
6.如果不负责合同、治理、定价、预算或营销等方面的工作,就不需要学习或展示这些领域的知识。		☑
7.产品负责人就是产品经理,而产品经理也可担任产品负责人。	☑	

延伸阅读

想要进一步了解产品所有权、专业产品管理以及产品负责人的首选姿态吗?

如果您的回答是肯定的,那就太好了!可以继续按照顺序阅读这本书,也可以根据自己的兴趣直接跳转到某个姿态的相关内容。接下来的各章将详细探讨一个姿态。首先要介绍的是"客户代表"姿态。

第 II 部分

客户代表

要解决真正的问题。房子着火的时候，不会有人因为消防水龙头要花多少钱而争执不休。

——史蒂夫·约翰逊 [1]

① 译注：Steve Johnson，当代思想家、作家，代表作有《伟大创意的诞生》，旨在回答一个非常关键的问题：哪些环境因素可以促成非同寻常的创新？

小测试

为了给第Ⅱ部分做个铺垫，请通过勾选下表中的"赞同"或"不赞同"来回答下表中的每一个判断题。答案将在第Ⅱ部分的小结中给出。

测试题	赞同	不赞同
1. 人们购买或采用产品是为了解决自己的问题，而不是因为产品具有什么样的特性。		
2. 如果问客户他们想要什么，他们肯定会告诉你"一匹更快的马"。		
3. 产品、客户和生产者始终存在，但他们并不总是很容易界定的。		
4. 若想更好地了解客户，与负责销售、客户支持、用户体验和市场营销的团队沟通是最佳选择。他们最清楚客户真正想要什么。		
5. 衡量客户价值的最好方法是看他们为公司带来的收益。		
6. 通过可视化客户信息（如客户画像或同理心地图）可以更好地了解客户或用户的问题和需求。		
7. 公司的目标、影响、客户画像、对客户的价值和要构建的特性都以非线性的方式相互关联。		

第 3 章

如何识别和定义产品

3.1 客户代表

如果产品负责人采取了"客户代表"姿态，我们便可以观察到一些积极的结果和好处。例如，开发人员对其客户和用户有了更深刻的理解。开发人员了解客户和用户并理解其需求、痛点、担忧和目标之后，就可以构建出最适合其需求的产品或服务。简而言之，对客户的了解越深入，就越有可能构建正确的产品。

除了产出更好的产品，开发人员的自我组织能力也得到了提升，因为他们能够与客户和用户产生共鸣。一旦他们的自我组织能力得到增强，产品负责人就不必再花过多时间向团队成员解释所有细节了。

团队对长期愿景、目标和目的的关注逐渐增加，因为他们的焦点已从简单地交付产品特性和用户故事变成交付客户和用户真正看重的特性，当然，这并不妨碍团队以稳定和频繁的节奏交付成果。这样的转变不仅可能带来其他的益处，更重要的是，还能够提高客户的满意度或净推荐值（net promoter score，NPS）。

那么，优秀的客户代表会采取哪些行动呢？

第一步，了解客户和用户。"客户代表"型的产品负责人能够明确列举和识别自己的客户和用户。他们对客户和用户的形象有清晰的了解并能熟记于心。采取"客户代表"姿态的产品负责人可以提起"戴夫"并知道戴夫是一位已婚、有两个孩子、热爱棒球和骑行的CEO。他还知道戴夫最大的挑战是公司接下来如何保持增长？公司如何在未来保持竞争力？一些产品负责人倾向于以点带面，以偏概全，用较为片面的证据来证明大的趋势。然而，这是一个误区，出色的"客户代表"型产品负责人绝对不会这么做。在与大客户进行交流并了解到这些客户希望产品要有某些特性后，一些产品负责人会将其泛化为所有客户的需求，最后陷入克莱顿·克里斯滕森所描述的经典"创新者的窘境"[1]。

高效的产品负责人必须能够将这些交流放在适当的背景下，了解特定客户的个人喜好是否能代表更广泛的客户群。这意味着他们需要深入了解客户面临的问题，而不仅限于他们表述的"症状"和设想的解决方案。这就好比医生通过面诊来了解病人的病因，病人可能想要更强效的止痛药，但如果医生只是简单地根据病人的要求开药，显然是不负责任的。医生有责任找出病人真正的病因，然后对症下药，产品负责人对客户也应该如此。

第二步，重视倾听而非表达。客户代表都明白，倾听客户倾诉远比对着客户滔滔不绝更重要。"客户代表"型的产品负责人会定期与真实的客户和用户会面，专注于听取他们的痛点、收益点、需求和愿望。他们不会在会面过程中推销产品或试图解决当前的问题，而是倾听、观察并可能尝试发掘潜在的机会。

第三步，善于识别客户和用户的需求。确定客户的需求并不只是问"你想要什么？你需要什么？"真正掌握客户代表技巧的产品负责人会通过倾听、观察和提出强有力的问题来更好地了解客户和用户。创造

---

[1] *The Innovator's Dilemma: When New Technologies Cause Great Firms to Fail*, Harvard Business Review Press, 1997. 中译本《创新者的窘境》。

一个让客户喜爱的产品并不是通过简单提问就能完成的，而是通过深入了解客户和用户来达成的。

> 罗宾
>
> 我之前和一家电动汽车充电公司合作时，对方来了一位新的产品负责人。与开发团队见面并参加了公司的入职培训后，他想要进一步了解客户和用户。他采取的第一步是与公司中的很多人交谈，听取他们的想法。尤其令人印象深刻的是，他还租下一辆电动车并驾驶了两周。不仅购买了来自不同公司的多种充电卡，还下载了相应的移动应用，他还亲自体验电动车自驾出行。这是一个产品负责人沉浸式了解客户体验的绝佳案例。

第四步，深入理解客户的真正动机。虽然前面可能已经说明了这一点，但请让我们再次强调一句：不要过度关注"做什么"，而要关注"为什么"，这才是客户代表的核心职责。客户代表应关注客户的目标和意图。他们关注痛点和收益点。他们更关心人们想要实现的目的，而非他们想做的事情。

第五步也是最后一步，明确客户价值。身为客户代表，一个关键的任务是能够清楚地理解并阐述客户所认为的价值，以及如何确定和量化价值。

为了帮助你更好地胜任客户代表这个角色，这里要讨论以下几个关键概念、工具和实践。

- 深入了解产品：什么是产品？哪些因素能使一个产品取得成功？
- 深入了解客户：如何有效地与客户（和用户）沟通？应该讨论哪些内容？如何通过创建客户画像来记录自己的发现？
- 发现价值：如何利用价值元素为客户和用户找到或识别价值？
- 将客户需求与目标关联起来：如何将公司的目标与客户画像、客户需求以及待开发的特性相结合？

案例研究：什么是产品

WORLD NEWS

出场人物：诺亚、珊妮丝和克马尔

诺亚走在自己已经熟悉的公司走廊上，她闻到了印刷机油墨的特殊气味。数十年如一日的印刷使这里的墙壁、天花板和家具都有了油墨的味道。对于新员工诺亚来说，这种气味虽然不刺鼻，但也不断提醒着她这家公司有深厚的历史和文化底蕴。

诺亚在珊妮丝的办公室门前停下来。珊妮丝负责管理发行部门，她的主要工作是确保报纸准时投递到读者手中。当诺亚深入思考"新闻"的真正含义时，脑海中涌现出诸多疑问。数媒和传统纸媒有什么关系？手机应用和官方网站又有何联系？不知为何，世界新闻这家公司的数字领域和传统领域仿佛是两个截然不同的世界。

克马尔明快的声音打断了诺亚的思绪："啊，新面孔！"他一边说一边走向诺亚，"珊妮丝今天不在。来杯咖啡？我有一些建议想和你探讨。"克马尔负责市场和广告部门，监管公司的移动应用团队。诺亚觉得这个团队应该由作为数字产品负责人的自己来管理，她迫切希望找机会接手这个应用团队，但又不确定具体怎么做。

一个小时后，她成功地成为移动应用的产品负责人，但她发现公司许多人都认为自己有"各种产品"的"所有权"。诸如照片、文章、广告、营销活动、视频和反馈工具这样的工件都被视为产品。但它们真的算是产品吗？她不禁陷入思考中。同时，她非常确定，如果人人有责，那么实际上相当于谁都没有责任。也许她可以先站在客户的角度，看看他们从世界新闻公司购买了什么，然后再追根溯源，了解一切是如何联系在一起的。

3.2　什么是产品

在实施 Scrum 时，一个普遍的误解是每个团队都必须有一个产品和产品负责人。解释该框架时为简化其概念而采用这样的措辞往往暗示了一个团队能够独立完成整个产品的交付。

但事实上，这种情况并不常见。结果经常是传统的分而治之的产品策略。产品分成多个子产品，每个团队负责产品的一部分。这些团队通常有不同的产品负责人，每个人只负责一些不能直接创造（客户）价值的零散部分，从而导致团队、目标和行动的协调变得更加困难。

图 3.1 展示了世界新闻公司如何将其产品划分为多个组件或内部产品。但是，如何确保它们都能提供价值呢？公司的价值主张又是什么？以照片组件为例，除非照片与其他内容结合并传递给新闻读者，否则照片本身不会有太高的价值。对于新闻读者来说，照片、文章、相关性以及合适的阅读媒介组合在一起，才能构成一个可以产生价值的产品。

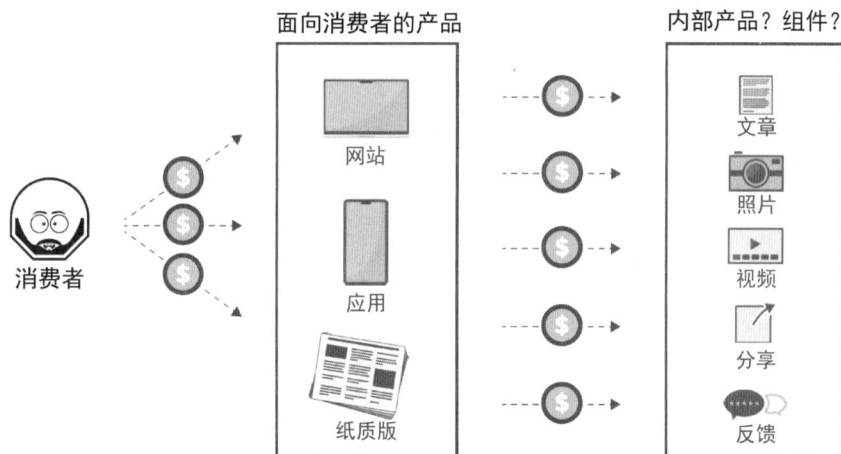

图 3.1　在这种情况下，什么是产品？是面向消费者的，还是内部组件

这并不意味着像照片这样的组件没有任何价值。例如，如果你是一个向世界新闻公司出售照片的自由摄影师，那么你的产品就是一张或一组照片。在这样的情况下，当个人或组件非常优秀以至于其他人或公司有付费意愿时，其本身对其他相关方就有价值。类似地，亚马逊的 AWS 服务原本只是亚马逊商店的一个组件，但亚马逊却把它转化为一个独立的产品。半岛电视台也采取了类似的策略，将其新闻和照片变成独立的产品，但这样的例子并不多见。

从客户的角度审视世界新闻公司的产品时，可以看到三个可以消费产品的触点：纸质版报纸、网站和移动应用程序。也许纸质版报纸满足的客户需求不同于应用程序或网站的。纸质版报纸可能有人在周六深度阅读，它也可能吸引特定的客户群体。有的人可能会为了深入了解细节而使用网站，而应用则可能是用户想要快速浏览新闻标题时使用的。

> 设计系统时，系统的架构受限于产生这些设计的组织之间的沟通结构。
>
> ——马尔文·康威

围绕真实的产品来组织人员和团队至关重要，因为人们通常根据其组织结构来调整自己的工作。这个观点最初由康威提出，虽然它通常用于解释某些体系结构是怎么来的，但我们可以主动利用这个观点，通过设计组织结构来为产品创造有利的条件。

因此，如果你提出"你的产品是什么？"这个问题，那么根据你询问的对象，你可能得到不同的答案。图 3.2 展示了不同的人或不同的职能对这个问题的回答。

那么，什么是产品？它为什么如此重要？这些问题揭示了一个组织的关键驱动因素。答案将揭示组织主要的关注点。它主要关注的是客户吗？是否有多方干系人需要得到满足？这个组织主要会为了什么而优化？很多时候，得到的答案可能是模糊的。如果问 10 个不同的人，可能会得到 10 个不同的答案。

它是清晰的愿景和
卓越领导力共同作用的结果

高层管理

它比iPhone更大

产品营销

它是让我们的关键指标
持续上升的原因

财务

它对我们的净推荐值
是一场灾难

客户支持

它是由DevOps团队运维并
在云端运行的持续交付的微服务

技术

它结合自管理和经验主义，
一直在持续改进

敏捷教练

图 3.2　关于"产品是什么"，人们的看法取决于各自的视角

许多组织的产品主管往往只专注于优化内部流程和系统或者关注内部产品，因而很难将这些产品创造的价值转化为外部价值。

> 产品是传递价值的载体。它具有明确的边界、已知的干系人和定义明确的用户或客户。产品可以是一种服务、实物产品或其他更抽象的东西。
> ——《Scrum 指南》2020 年版

要构建好的产品，一个关键是始终以客户为中心。采取外部视角，关注客户的问题、愿望、需求和待办工作。我们在与业内许多产品人交流时，他们经常表示自己问不出客户需要什么——因为客户"不知道""不在乎""不和产品负责人沟通"或"只想要解决方案，从来不说自己遇到了哪些问题。"

产品负责人经常像亨利·福特那样发出感慨："如果我问干系人他们想要什么，他们会说'一匹更快的马'。"

福特本来可以换个方式，不是直接问人们他们想要什么，而是询问他们骑马出行有哪些不便。他们可能会提到速度慢、马的气味、马的体力、养马的费用、噪音还有雨天容易淋湿等问题，这些才是实际需要为客户解决的问题。因此，在与客户交谈时，应该更加关注他们遇到的

问题、痛点及其对现有解决方案的看法，而不是立刻提出一个新的解决
方案。

实际上，如果想明确对产品的定义，可以从产品的 5 个 P 展开
思考。

- 产品能为客户解决问题（problem）吗？如果能，解决的是什么
  问题？
- 这个或者这些问题普遍（pervasive）存在吗？市场上是否有比较
  多的人遇到了这个问题？这个市场细分是否足够大？
- 客户是否愿意为解决方案付费（pay）？这通常与客户感知到的"痛
  点"严重程度成正比。
- 产品的市场定位（positioning）与公司的品牌形象相符还是可以
  扩展品牌？这种定位是否合理？举个例子，你会考虑从大众汽车
  那里购买跑鞋吗？你会想从红牛那里买保险或金融产品吗？
- 从实际可行的角度，是否可能（possible）在有限的时间和预算
  内制造这个产品？

许多产品负责人、开发人员和相关利益方都对第 5 个问题有强烈的
兴趣，尤其是具有技术或工程背景的人或对某个领域有深厚知识的人，
他们很可能对第 5 个问题情有独钟，并立即展开深入探讨。但是，且慢，
先按照顺序回答这些问题。

克里斯

我担任过某个实时海上监控网络的产品经理，这个网络理论上可以无限扩展。从工程角度来说，这是一个巨大的挑战，因而在成功完成的那一刻，我们都感到非常自豪。但在项目完工后，却发现这个产品根本没有什么市场。所以，一定要从第 1 个问题开始考虑。至于第 5 个问题，相信我，工程师们会解决的。

回答完这 5 个问题之后，一般都能识别出一个产品。每家公司、组织和机构都提供针对特定问题的产品或服务，无论客户是用金钱、时间、数据还是其他方式付费。产品可能不容易识别，也并不总是显而易见的，但它们确实存在。为了让产品负责人更加高效地工作，这些产品需要被明确识别出来。

此外，除了前面提到的 5P，每款产品都有一些普遍的特点。每个产品都有自己的客户，而客户往往可以归为以下几个类别：

- 用户，使用产品并从中获得价值的人；
- 买家，为产品付费的人，支付的方式可能是金钱、时间、数据或其他形式；
- 双重角色，既使用产品又为之付费的人。

每个产品都有自己的制造方，后者通过交付产品（或服务）来获得以下形式的收益：

- 收入；
- 降低成本或避免额外的成本；
- 时间；
- 数据；
- 社会效益。

第 4 章

建立对客户的同理心

4.1 与客户沟通

对产品负责人而言,与客户沟通最有价值、最有趣但同时也最容易让人紧张。有些人天生就擅长沟通,他们享受与客户的每一次交流。但对另一些人来说,这可能非常难。作为产品负责人,采取"客户代表"姿态的关键在于,不要把自己限定在办公室内。真正的倾听和同理心是产品管理中不可或缺的部分。正如美国前总统卡尔文·柯立芝所言:"从来没有人因为倾听过度而失去工作。"如果与客户的沟通出现了问题,通常是因为我们说了一些不该说的话。例如,我们可能针对他们的问题提出了解决方案,或者对目前还没有的产品、服务或特性做出了承诺。长话短说,怎样才能明智地与客户交流呢?下面我们来一探究竟。

4.2 观察客户

若想真正了解客户的问题、痛点和需求,最好的方式是观察他们在日常环境中的行为。观察人们在完成日常任务或工作时采用的行为模式是很有启发性的。有家电视机厂商做过一个这样的研究，他们直接来到消费者的家中。尽管询问对方"我们可以在你看电视的时候观察你吗？"听起来有些怪异，但令人意外的是，有些人同意了。电视机厂商的调研人员惊奇地发现，人们在看电视的时候有一个普遍存在的问题：很多人经常把遥控器弄丢，不得不到处找。这听起来可能不像是一个深刻的洞察，但请耐心听我讲完。

这项研究揭示了一些有趣的行为模式，例如人们在观看体育比赛时经常会拿一些小零食来吃，所以经常顺手把遥控器忘在冰箱里。虽然没有人因此而责怪电视机，也不指望电视机可以解决这个问题，但电视机厂商却想出了一个解决方案。他们在电视机上增设了一个按钮，按下它后遥控器会发出蜂鸣声以便定位。这显然不是客户的要求，但的确是他们需要的。有位学生建议完全取消遥控器，直接把控制按钮嵌入电视，但这不合理，因为早期的电视机本来就有这个功能。

根据罗技公司的一项调查[①]，当人们找不到遥控器时，会有以下结果：

- 49% 的人在沙发里找到了它；
- 8% 的人在浴室里找到了它；
- 8% 的人在衣柜里找到了它；
- 4% 的人在冰箱／冰柜里找到了它；
- 2% 的人在户外或车里找到了它。

由此可见，观察产品的真实客户或使用者是了解客户行为的有效方法。软件开发也经常使用类似的方法，比如设置可用性实验室或使用眼动跟踪系统以及跟踪用户的点击行为。这些有效的方式适合用来探索客户与产品互动时的行为、视觉体验和听觉体验。

---

① 来源：Casey Chan，"50% 的人把遥控器落在沙发里"，Gizmodo，2011 年 3 月 23 日。

4.3 与客户合作时如何有效地应对客户偏见

在观察客户解决问题或尝试完成任务、活动或工作时，可以使用自己的产品、竞争对手的产品或者其他替代方案。但在开始观察客户之前，有一些需要考虑的要点，因为观察不当的话，可能产生一些负面效果。

例如，霍桑效应（Hawthorne effect，又称观察者效应）指的是客户知道自己正在接受观察而改变自己的行为模式。1924 年，哈佛大学心理学家乔治·梅奥研究了不同照明条件是否能够提高生产效率。身着实验室白大褂的研究人员让研究对象感到非常紧张。尽管他们的工作效率提高了，但原因却与照明条件的改变无关。

另一个效应是观察者期望效应（observer-expectancy effect），它指的是客户试图"帮助"观察者达到他们预期的研究结果。人的天性（比如乐于助人）是很难抑制的，但作为客户代表，我们至少应该保持警觉，不要明确表达自己想要什么样的结果。这意味着在调研的时候，不应该向受访者透露自己预期或预测的研究结果。

另一方面，观察者偏见也会使我们更关注符合自己预期的线索，这也是两个人一起进行观察有时更为有效的原因，因为另外一个人可能会看到某个人遗漏的点。佛教禅宗有一个概念叫"初心"，我们大致可以理解为"白纸一样的思维"和"初学者心态"。它意味着即使你的技艺可能非常熟练，态度上也要保持开放、有求知欲和没有任何成见。就像初学者那样面对世界，抛弃个人的自负和偏见，不是去证实，而是去学习。

想象这样的场景：你正在 4S 店里看车。当你被一辆车吸引而想看看车辆内部的情况时，一个男人走到您跟前说："您好，这车不错，对吧？您需要任何帮助吗？"你和他对视，注意到他身上穿的条纹西装和脚上擦得锃亮的皮鞋，于是你嘟嚷着说："不用了，谢谢，我只是随便看看。"随即快步离开。这个情景是不是很熟悉？为什么会这样？你正在考虑买车，而 4S 店的销售人员走上前来帮助你，他可能比你更了解展厅里所有的车。可是，你为什么就不愿意和他谈谈呢？"呃，毕竟他是个销售……"大多数人都是这样想的，他们的潜台词是："他是个销售，我不想让他给自己推销东西。我不信任他们！"

我们并不羡慕销售人员，销售的确是一件苦差事。但我们（产品负责人或产品经理）不是做销售的！在与（潜在）客户互动时，我们必须确保客户意识到这一点。我们需要反复告诉他们，我们不是来卖东西的。比如，你在做自我介绍时可以直接这么说："嗨，我是诺亚，来自产品管理部门，我们致力于构建真正可以解决实际问题的方案。我很希望深入了解你们是如何完成 [某种特定的工作或活动] 的。我不是来推销产品的，我只想了解哪些产品能够帮助你们解决问题和面对的挑战。再次声明，我不是做销售的。"为了确保明确传达信息，最好在对话中重复强调三次你不是做销售的（最好在对话开始时就强调）。

在与客户交谈时，我们想了解他们的问题、需求、担忧、痛点和可能的收益。在这个阶段，具体如何解决这些问题并不是我们主要的关切点。客户在这些问题上是专家，所以你可以多提一些这样的问题："你能向我展示一下吗？""这很有趣，请再多讲讲"和"你会如何解决这个问题？"你可以用"我感觉你好像……"或"我似乎注意到……"这样的话来确认自己的观察，让客户可以对你的理解给予澄清或纠正。但尽量不要采用"你为什么……"或"我发现你……"这样带有预设立场的措辞，因为这会使客户难以给出有意义的回答。时刻提醒自己，你的目标是了解和学习，而不是求证。

当客户描述某个问题或挑战时，即使你心里确实在想："嘿，我们有这个问题的解决方案"，也千万不要开始进入销售的角色。不要告诉客户自己有办法帮他解决问题。如果这么做的话，客户可能会一下子警觉起来："这个人果然是个做销售的！"相反，你应该询问："你为解决这个问题尝试过哪些办法？"一旦你开始进入销售的角色（即使是无意的），客户对你的信任度就会降低。因此，趁此机会找出市场营销和销售方法中的不足，而不是只想着完成一次销售。

另一个常见的误区是详细解释产品的工作原理。作为产品负责人，我们通常非常了解产品的工作方式。我们知道它能解决哪些问题，知道它有哪些特性，甚至可能知道所有可能的配置和设置。然而，详细介绍产品的工作方式不是我们的职责！至少，在为了解客户而与他们交谈的时候，我们不应该这么做。

> 我在香港做过一次客户访谈，询问他们对我们的下一代产品有哪些需求。我去香港的主要目的本来是更深入地了解客户对我们下一代产品的期望和需求。然而，在一次对话中，客户提到他们在使用现有产品时遇到了一些问题。我当时太过年轻，又充满了激情，于是提出在访谈日程中挤出一些时间来帮助他们。这个承诺极大地改变了我在香港的后续行程，导致我把大量时间花在维护和培训工作上。虽然这样的经历很有趣，但并不是我此行真正的任务。更关键的是，这样做并没有帮助我们更深入地了解客户的问题和需求，反而浪费了我们获得真实需求的机会。

简而言之，如果要了解客户并理解他们的问题和挑战，最好走出办公室，与他们建立联系。确保（潜在）客户明白你不是来完成销售任务的，也不是来提供客户支持，您是来了解他们及其专业领域的，你认为他们是专家。访谈只需要占用他们 30 到 45 分钟的时间。短于这个时长的话很难真正做到了解，而超过这个时长的话，他们会因为投入的时间太多而拒绝接受访谈。请务必珍惜他们的时间，并为此向他们表示感谢。

在与多位客户交谈后，你会发现一些相似的模式，从而创建一个有代表性的客户画像。这个画像不应该只基于某一个客户，应该是一个能代表大多数类似客户的通用画像。为了让其他人也能更好地了解自己的客户及其需求，你应该详细记录自己的发现。换句话说，应该使用客户画像这样的方式来记录自己的学习成果。

第 5 章

通过客户画像捕获客户洞察

5.1 客户画像

在许多组织中，人们往往三句话不离本行：为客户创造价值、开发特性或提供产品和服务。但所有客户都是一样的吗？他们的问题、需求和欲求都一样吗？他们有着同样的背景吗？他们选择你的产品或贵公司的动机是什么？在谈到客户时，你很快会发现组织中的人对你所说的客户有不同的定义。他 / 她是用户？是买家？是维护产品的人？是销售产品的人？是储存产品的人？是运输产品的人？是市场营销部门？是销售部门？是我们的合作伙伴？是老年用户？是年轻用户？是我们希望转化的潜在用户？还是购买者？如果在谈论客户时不加注意，你可能会陷入像巴别塔那样的沟通混乱和障碍中。

阿兰·库珀代表作《交互设计之路》[①] 的原书名有一些挑衅的味道。但请仔细想想，我们是否经常是为自己设计产品，而不是为产品的真正目标受众设计呢？请完成以下练习，看看你的产品是否真的是为目标受

---

① 英文原书名为 "The Inmates Are Running the Asylum: Why High Tech Products Drive Us Crazy and How to Restore the Sanity"，直译为"精神病人管理疯人院":-)。

众设计的。请打开或登录自己的产品并开始试用。产品的特性如表 5.1
所示。在使用时，看看作为用户的你能否勾选这些特性。

表 5.1　产品特性

能引起我的兴趣	具备常识	消息灵通	保持专注
尊重我	能预见我的需求	敏锐	提供"消渴丸"那样的即时满足
直观易用	响应迅速	自信	值得信赖

　　完成后，请统计总共勾选了几项（最高分为12）。如果你的分数低于9，
那么说明你可能应该更频繁地采取"客户代表"姿态。下次考虑开发新
的特性或梳理产品待办事项时，应该把重心放在为几种用户类型（几个
客户画像）设计或构建产品上，而不是试图让所有人都感到满意。正如
赛思·高汀所说："不要试图面向所有人制造产品，因为那样的产品最
终不会有任何受众。"[①]在做产品时，要专注于一个特定的、明确定义的
客户群体。相比一个试图满足一切需求的通用型产品，有针对性的产品
往往表现更出色、品质更高，并且能够解决更多实际的问题，从而为公
司带来更多的销售。

5.2 创建客户画像

　　创建客户画像是一个好方法，它能够帮助记录和传达对客户的洞察，
并为管理各方干系人提供支持。为了构建客户画像，与销售、市场营销
和客户支持团队的合作非常关键，因为这些团队经常与客户互动，很了
解客户的行为模式。你可以向他们询问关于典型客户的信息以及客户希
望解决的问题，并深入了解哪些因素使得这些客户成为"典型"。与同

---

① *Purple Cow: Transform Your Business by Being Remarkable*, Penguin, 2005. 中译本
《紫牛：从默默无闻到与众不同》。

事克里斯进行访谈有助于揭示他们对客户的预设观念，之后可能需要对这些观念进行验证。与销售、市场营销和客户支持团队讨论客户和客户画像的好处是，能够帮助他们更深入地理解和认同这种技术。

那么，什么是客户画像呢？客户画像是客户或用户的相关描述或故事，能够在情感层面上与团队和干系人产生共鸣。通过专注于明确的目标受众并使用客户画像来代表这些受众，能够确保你在产品持续开发中始终坚持以人为本的理念。创建画像的过程本身也很有价值，因为你会从客户的视角去深入思考，在脑海中进一步强化对客户需求的理解。

例如，对于个人导航设备，一个可能的客户画像是一个非常注重应用便捷性和安全性的人，他可能要在周六早晨开车带孩子们去整个州不同的地点参加体育比赛，而这些地点他可能并不熟悉。可以想见，这位客户的需求完全不同于那些擅长于使用各种应用的日常通勤者。

> **克里斯**
> 在准备推出新的电商平台时，我们带着设计线框图来到首都的火车站，采访符合我们预想用户画像的人。然后，我们根据所了解的信息对设计进行了修改。可以根据原型调整客户画像，或者根据客户画像调整原型。有两个可调整的变量，而不是一个。

就像克里斯所说的那样，你创建的用户画像可能是对的，但产品或原型却有问题，情况也可能正好相反。换句话说，你既需要对用户画像进行验证，又需要对产品进行验证。比较常见的情形是创建的用户画像类型有误。接下来，让我们简单介绍一下几种不同类型的用户画像。表 5.2 展示了不同类型的用户画像，其中用户画像（user persona）是根据使用习惯和调研创建的，而原型画像（proto persona）主要基于假设。

表 5.2　用户画像的类型

营销画像	用户画像	原型画像
以人口统计信息为中心，用于驱动广告定位	以行为为导向，用于驱动产品设计	以行为为导向，用于驱动产品设计
激发目标受众的愿景，驱动信息传递	基于使用习惯的研究	代表我们目前已知的信息
基于购买习惯的研究	正式，仪式感强	非正式，易于更改

　　创建用户画像的目的是能够与他们共情。这种共情可以用于指导接下来的产品和设计决策。图 5.1 和图 5.2 展示了世界新闻公司的用户画像。

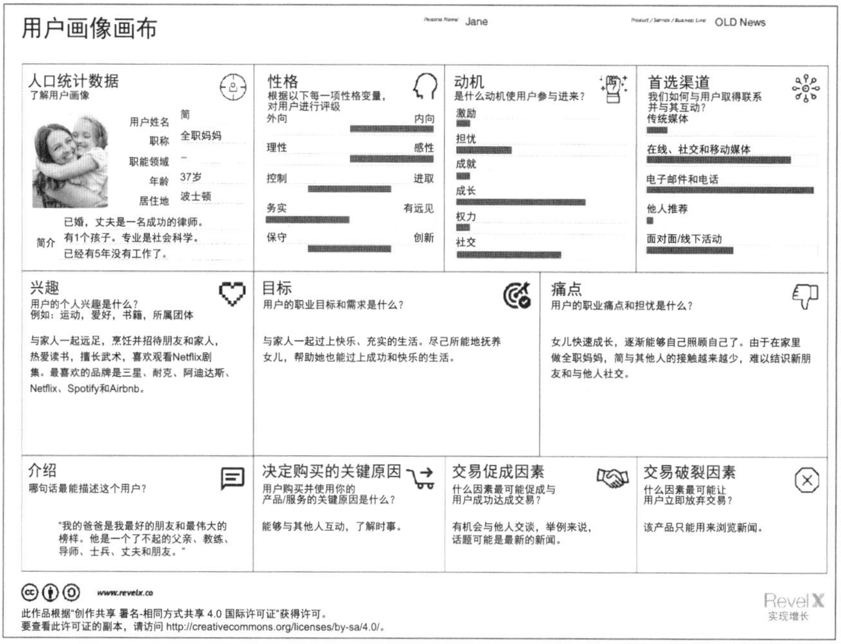

图 5.1　示例用户画像：简

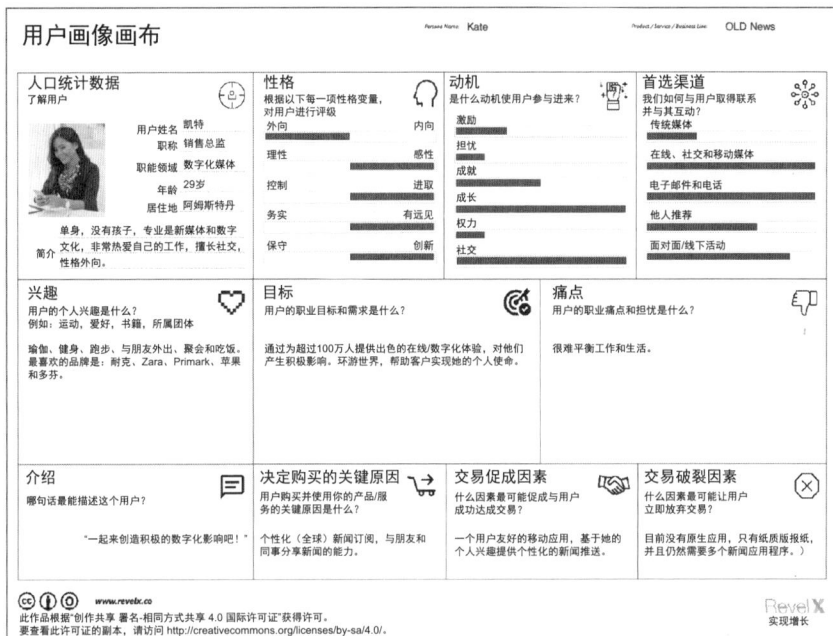

图 5.2　示例用户画像：凯特

你认为什么因素可以驱动凯特和简呢？她们的性格和经历完全不同，但有着相似的需求。通常，你会有 3 到 12 个不同的用户画像，这确实不少。但是，需要让每个人都感到满意吗？也许不需要。许多基于软件的产品都有高级设置菜单或向导功能，以帮助某个画像对应的用户根据其需求来控制产品的行为。

一些产品负责人会创建一个"负面"用户画像——代表非目标受众的客户。这种做法对于正在转向新市场的组织特别有帮助。为原有市场服务的愿望往往深深地根植于组织中，这时，就可以指向一个用户画像并说："你提的这个对约翰来说很合适，但请记住，这款产品不是为约翰打造的。它如何才能帮助到凯特和简？"这种方式可以进一步引导团队进行深入思考。如此一来，你就不必直接驳回请求，而是引导干系人考虑产品真正的目标受众，而不是其他或许能从产品中受益的人。

让我们回到凯特和简的例子上。你可能注意到她们都想要与其他人交流以及分享或讨论新闻，只不过凯特是希望对自己的粉丝产生影响，而简则更倾向于建立人际关系。虽然动机不同，但她们有很多共同之处。

对产品用户有深入的了解有助于确定产品的发展方向和指导产品负责人的日常活动。下面是一些示例：

- 在待办事项列表梳理会议中，讨论如何以最好的方式为凯特解决这个问题？
- 在冲刺计划会议中，我们可以怎样为简创建有意义的增量特性？
- 在冲刺评审会议中，这个增量特性对凯特有什么影响？
- 在演示路线图时，我们首先要解决哪些问题？
- 在产品上市时，我们如何接触简？
- 在提供财务预测时，外部有多少像凯特这样的用户？
- 在设计会议中，凯特有何看法？

第6章

识别和表达客户价值

美国克莱斯勒汽车公司董事会主席鲍勃·卢茨[1] 说，尽管有
80% 的焦点小组成员并不喜欢新款道奇公羊轻型卡车[2]。但他仍然
决定量产并把它做成了畅销车，因为剩下 20% 的人非常喜欢它。
让人们爱上自己的产品，即使只是少部分人，即为成功之道。

——阿兰·库珀，《交互设计之路》

将 Scrum 中的产品负责人描述为"价值最大化者"，也许是最恰当
的。价值往往受限于复杂性。Scrum 是一把利剑，能帮助我们破除复杂性，
但并不能保证有价值。最大的浪费是倾尽全力开发的产品，最后却发现
无人问津。

鲍勃·卢茨在喜欢其想法的少数用户中看到了价值，然而，作为产品
负责人，我们在最大化产品和服务的价值时却时常面临困境。部分原因在
于，关于"价值"，我们并没有一个通用的标准。我们没有一个确切的数
值直接与其他数值进行比较。价值很难量化，因此对于什么是价值以及如

---

① 译注：Bob Lutz 出生于 1932 年。曾在通用汽车、宝马、福特和克莱斯勒担任高管，
被誉为"产品大帝"，其代表作有《绩效至死》。
② 译注：第二代道奇公羊上市第一年的销量为 24 万辆，是其第一代车型总销量的两倍。

何确定、表达、衡量和增加价值，往往存在许多误区。

2016 年，埃里克·阿姆奎斯特、约翰·西尼尔和尼古拉斯·布洛赫共同撰写了一篇关于价值元素的文章。[①] 基于他们在贝恩咨询公司的工作经历，他们构建了一个金字塔模型，其中包含的各种元素对客户从产品或服务中感知和获得的价值有贡献。

就像马斯洛的需求金字塔一样，一个产品需要首先满足价值金字塔的基础层次，之后更高级的价值元素才会更有吸引力。例如，马斯洛指出，当基本的生理需求未被满足时，人们不会追求什么尊重和自尊。尽管根据不同的文化背景，金字塔的某些层次可能有所调整，但其核心思想是一致的。

如图 6.1 所示，B2C 价值金字塔表明价值可以有多种描述方式。它分为 4 类：功能类、情感类、改变生活类和社会影响类。

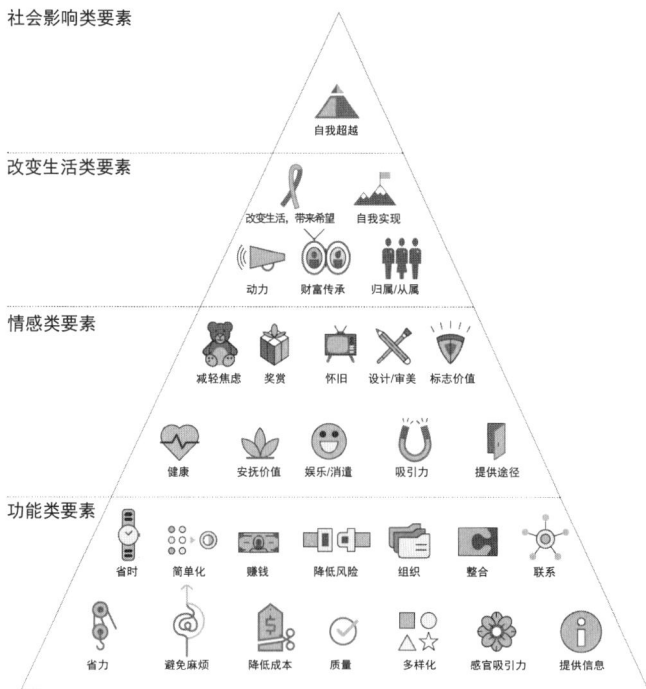

图 6.1　贝恩的 B2C 价值金字塔

① 原标题为 "The Elements of Value"，发表于《哈佛商业评论》2016 年 9 月。

6.1 功能类价值元素

要优化产品或服务的价值，首先着眼于功能类价值元素。在客户或用户感知到产品价值之前，产品首先应该提供最基本的需求，即功能类价值。这类价值应当解决客户的问题并满足他们的基本需求。这可以通过提供简单、有吸引力、节省时间、成效比高或方便的解决方案来实现。这些价值的功能类元素位于 B2C 价值金字塔的底部。在想到这类元素时，浮现在你脑海中的便是产品或服务如何为用户提供这些价值。这些元素好比车里的安全带，没有它们，人们就不会购买你的产品。但增加过多的安全带并不会增加吸引力。只是节省了时间或提供了更多信息是不够的，你还需要为客户和用户提供额外的价值。

6.2 情感类价值元素

贝恩 B2C 价值金字塔的下一个层次是情感类价值元素。与功能类元素相反，情感类元素是有叠加效应的。因此，投入更多的时间、金钱和资源来改善情感类元素将有助于产品提供更多的价值。

例如，宝丽来在为 1960 年发售的经典相机推出现代版本时，就利用了怀旧这一情感类元素。尽管从规格和功能上来看，这部相机与当时的其他相机差不多，甚至可能略低于市场平均水平，但这部相机唤起了众多客户的美好回忆，使其比竞争对手的产品更有价值。

一些不使用苹果设备的人会说，与苹果相比，其他品牌提供的产品往往价格更合理、硬件更出色。然而，对于苹果的忠实用户来说，这些竞争对手品牌的产品缺少设计、审美和标志价值等情感类价值元素。

6.3 改变生活类价值元素

像 Fitbit（一款帮助用户维持健康生活方式的智能手表）这样的产品销售的是"动力"这个价值元素。该产品为更健康的生活方式和加强自律提供了动力。耐克也销售"改变生活类价值元素"。耐克在其广告中并不会直接推广自己的产品，而总是展示明星运动员矫健的身姿，传达"你也可以变得像他们一样出色"的信息。由于人类与生俱来的社交属性，使得财富传承以及归属感 / 从属感能够更为有效地为客户和用户增加价值。自从我们的祖先认识到孤身一人面对剑齿虎并不是一个好主意之后，我们就一直渴望成为某个团队的一部分。

6.4 社会影响类价值元素

最后是自我实现或自我超越这样的社会影响类价值元素。这个要素与马斯洛的需求层次理论相一致。找到生命的意义是每个人的终极目标。这个要素不仅与咱们自己有关，更关系到如何让其他人有更高的生活质量。例如，非洲加纳的农村妇女能够生产高质量的乳木果油产品，所以当地有家机构就专门帮助她们将这些产品销往全球。然而，这些产品带来的效果和价值超越了生产或拥有产品本身，该机构通过改善加纳农村妇女的生活而使这个世界变得更加美好。

站在产品如何为客户和用户增加价值的角度，我们可以从贝恩的价值金字塔找到很好的灵感来源。我们可以利用这些交互式的价值金字塔来识别产品或服务的具体价值。可以选择使用针对 B2B 市场的价值金字塔或是针对 B2C 市场的金字塔，如果业务涉及 B2B 模式和 BR2C 模式，那么两者都可以使用。现在请你回顾一下凯特和简这两个人物的用户画像，她们与价值金字塔中的哪些价值元素有关呢？

第 7 章

将产品特性关联到结果和影响

7.1 将目标、影响、结果和特性连接起来

在会议中，尽管每个人都提出了有意义的观点，但这些观点似乎风马牛不相及。这就像和朋友们一起看足球比赛，一个人说："他们应该动起来，多传球。"另一个人回应说："不，他们需要多寻求射门的机会，不射门怎么得分？"第三个人指出，为了获胜，他们需要拿到比其他球队更高的分数，而第四个人则表示球队已经让观众失去兴趣。这些观点都有道理，但相互之间并没有太大的联系。

作为产品负责人，我们经常发现自己充当的是翻译。我们就像《银河系漫游指南》里神奇的巴别鱼①一样，总是试图将开发人员的语言翻译成业务的语言，或是反过来。

公司高管和领导等主要谈论的是需要实现的公司目标。公司的目标通常用市场份额、收入、毛利、成本、现金流或风险暴露等指标表示。

---

① 译注：这种鱼的设定是像水蛭一样的小黄鱼，这种外星生物以脑电波为食。它能将各种无意义的频率转化为对接收者脑部语言中枢有意义的频率，只要将它塞入耳中，它就会变成"宇宙通用翻译机"。

另一些人，比如来自市场营销、销售、客户支持或运营的团队，可能更注重影响公司运营方式的可量化结果。他们致力于提高公司影响力，其中包括客户满意度、新客户数量、客户保留率、事件处理以及产品的使用情况，等等。

客户和用户则希望解决自己的问题和痛点、满足自己的需求并以更好的方式完成工作和活动。这些客户群体（他们可能会被具体化为用户画像）都想得到预期的结果。

当然，那些参与产品开发的人员通常更关注实操，比如路线图、下一步计划、目标和目的以及下一步要构建的特性。

在采取"客户代表"型产品负责人的姿态时，你会经常发现自己被形形色色的干系人及其观点所围绕。你需要考虑如何更深入地影响客户的生活，比如促使他们改变自己的行为，为他们和其他干系人带来更大的价值。图 7.1 展示了如何将组织和干系人的需求与其目标客户、他们预期的结果和待开发的特性联系到一起。

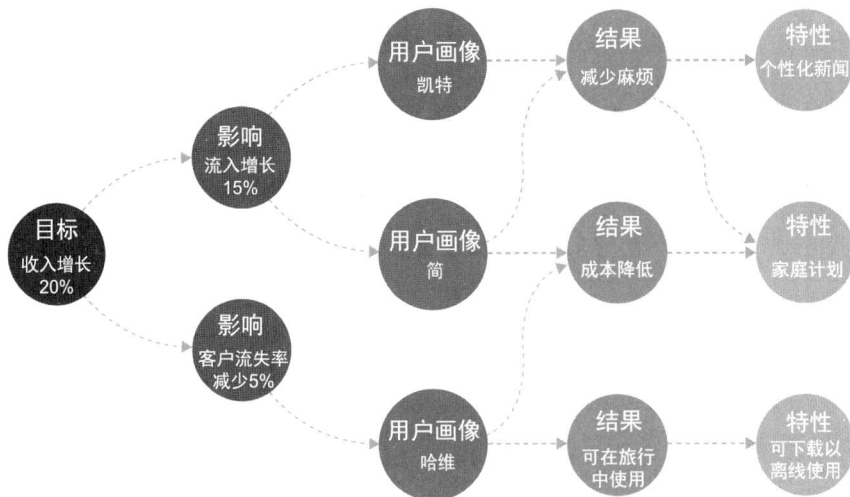

图 7.1　受影响地图启发而绘制的系统图

假设公司的目标是收入增加 20%。这无疑是个很有野心的目标，但考虑到当前的市场条件、公司的增长策略和市场地位，它或许也并非不可行。

实现这个公司目标的方法至少有两种。一种是简单地获取更多的订阅者，也就是产品的新客户。在这个例子中，我们认为可以通过吸引更多订阅者来达到 15% 的增长，再通过降低现有订户的流失率来达到 5% 的增长。

7.2 影响与结果

请注意，我们这里使用了"影响"（impact）和"结果"（outcome）这两个词。至于何时使用"影响"以及何时使用"结果"，并没有一个固定的标准。我们的惯例是在谈论公司的可量化结果时使用"公司影响"，在谈论客户行为的可量化变化时使用"客户结果"。[①] 由此可见，这些词在不同的语境和背景下有着不同的含义，所以为了避免混淆，我们最好在组织中明确其具体含义。

公司的影响最终来源于客户行为的改变。在世界新闻这个案例中，我们在第 6 章中重点探讨了两个人物角色：凯特和简。

第三个用户画像是哈维，他是纸质报纸的订户。本书中没有分享哈维的人物画像，因为我们认为提供更多的例子并不会为背景增加太多的价值。但我们还是需要把哈维这样的用户画像放在心里，因为我们不想失去老订户。

我们回到用户画像，探索他们认为哪些因素是有价值的，并思考如何对这些价值进行衡量。接下来，我们将把客户的用户画像及其预期的客户结果联系起来。

例如，凯特不喜欢不直观的应用。我们可以通过观察她是否能流畅

---

① 和精益 UX 的说法保持一致。

地使用应用并花更多时间浏览内容来判断我们是否满足了她的需求。另一方面，简更关心价格。观察新用户如何在不同的套餐和定价中做出选择，可以帮助我们了解他们是否喜欢我们的服务。

有的行为相辅相成，而有的行为则会导致负面效果。例如，更多的价格层次或结合广告和高级版本的方式可能会吸引简。但这样的设置对凯特来说可能显得过于复杂。这是一门关于平衡的艺术。

请注意，我们还没有谈到特性。构建特性的目的是让用户的行为发生变化。就像客户结果一样，特性也可以相互影响，但这通常是团队可以解决的技术问题。

创建图表（比如为世界新闻创建的图表）的目的是促进沟通和提高透明度。可以用它来解释如何通过改变客户的行为来实现他们（公司、部门或个人）的目标。然后，可以将预期的变化与我们的工作联系起来。这也是一个连接技术和业务的好工具。图表有助于解释和可视化每个要开发的特性将如何推进它的目标，还有助于澄清特性旨在实现怎样的行为变化，以及它是为哪一类用户服务的。有没有其他成效更高的方法来实现这些改变？或许，通过建立这种联系，我们可以提前测试一些假设。另外，这种行为变化真的会导致这样的商业结果吗？

前面的图 7.1 可以从左向右解读，也可以从右向左解读。它不只是展示了信息，还可以用来引发对话。这个图表重点突出了我们的中心思想——客户至上，这正是"客户代表"姿态的意义所在。

案例研究：连点成线

出场人物： 诺亚、特雷文、克马尔、珊妮丝、吉斯、桑德拉和戴夫

诺亚觉得头痛。她刚刚结束了自己有史以来经历过的最糟糕的战略会议。会议中每个人似乎都有一套不同的议程，而且都使用了各自不同的专业术语。

特雷文主张以内容为主，这是理所当然的，毕竟他是编辑部的

负责人。克马尔则占用了会议的大部分时间，大谈谷歌和苹果所采用的策略，但就是没有给出具体的建议来说明如何将这些策略应用于一个资源远不及它们的公司。珊妮丝和吉斯则见缝插针地反复强调公司的大部分收入仍然来自纸质版报纸。财务部的桑德拉则解释了公司的现金流状况有多糟糕，但她讲得太过枯燥，让人昏昏欲睡。最后，戴夫决定把讨论推迟到下周，但诺亚能看出他对这次会议的结果不满意。

最不幸的是，诺亚早上发现自己的车轮胎爆了，因而不得不坐地铁回家。她一边走在越下越大的雨中，一边想着这倒霉的一天。一些人关注的是客户的需求和满足客户，而其他人则关注这些建议对公司的影响。如果不能将两者联系起来，那么下周的会议仍然会出现牛头不对马嘴的情况。

诺亚走进地铁站，在入口处看到一张地图，上面展示了整个地铁网络及城市中的所有地铁线路和站点，她意识到，回家有好几条路线可以选择，每条都有其优点和缺点。今天的会议也如此。会议上每个人都说对了一部分，但没有人给出完美的答案。这让诺亚有了灵感。

有些人在谈论公司的目标，有些人在关注成果，还有人在分析对不同读者群体的影响。这中间有什么联系呢？诺亚陷入了沉思。为什么读者会为我们的产品付费，甚至付更多费用呢？什么特性会改变他们的生活和行为？这与我们的工作又有何关联？

当诺亚乘坐地铁回到家时，她对自己说："明天，我要看看是否能够将这些点串联起来。也许今天早上的爆胎反而给我带来了意外的收获。"

第II部分

客户代表：小结

关键学习与洞察

第II部分到此告一段落。在本部分中，深入探索了"客户代表"姿态。你从中学习了如何使用5P方法来识别和定义产品、如何培养对客户的同理心、如何使用用户画像来捕捉客户的洞察，以及如何识别和表达客户价值。在本部分的最后一章中，学习了如何连点成线，例如要构建哪些特性来交付客户价值，以及要达到哪些影响来实现公司的目标和目的。若想产品在市场上取得成功，首先要对客户及其痛点、收益、需求和待完成的工作有清晰的认识。产品负责人和产品经理需要经常与客户和用户进行沟通和互动，深入了解他们的需求及其面临的问题。管理失败的产品负责人常常一味地致力于增添特性，像特性工厂一样。然而，真正成功的产品往往只针对明确定义并有深入了解的目标用户群体而设计，能够有效地为他们解决问题。

小测试回顾

如果在第II部分的开头处完成了小测试，请将你的答案与下表中的答案进行对照。在了解客户代表姿态之后，你是修改自己的答案，还是赞同下面的答案？

测试题	赞同	不赞同
1. 人们购买或采用产品是为了解决自己的问题，而不是因为产品具有什么样的特性。	☑	
2. 如果问客户想要什么，他们肯定会告诉你"一匹更快的马"。		☑
3. 产品、客户和生产者始终存在，但他们并不总是容易界定的。	☑	
4. 若想更好地了解客户，与销售、客户支持、用户体验和市场营销团队沟通是最佳选择。他们最清楚客户真正想要什么。		☑
5. 衡量客户价值最好的方法是看他们为公司带来的收益。		☑
6. 通过可视化用户信息（如用户画像或同理心地图），可以更好地了解客户和用户的问题与需求。	☑	
7. 公司的目标、影响、用户画像、对客户的价值和待构建的特性都以非线性的方式相互关联。		☑

延伸阅读

想要深入地了解"客户代表"的千姿百态吗？首先，建议以创建用户画像作为起点。接下来，探索《价值的要素》[1] 和贝恩价值金字塔[2]。为了更好地理解和整合知识，还可以使用系统图或影响地图。

此外，还有几本相关的书籍推荐给大家：阿兰·库珀的《交互设计之路》，杰夫·格瑟夫和乔什·塞登的《精益设计：设计团队如何改善用户体验》以及安东尼·W.乌维克的《客户真正想要什么：使用结果驱动的创新来创造突破性的产品和服务》。

这个领域不断在变化。作为产品负责人，如果想要更加了解客户及其体验，我们强烈推荐您进一步深入用户体验设计[3]、用户研究以及用户测试这些领域。

---

① 埃里克·阿姆奎斯特、约翰·西尼尔和尼古拉斯·布洛赫的著作《价值的要素》由《哈佛商业评论》出版于 2016 年 9 月。
② 贝恩公司提供了一个交互式的图解，网址为 https://media.bain.com/elements-of-value/#。
③ 译注：这方面的经典书籍有《高质量用户体验》（第 2 版）和《洞察用户体验》。

第 Ⅲ 部分

愿景家

伟大的理念几乎总是用简单的词语来表达的，所谓大道至简。

——杰克·特劳特 [①]

[①] 译注：Jack Trout（1935—2017），营销战略家，被誉为"定位之父"。当过海军飞行领航员的他，在1967年加入RCC公司，开启了广告和营销战略生涯。1969年，他提出"定位理论"，1981年出版《定位》，1996年推出《新定位》，2009年出版《重新定位》。其他作品还有《简单的力量》和《大品牌大问题》等。

小测试

为了给第Ⅲ部分做个铺垫，请通过勾选下表中的"赞同"或"不赞同"来回答下表中的每一个判断题。答案将在第Ⅲ部分的小结中给出。

测试题	赞同	不赞同
1. 产品愿景应该能够激励客户、用户、干系人和开发人员。通过讲故事的方式传达产品愿景是鼓舞人心的好方法。		
2. 产品负责人应该设定并努力实现多个产品目标。		
3. 有许多方法可以可视化产品待办事项列表，例如根据干系人的需求和组织背景创建产品路线图。		
4. 清楚地定义如何识别、表达、估算和衡量价值（例如，通过循证管理）有助于增加自主性并提高决策能力。		
5. 在 Scrum 中，Scrum Master 和开发人员对产品的上市时间和创新负责。		
6. 产品负责人不能且也不应该负责产品的定价。产品负责人不需要干涉或定义定价策略和定价手段。		
7. 只有在发布已完成的产品之后，才能实现价值，才能量化商业目标、产品愿景和策略的进展。		

第 8 章

创建和传达产品愿景

8.1 愿景家

如果仔细想想，你会发现产品负责人和蜘蛛侠刚好相反。对蜘蛛侠来说，能力越大，责任越大。但对产品负责人来说，尽管肩负着重大的责任，他们却可能并没有任何权力。

克里斯

有时，产品负责人应该采取"愿景家"的姿态。在第 II 部分"客户代表"中，你了解了如何采用"客户代表"的姿态来深入了解客户及其需求。对这些方面有了更深入的理解之后，你可能会受到启发，对产品有了新的想法。"愿景家"姿态代表着这些想法、产品的愿景及其要达到的目标。许多产品负责人和蜘蛛侠相反，几乎没有实权，却对产品负有重大的责任。这意味着作为产品负责人，你需要赢得支持者，也就是那些愿意跟随你的人。换句话说，他们选择追随你并不是因为你的地位，而是因为他们对你的愿景、目的或目标充满激情。但是，如何在没有实权的情况下赢得支持者呢？如何激励人并使其服从自己的领导呢？这正是本部分——"愿景家"——要讨论的话题。

产品的愿景、使命或目的如同北极星，为产品指明了方向。作为产品负责人，在采取"愿景家"姿态时，要专注于未来的情景，去设想自己、产品及公司前进的方向。采取这种姿态的主要目的是挑战现状。所以，暂时忘记眼前的问题，忘掉 bug、忘掉产品中的技术债、忘掉那个重要客户近期的投诉……在采用"愿景家"姿态时，你的关注点不在当下，而是在未来的可能性。

定期（不是始终，但至少应该经常性地）关注未来很重要，有助于我们预防灾难性的事件。这种对未来的关注使得我们能够为增长、生产力提升、客户需求的增加以及新的受众和不断增长的目标受众做好计划。向团队和其他人清晰地传达一个明确的愿景，可以使其为未来可能发生的事情做好准备。对产品负责人而言，有一个明确的愿景可以使其在面对困难或遭遇突发事件时确保自己内核稳定。

传达清晰的愿景有助于在团队和干系人中建立统一的力量，并对组织的效能产生积极影响。有一个鼓舞人心、雄心勃勃的、明确的愿景可以激发行动的意愿，点燃大家的热情和动力。这样的愿景可以聚焦各种资源、人员和想法。一旦真正理解并认同这一愿景，人们就会更加团结。愿景创造了推动变革的能量和决心，激励个人和组织作出承诺、坚持并全力以赴。它可以使所有人勠力同心，齐头并进。

清晰的愿景对员工的行动和决策起着指导作用。它像实用指南一样，有助于为不同规模的项目创建计划、设定目标和目的，以及协调和评估待办工作。举个例子，需要决定是否开展新项目或者需要决定如何完成任务的时候，可以扪心自问："我正在做的或将要做的事情是否与愿景相符？"如果是，那很好，继续前进！如果不是，或者难以判断，就暂停，重新进行评估并在必要时根据愿景来重新调整行动或决策。如果完全不符合愿景，就要彻底放弃。在愿景的指导下，我们可以做出正确的决策。

如果拥有明确的愿景，最明显的好处是，它可以激励和鼓舞身边的人。一旦真正理解并相信组织的核心价值和愿景，人们更愿意全身心地投入到组织的各种活动中。充满激情和灵感的团队成员对组织实现其目标有很大的帮助。明确的愿景有助于组织保持专注和增强凝聚力，尤其是做复杂的项目和面临巨大的压力时。如果团队成员对愿景有深入的了解，他们就能够构建更出色的产品或服务。如果能够在产品愿景、梦想、目标和目的上达成一致，构建正确产品的可能性将大大提高。

除了能构建更好的产品，在明确的愿景和策略的指导下，团队的自我管理能力通常也会提高。他们能够自行做出更多日常的决策，并通过分享其专业知识和见解来为愿景和策略做出贡献。自我管理能力的增强使得产品负责人有更多的时间来关注其他重要的事务，同时团队的贡献也会使愿景和策略更加完善。

研究证明，拥有明确的愿景可以带来许多额外的好处。实践证明，作为产品负责人，定期采用"愿景家"姿态可以提升产品使用率、增加收入、降低成本和提高客户满意度。既然如此，还有什么可犹豫的呢？是时候采取"愿景家"姿态了！

让我们总结一下选择"愿景家"姿态的优秀产品负责人有哪些特质。

- 对愿景有坚定的信念：以"愿景家"姿态出现的产品负责人深度认同自己的愿景。愿景仿佛融入了他们的血液，他们就是愿景的代言人。他们与愿景紧密相连，不舍昼夜地追求愿景。如果无法全心全意地信任自己的团队、产品或公司的愿景，怎能成为别人眼中能够鼓舞人心并值得追随的领袖呢？

- 不甘于现状，勇于展望未来：愿景家对未来总是乐观的，他们致力于使明天变得更好。这些有远见的乐观的领导者永远不会满足于现状，他们总是努力让明天更上一层楼。这种对未来的专注和对现状的不懈挑战使得他们尤为成功。

- 想象力丰富并注重大局：以"愿景家"姿态出现的产品负责人能轻松构想和预见未来。在他们的心目中，能清晰地描绘未来的种种可能，然后详细描述其设想，就像他们已经亲自体验过一样。

- 将愿景融入故事中：我们从小就喜欢听故事，长大了也不例外，谁不喜欢精彩的故事呢？无论是小时候听父母给我们讲睡前故事、游玩情节丰富的电子游戏，还是在奈飞追剧，都表明我们对故事情有独钟。"愿景家"深知这一点，他们不仅可以定义、创造、塑造和描绘愿景，还相当擅长讲故事，使其愿景能够深入人心，难以忘怀。

- 开放且包容，而非封闭又狭隘："愿景家"型的领导乐于分享和传达他们的梦想／愿景。如果与你合作的产品负责人热衷于和大家分享愿景，大概率说明他／她是一位"愿景家"。真正的"愿景家"不会对愿景秘而不宣，因为他们明白，单凭一己之力，不足以实现远大的目标。同时，"愿景家"型的领导也乐于接受改变。他们不仅欢迎其他人加入自己的愿景，还鼓励他们为此添砖加瓦，将其变为自己的目标。

- 从不害怕失败：如前所述，真正的愿景家能看到其他人看不到的未来。他们洞察全局，观察不同事件之间的联系，并能预见到潜在的障碍。[①] 对于温斯顿·丘吉尔说过的一句话，愿景家会深有同感："成功就是你虽然不断地从一个失败走向另一个失败，却始终热情不减。"

8.2　将产品愿景关联到公司的使命、愿景和价值观

在深入探讨愿景这个主题之前，让我们先停下来澄清一些术语。我们经常发现，对于"愿景"（vision）、"使命"（mission）、"宗旨"（purpose）和"策略"（strategy）这些词，人们往往有不同的定义和解释。不仅不同的人理解各异，许多组织也不例外。因此，在开始讨论之前，让我们先阐明这些术语在本书中的定义。

---

① 译注：在《目标感：小成果驱动下的价值交付》的第 13 章中，提到一个鲜为人知的故事：24 岁的乔布斯在施乐看到高达 300 美元的鼠标时，马上意识到鼠标将成为更多电脑用户的标配，更多详情可参考《目标感》这本书。

通常情况下，愿景描述待解决的问题，而使命则描述公司如何参与解决问题。使命大多是基于愿景来设定的，所以往往也被视为组织的宗旨。使命描述公司所追求的目标、希望为世界做出的贡献以及如何实现。例如，一些公司的使命是通过研究来创造知识，而另一些公司则可能致力于建立人与人之间的桥梁。无论如何，使命都不应该涉及具体的商业成果、目标或交付物，而应该描述公司如何让世界变得更加美好。

现在，请仔细阅读下面的使命和愿景陈述，想象一下这家公司的核心业务：

- 我们的使命是通过无与伦比的故事讲述能力来娱乐、告知和激励全球人民，反映标志性品牌、创意思维和创新技术，使我们成为世界一流的娱乐公司。
- 使人们——尤其是孩子们——过得快活。

你觉得这是哪家公司？对了，是迪士尼公司。对你而言，哪句话更有启发性？是使命还是愿景？第二句（愿景）大概更能引起你的兴趣。愿景通常比较短且更具启发性，而使命通常比较长，提供了更多如何实现愿景的细节。

许多公司还会设定公司的价值观。这些价值观阐述了公司及其员工所坚持的核心行为、价值观和准则。公司的价值观不宜频繁变动，因为它们是公司及其员工的行为准则。但是，公司价值观不应该仅停留于字面上。有的公司可能说得很好听，但实际行为却并非如此。我们认为，公司的价值观不是由文字定义的，而是由员工的行为表现定义的。员工的行为应该始终体现公司的价值观，因为这些价值观是公司的核心，并深深地植根于公司之中。

如前所述，公司愿景通常是对未来的简要描述。它通常描述了一个待解决的复杂问题或要达到的目标/宗旨。愿景阐明了公司追求的最终价值，并指引着公司的发展方向。如果频繁更改愿景，公司及其员工将难以提供符合愿景方向的有一致性的产品和服务。

一些可供参考的愿景声明如下。

- Facebook（现 Meta）：助你与朋友和周围的世界建立联系。

- LinkedIn：为全球劳动力市场中的每一位创造经济机会。
- Teach for America（为美国而教）：总有一天，这个国家的每个孩子都将有机会获得优质的教育。
- 阿尔茨海默病协会：一个没有阿尔茨海默病和其他任何认知症的世界。
- 大自然保护协会：为子孙后代留下一个可持续发展的世界。

在确定愿景之后，接下来的步骤是制定策略。策略通常用于描述公司如何实现愿景。它是一种可度量、可执行的计划并通常包含要实现的目标。您应该能够根据公司创建的产品以及创建产品的方式来解释公司的策略。毕竟，策略的最终目的是实现公司的使命，而使命就是具象化的愿景。

> 夫未战而庙算胜者，得算多也；未战而庙算不胜者，得算少也。多算胜少算，而况于无算乎！
>
> ——孙子

一些组织在愿景与产品组合之间加入了更多层次的目标，如目的和关键结果等。因此，本书中使用的术语可能与你所在组织的用法略有区别。但无论如何，产品和服务都应该体现组织的战略。产品不只是特性、组件、工具和技术的组合。表 8.1 和表 8.2 展示了一些可供参考的愿景、使命和策略。

表 8.1　示例：阿尔茨海默病协会的愿景、使命和策略（2022 年 7 月，alz.org）

愿景	使命	策略
一个没有阿尔茨海默病和其他任何认知症的世界	阿尔茨海默病协会将使阿尔茨海默病和其他所有认知症走向终结——方法是加速全球研究、减少风险因素、推动早期检测，并尽量多提供优质护理和支持	<ul><li>提供优质护理和支持：阿尔茨海默病协会与全国、州和当地社区合作，确保受到阿尔茨海默病和其他认知症影响的每一个人都能获得高质量的护理和支持</li><li>加快研究速度：阿尔茨海默病协会在全球范围内领导并加速研究，旨在减少风险因素、实现早期检测，并寻求更有效的治疗方法，从而终结阿尔茨海默病和所有其他认知症</li></ul>

（续表）

愿景	使命	策略
		• 增加关注和认知度：阿尔茨海默病协会是全球领先的健康公益组织，致力于在各个社区提高对阿尔茨海默病和认知障碍的认识。我们成功地建立了品牌并扩大了影响力。我们的目标是提高公众的认知度，减少人们对阿尔茨海默病的偏见，并加深公众对我们在阿尔茨海默病和认知障碍研究进展及支持资源的了解
		• 加强多样性、公平性和包容性：阿尔茨海默病协会努力成为具有多样性、公平性和包容性的领先组织。我们致力于创造一种文化，让所有员工、志愿者和相关方都可以畅所欲言，营造一个注重包容、增长、积极性、归属感和变革的氛围。这种文化将得到整个协会和其合作伙伴的积极响应和接纳
		• 推进公共政策：为了实现我们的使命，阿尔茨海默病协会和阿尔茨海默病影响运动将推动联邦和州制定新政策，为所有受影响的社区提供广泛、及时和公平的治疗，以及全面的教育、护理、服务和支持，并为满足不断增长的需求提供研究资金
		• 增加收入：为了提高总收入，阿尔茨海默病协会将与各社区、个人、公司和其他组织深度合作，以加快进展并进一步提升该组织的影响力

表 8.2　示例：Carepay 的愿景、使命和策略

愿景	使命	策略
我们希望每个人都有能力关注自己和他人的健康	我们相信，移动技术有能力彻底改变非洲的医疗领域，为用户提供高品质的医疗服务、出色的体验并降低他们的医疗成本	• 国际化扩张：建立覆盖多国、集成多方支付的平台 • 极致忠诚度：利用游戏化机制为健康生态系统带来积极的效益 • 交易成本最低化：推出由会员控制的即点即用的健康生态系统连接平台

8.3 产品愿景要与公司的使命和愿景保持一致

产品负责人应该能够为客户、公司和社会创造价值并以这种新颖的方式影响公司的战略（至少在一定程度上）。当然，产品负责人应将公司的使命和愿景铭记于心，并思考自己的工作如何为实现使命和愿景做出贡献。产品负责人的主要关注点是产品或服务本身及其如何为客户解决问题和创造价值。

如图 8.1 所示，产品负责人在公司愿景和战略与团队的日常工作和运营之间常有的缝隙中扮演着关键角色。这样缝隙被称为"产品管理的真空"，而产品负责人的存在填补了这一空白。

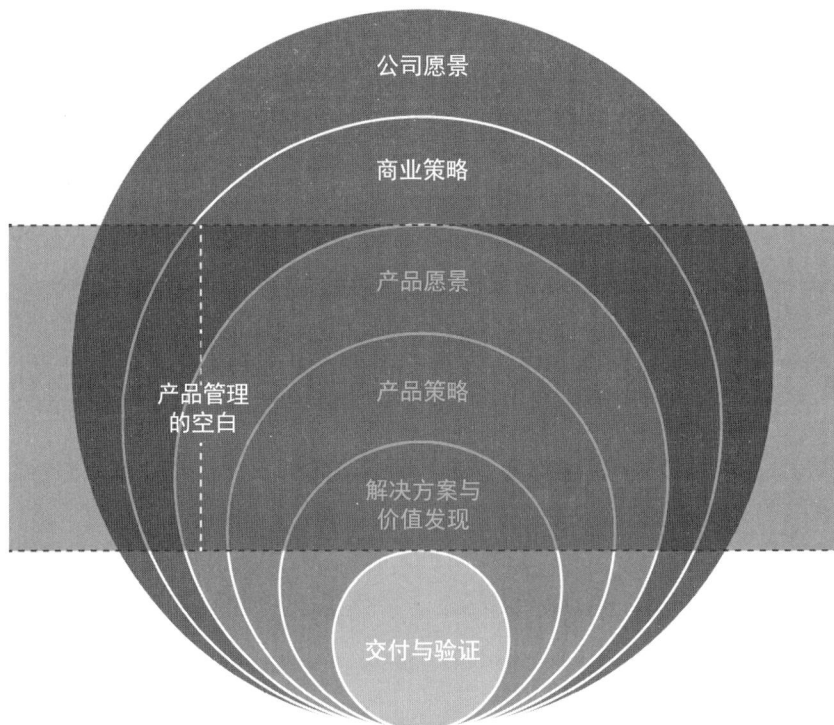

图 8.1　产品管理的真空

想想组织的现状。团队与公司高层的目标是否一致？高层对工作现场的真实状况有多了解？

比较常见的情况是，双方的目标并不一致，并且高层可能并不清楚现场的实际情况。另一方面，员工也不太清楚公司的真正目标及如何为此作出贡献。这种离心离德的现象通常被称为"西瓜式报告"。

西瓜式报告指的是表面上看起来正常，是绿色的（就像西瓜皮一样），内部却是红色的，换句话说，状态报告和管理仪表板都显示着绿灯，似乎没有任何问题。但就像西瓜一样，一旦切开它，深入探索那些状态更新、仪表板和报告，就会发现大部分内容都亮了红灯。真实情况并不乐观，甚至可能存在严重的问题。西瓜式报告常常出现在恐惧、压力和焦虑盛行的组织中。如果公司战略（高层想要实现的目标）与实际工作中发生的事情（员工和团队的日常工作）之间存在断层，也会经常发生这种情况。

产品负责人在填补产品管理的空白中起着关键作用。他们在这方面的表现直接决定着他们对公司策略的影响力。在公司中，从上到下的对齐程度越高，就会有越多的人注意到产品负责人的贡献，产品负责人的影响力也就会随着时间的推移而提升。让我们来看产品负责人如何更好地填补这一空白。虽然《敏捷宣言》的 12 个原则并没有明确提到愿景或使命，但如果深入理解，你会发现愿景实际上是其中的关键元素。

第 1 条 "我们的最高优先级任务是通过尽早交付有价值的软件来满足客户的需求。" 如果我们的首要关注点是快速且持续地提供价值，那么我们就必须深入理解对我们的客户来说什么才是真正的价值。这意味着我们需要对此有一个清晰的愿景。

第 2 条 "欣然面对需求变化，即使在开发后期。" 敏捷利用变更来为客户创造竞争优势。如果敏捷的一个目标是为客户创造竞争优势，那么我们就应该对客户及其问题、需求和目标有清晰的了解。同时，我们也应该努力理解他们的愿景、策略、目标、目的和商业模式。

第 10 条 "以简洁为本，它是极力减少非必要工作量的艺术。" 为了尽可能减少非必要的工作并保持产品极简，我们应该始终关注产品的核心及客户的需求，并对产品目标有深入的了解。

总的来说，产品负责人应该把公司的使命、愿景和策略与产品的愿景和策略紧密结合起来以填补产品管理的空缺。有效地界定和传达产品愿景和策略不仅可以帮助创造焦点、鼓舞团队，还可以促进不同团队之间保持一致并帮助构建更出色的产品。那么问题来了，如何有效地创建和传达产品愿景呢？

8.4 有启发性的产品愿景有哪些组成要素

产品愿景可以从多个维度进行审视，每个维度为策略提供不同的视角。表 8.3 列出了各种工具、画布和格式来帮助明确产品愿景。

表 8.3　产品负责人 / 经理的愿景和策略制定工具

格式	关注点	适用场景
商业模式画布	产品如何融入业务中	发现财务流动、渠道、关键资产
价值主张画布	产品对客户产生的影响	描述产品的预期结果
精益画布	寻找市场产品契合度（product-market fit，PMF）	试图刺激销量增长的新产品
精益用户体验画布	假设和用户	验证假设并使之透明化
产品包装盒	客户的购买行为	发现独特的信息
产品愿景声明	标准化你的描述	比较产品主张
同理心地图	描述客户的问题	探寻客户的深层驱动力

事实上，构建愿景有着丰富的工具和模板可供选择，有些甚至是为特定的产品和场景设计的，如硬件或市场营销等。建议在网上搜索这些工具并探索它们的使用指南和说明。网上还有许多构建产品愿景的实用

指南（如作者的博客：www.medium.com/the-value-maximizers），本书不打算在这个话题上花太多篇幅。

这些工具的共同点是，它们都能将客户的问题与期待的业务成果联系起来，同时勾勒出未来可能的情景。从我们以往的经验来看，把创建愿景变成一项团队合作活动往往会有非常好的效果。尽管可以独自创建产品愿景，但与其他人共创产品愿景通常更有趣，更快乐，也更有价值。此外，请记住，采取"愿景家"姿态并不意味着所有的创意和思考都必须靠自己想出来！引导和协助他人创建愿景也很重要。所以，如果还没有想出一个远大的愿景也没关系。找到合适的团队成员，与他们共创愿景。

创建愿景仅仅是第一步。一旦明确了愿景，包括目标受众、需要解决的问题、收入和成本以及独特的价值主张，就意味着真正的工作就要开始了。创建、定义和记录产品愿景通常不是最大的挑战。更棘手的是有效地传达愿景，并得到大家的认同。不仅如此，还需要让人们支持这一愿景并主动传播它。

那么，接下来该做什么呢？嗯，是时候开始传达愿景了！确定产品愿景的关键要素之后，就应该开始传达和推销产品愿景了。如此一来，你可能会了解到不同的受众需要不同的方法。有些人更关心产品提供的价值，有些人想知道为了创造产品需要做哪些改变，还有些人可能担心对自己的产品或服务有影响。在下一章中，我们将探讨如何通过讲故事的方式来传达愿景。如表 8.4 所示，在开始传达、推销和讲述愿景之前有一些注意事项。

表 8.4　传达产品愿景的注意事项

建议 / 展现 / 传达	不建议 / 展现 / 传达
激情	自己都不相信愿景
能量和热情	过长的特性列表
视觉元素	空洞或无意义的行话
吸引人的内容	过于偏技术

（续表）

建议 / 展现 / 传达	不建议 / 展现 / 传达
保持简短	网络流行语
传达清晰的核心信息	啰唆或没有明确的要点
与受众互动	内容乏味或单调
唤起听众的道德感和情感	模糊不清的要求

第 9 章

有效沟通和传达产品愿景

　　一个伟大的愿景，其最重要的特点是它能够激发接受人的想象力。这样的愿景通常能讲述一个吸引人的故事。这意味着什么以及我们应该如何构建这样的叙事呢？首先要明确的是，没有什么固定的故事模式，也没有什么适用于每个干系人的完美故事。请回想一下古人围坐在篝火旁聊天的情景。人们总是在分享各种不同的故事，而不是一遍又一遍地重复着同一个故事。

　　如果仔细留意大多数产品负责人所讲述的故事，你会发现它们可以大致归为几类，每个类别都有其从叙述者角度出发的明确的目标：

- 为听众提供信息的故事（例如，"你如何操作这个产品？"）
- 与听众建立联系的故事（例如，"你有没有注意到……？"）
- 启发性的故事（例如，"X 的世界将焕然一新。"）

　　你希望达到的目标会帮助你构建故事。例如，如果想与听众建立联系，你可能希望用一个发人深省的问题作为故事的开始。在听别人讲故事时，例如观看 TED 演讲或迪士尼电影，你会发现许多伟大的故事都遵循所谓"英雄之旅"（图 9.1）的套路。

英雄的冒险之旅通常以其熟悉的普通世界作为起点。然后，他们遇到了一个贵人或高人（比如导师）。随后，他们决定跨越界限，离开自己熟悉的地方，开始新的冒险。在冒险过程中，他们克服重重挑战，结识倾盖如故的新伙伴，学到了新的技能。但就在一切进展顺利的时候，他们遇到了转折点：一次死亡和重生的考验。他们必须赢得这场考验，而他们确实也做到了。之后，好的变化开始发生，世界变得更加美好，英雄实现了宏伟的目标。最终，经历了蜕变的英雄回到平凡的世界，并从此过上幸福的生活。我们可以从英雄之旅中学到什么呢？是什么使这样的故事如此令人难以忘怀？

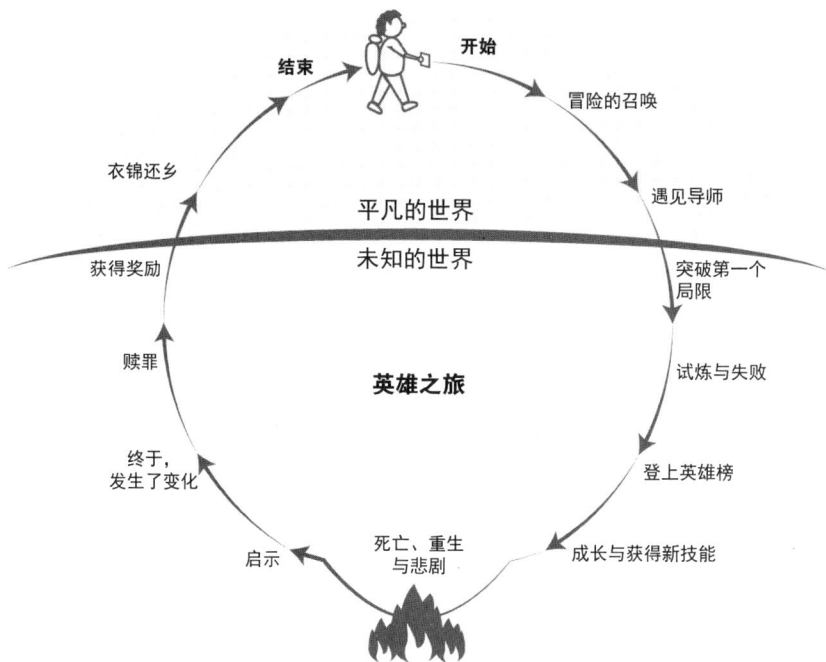

图 9.1　英雄之旅

9.1 3×3 故事叙述框架

在传达或推销愿景时,通常只能获得人们大约两到五分钟的注意力。如果时间太短,人们可能无法理解你的愿景。如果时间太长,表明你说得可能不够简洁明了,以至于人们可能失去兴趣。因此,为了确保这几分钟能够得到有效利用,你应该以简洁、清晰、引发共鸣且周全的方式传达自己的产品愿景。

在分析了许多优秀且受到高度评价的 TED 演讲后,我们注意到许多演讲者在其故事和演讲中都融入了一些共同的元素。基于这些发现,我们识别出几乎所有优秀演讲中都有的 9 个关键要素。于是,我们构建了一个 3×3 故事叙述框架[①] 来帮助人们更好地讲故事。表 9.1 展示了这个框架的构成。

表 9.1　3×3 故事叙述框架

现状	观察	故事
洞察	机会	类比
解决方案	优势	福祉

框架中最上面那一行能帮助你与听众建立"钩子"。之所以讲述现状、观察和故事,目的是让听众与话题建立连接并引起他们的共鸣。在故事的最开始,可以描述市场或行业的现状。这通常是某个已经有一段时间的情况或模式。可以说这是你自己在市场、公司、产品、目标受众或行业中注意到的一个模式。虽然描述现状的方法有很多,可以使用的开场白也有很多,但有一个句子最常用而且效果很好:"目前的行业有一个显而易见的问题。"这句话虽然简单直白,但它在各个时代和各行各业中都很有效。

[①] 同时请参见 Chris Lukassen, *The Product Samurai: A Product Manager's Guide to Continuous Innovation*, 3rd ed., Product Dojo, 2021.

只说行业有问题还不够，还需要证明这个问题确实存在。这意味着你要通过分享一些（通常是两到四个）对市场、公司、产品或行业的观察来补充自己的论述。这种分享有助于与听众建立连接，因为对于你描述的那些现象和观察，听众可能觉得似曾相识。

有了这个更深入的理解，那么就该分享一个故事了。没有人不喜欢故事，因为故事使我们难以忘怀。来自现实生活的故事、实际的案例和经验最能触动我们的心灵。讲故事的魅力可以追溯到石器时代，那时，我们的祖先围坐在火堆旁分享着各自的故事。来自熟人的故事更能增强与听众的情感连接。你可以分享某个客户的故事，或者分享某个遇到了挑战的同事的故事。为故事的后续部分设定一个背景，为了给接下来的演讲制造悬念，别忘了描述客户需要完成的各种任务。他们的时间是如何虚度的或他们经历了多少挫折。

接下来，分享你的洞察。分享你的新产品、服务或特性集所带来的伟大发现。洞察通常是一个简洁的句子，比如："我们从中得到一个洞察：X 是人们需要的，Y 是人们渴望得到的。"这样的句子通常效果不错。毋须列举一长串，分享一两个最重要的即可。

分享洞察之后，是时候讲述自己的想法如何为改变世界带来独特的机会。你应该提出两到三个真正可以提高人们生活质量的改进措施，并描述这个想法会为人们带来哪些好处。这个机会是故事的高潮，我们的目的是打开人们的思路，让他们知道有一种方法可以帮助他们摆脱困境，而你正在带领他们踏上这个新的旅程。

在这个演讲中，类比的目的是将给定情境与听众熟知的事物联系起来。类比很符合人类大脑的工作方式，它们会触发人们大脑中熟悉的神经元路径，让他们预测到一个相似的结果。你可以将自己的解决方案与一个知名的公司或产品作类比。例如，虽然再详细一点比较好，但你可以说："谷歌最开始用的就是这种方式！"或"这种策略在大医院非常有效，对小诊所可能也适用。"你的听众很可能会动心于像谷歌一样取得成功的机会。

在与听众建立了共鸣并通过类比为他们带来新的洞察之后，听众就做好了聆听你介绍解决方案的准备。这时，你就可以开始介绍解决方案了。但是，不需要说得太详细，甚至不需要详细描述产品的工作原理，而是直接假定它能够正常工作。人们对产品的具体工作方式不一定感兴趣，也不一定关心解决方案的细节。他们关心的是你是否了解他们的问题和需求，以及你的产品如何解决这些问题和满足他们的需求。

听众可能更关心你的产品有哪些优势。你的产品将为他们带来哪些价值？它与市场上的其他解决方案相比如何？与其他类型的替代方案相比又如何？告诉他们你为什么对自己的解决方案如此有信心，以及是什么使它如此特别？如果你自己都不认为这个产品很棒（是自切片面包以来最好的发明）[①]，其他人怎么会关心它呢？

最后一部分是福祉。在这里，它意味着"为了全人类的利益"。这是构建解决方案的终极目标，它超越了公司或个人的需求。因为这个问题在行业中如此普遍，而你的解决方案如此出色，所以投资它肯定是值得的。这是为了更大的收益。

现在，让我们来看一个基于 3×3 故事叙述框架设计的完整故事示例。世界新闻集团的使命宣言是："我们利用尖端技术为全球客户提供全世界的实时新闻，同时在不断变化的市场中为广告商提供支持。"

这个使命宣言虽然算不上激动人心，但也还可以。它既提到公司的产品（也就是新闻），又提到一些实现方式（也就是技术）。但是，它并没有明确指出主要的目标受众，也就是普通的新闻读者。此外，它还提到了公司想要支持的核心客户：广告商。这个使命宣言勉强过得去，但它真的能让人充满激情地来上班吗？不好说。

如果我们让这本书中案例故事的主人公诺亚像下面这样推销她的愿景呢？

---

① 译注：原文为 the best thing since sliced bread，这句俚语经常用来形容某个新事物或创意非常出色且具有革命性。切片面包诞生于上世纪。美国人奥托·罗威德尔发明了这种将一条面包切成片的机器。密苏里州的奇利科西面包房在 1928 年首次出售由机器生产的切片面包"克林梅德"，几周内销量翻了 20 倍。当地《宪法论报》的报道采用了这句俚语的结构。

（现状）行业目前有个问题：智能手机占用了我们太多的时间。

（观察）大家经常看到，为了对各类新闻（无论是左翼、右翼、本地、国际还是社交新闻）有全面的了解，人们总是需要在手机上多个新闻应用之间频繁切换。

（故事）我上周和一名同事聊天时，她告诉我，她通过"屏幕使用时间"功能，震惊地发现自己每天在手机上花了 4 个小时，而且大部分时间都是在查看新闻应用。想象一下，你的四分之一清醒的时间都花在了浏览新闻应用上。

（洞察）这给了我们一个洞察：新闻需要定制和集中。

（机会）你只需要一个应用。它会根据你的喜好进行调整，并让你设定使用它的时间。所有的本地、全球、社交、左翼和右翼的新闻都将集中在一个地方。

（类比）就像 Facebook 把你的朋友和家人的动态集中在一起一样，我们要将来自世界各地的新闻集中呈现在一个方便的地方。

（解决方案）我们为这个问题找到了一个解决方案。

（优势）这个解决方案能让你不必再浏览那么多应用，它会自动识别你的兴趣并帮你节省时间。

（福祉）说到底，如果我们可以改善客户的生活，让他们有更多的时间与朋友和家人共度，那么我们就不只是在报道新闻，而是在让世界变得更美好。

如此说来，你会如何推销自己的产品呢？

9.2 推理的力量

作为产品负责人，分享、展示或讲述故事的目的很可能是说服别的人接受自己的观点。在说服过程中，推理能力非常关键。需要为自己的观点和思想提供有力的证据。听众需要能够理解你的推理，并验证论据的真实性。修辞学提供了一个简单且易于记忆的隐喻，当你试图阐述一个观点时，它可能会派上用场。这个隐喻就是在做推理时以自己的手作为参考，具体方式如下。

- 问题：手掌代表着问题，它占的区域最大，也是我们要传达的主要内容。如果不确定自己想让听众记住什么，那么你的故事可能会显得不连贯。在前面的例子中，问题是人们花在手机上的时间。

- 核心信息：大拇指代表着核心信息。它是对问题的简要描述，通常是一个吸引人的并且容易记忆的语句。例如，苹果公司并没有长篇累牍地说"计算机日益增长的复杂性和操作难度，让一般用户对某些软硬件不能协同工作感到沮丧并对潜在的解决方案感到困惑"，而是说"用就好啦！"（It just works）。

- 三个论据：核心信息由食指、中指和无名指代表的三个主要论据来支持。你的解决方案为什么会起作用？相比现有的解决方案，有哪些优势？三个论据是最理想的数量。如果少于三个，人们可能仍然会抱有疑问；而如果多于三个，他们可能就记不住第一个了。

- 反方论点：小拇指代表反方论点。是的，你没有看错。通过对自己提出反方论点，你可以控制叙述。小拇指比较短，所以反方论点的目的不是完全否定整个解决方案，而是表明你已经意识到并考虑了这个观点可能带来的后果。这一步非常关键！研究表明，当一个产品在很多好评中夹杂着一些负面评价或论点时，其转化率（客户的实际购买）实际会增加。那些与产品功能不直接相关或程度不严重的负面评价尤其能促使客户产生购买的意愿。

但是，千万不要在故事的低潮中结束！虽然小拇指可能是你整只手的最后一个手指，但更好的方法是把反方论点放在第一个和第二个正方论点之间，这样一来，在讲到第三个论点时，听众的情绪就会越发高涨。

9.3 SEXI

有一次在阿联酋，我做了一个关于跨移动开发平台的演讲。由于不了解"英雄之旅"，所以我的演讲主要围绕着三点进行：我们的产品能做什么、提供了什么功能以及它与其他平台的异同。坦白说，这个主题确实不太吸引人。讲着讲着，我就注意到客户掏出自己的黑莓手机开始打字。一开始，我的想法是："太好了！他在给他的同事发短信，告诉他这个产品有多棒。"但事实并非如此。不久后，他站起身来默默离开了房间。几分钟后，他的秘书出现，听完了剩下的演讲，并为这名客户记下了摘要。原来，那位客户离开的原因是不想在一个无法吸引自己的演讲上浪费时间。现在想来，这确实不能怪他。

克里斯

那么，如何让演讲令人难忘且引人入胜呢？当然，3×3 故事叙述框架会帮助你走得更远，充满激情和热忱的沟通肯定也很重要。但这还不够，我们还需要让演讲变得 SEXI。

在这里，SEXI 的意思是：对于每个陈述句（Statement），都要创建一个解释（EXplanation）和一个图示（Illustration）来支持它。例如，"借助这个平台，你可以应对"智能手机市场的碎片化①"，或"这本书会帮助你成为理想中的产品负责人"。然后解释你的产品为什么可以做到这一点，并展示它是什么样子。但是，千万不要在 PPT 中使用项目符号来传达那些激动人心的信息（比如愿景），而要用图片来传达信息，比如，

① 译注：特指市面上同时存在各种新版本的手机。它们内置不同版本的操作系统，这意味着程序员必须针对不同版本单独进行优化，否则新版手机系统中引入的新特性无法用到小程序上。

在智能手机市场的背景下，应该使用当年发布的所有安卓手机的图片。

　　一图胜千言。虽然是老生常谈，但这句话确实有一定的道理。利用图片来引导观众将你的叙述与他们所看到的内容联系起来。尽量不要让听众在听你讲话的同时还要读文本，因为尽管人们喜欢故事，但大多数人还是很难同时处理两种类型的信息输入。所以，请保持简洁并适当加入视觉元素！

第10章

制定产品目标，让干系人和团队保持对齐

2020 年 11 月，杰夫·苏瑟兰和肯·施瓦伯发布了新版《Scrum 指南》，其中有一些大大小小的改动，并为了更广泛地支持团队和行业应用，新版进行了显著的简化。在新版中，一个较为显著的变化是引入了一个新的概念——产品目标：

> 产品目标（product goal）描述产品未来的状态，它可以作为 Scrum 团队制订计划的目标。产品目标定义在产品待办事项列表中。产品待办事项列表的其余部分用来定义"做什么"以实现产品目标。
>
> ⋯⋯
>
> 产品目标是 Scrum 团队的长期目标。团队必须先实现（或放弃）一个目标，然后再开始下一个目标。

你可能会想，产品目标能有多重要呢？在产品管理中，设定目标这个概念并不是什么新鲜事，大多数公司都这样，为公司、产品、服务和团队设定目标有很多不同的方法，比如，目标与关键结果（objectives and key result，OKR）、关键结果领域（key result area，KRA）、关键绩效指标（key performance indicator，KPI）、目标管理（managementby objectives，MBO）以及目标驱动开发（goal-driven development，GDD）。这些方法都只有一个目的：提供一个清晰的工作目标。[①]

为什么新版《Scrum 指南》会引入这个概念呢？嗯，Scrum 的目的是提供一个框架来解决复杂的问题，并在复杂环境中发掘机会和交付价值。它的目的是在未知多于已知的情况下交付价值。目标，这里特指"产品目标"，就像是复杂性之河里的踏脚石，帮助你朝着愿景迈出一大步。此外，冲刺目标是迈向产品目标的一小步。还记得第 8 章提到的产品管理空白问题吗？为了填补这一空白，产品负责人有必要使产品愿景、产品目标、冲刺目标以及交付的产品特性保持一致。

10.1 什么是产品目标

> 目标并不一定总是用来达成的，很多时候，它只是为了给你
> 提供一个方向感。
>
> ——李小龙

产品目标可以被视为下一个要实现的目标。它们与产品愿景和战略保持一致，并为产品待办事项列表提供焦点和背景。产品目标围绕着共同目标创造一致性，使 Scrum 团队共同协作以实现这些目标。一旦公开分享产品目标，Scrum 团队的承诺就会向组织的其余部门公开，以判断各种想法和计划是否与产品目标一致。如果意见不一致，可以将它们暂时搁置或者立刻否决。

从另一个角度来考虑，产品目标是产品战略的具体表现。产品目标把产品愿景与解决方案和价值发现、交付和验证联系在一起，如图 10.1 所示。

[①] 译注：关于目标，详情可参见《目标感：小成果驱动下的价值交付》。

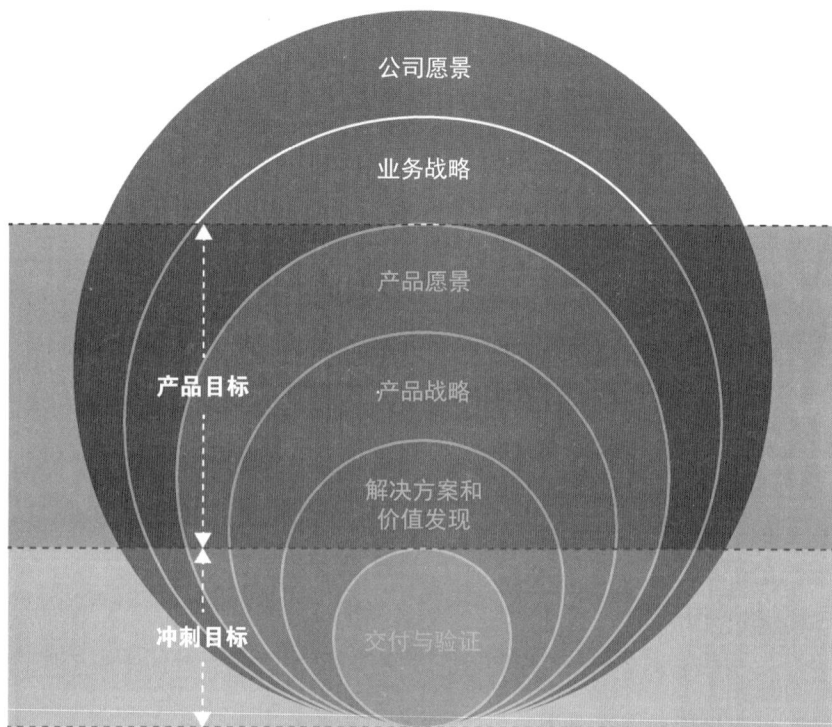

図 10.1　产品目标存在于不同的层面，有些目标非常远大，有些则更务实

公司愿景通常是整体性的，描绘一个雄心勃勃的远大目标，公司战略描述了如何通过明确的目标和宗旨实现愿景。产品战略需要回答的常见问题包括：我们将如何实现我们的愿景？接下来几个季度我们的目标是什么？下一个季度我们希望达成什么目标？成功的定义是什么？许多公司使用 OKR、KRA 或 KPI 等方法来跟踪产品目标和业务目标的进展状况。

为产品设定一个清晰的目标——并且只专注于追求一个产品目标——为实现产品愿景提供了可衡量的指标。如果公司只提供一个产品或服务，那么这些目标和愿景会非常相似。产品目标可以把产品的实际工作（记录在产品待办事项列表中）和产品愿景联系起来。

表 10.1 展示了一些产品目标示例。由此可见，示例呈现了具体、可衡量的目标，而反面示例则模糊且带有主观性。

表 10.1　产品目标的模范示例和反面示例

模范示例	反面示例
在 12 月 31 日之前让产品使用量增加 10%	打造世界上最好的产品
在 4 月 1 日之前将网站转化率提高 2%	让我们的客户和用户都感到满意
在年底之前将产品质量提高 10%	减少运营成本
在 5 月之前将客户推荐率提高 5%	消除产品的技术负债
在年底之前为凯特这个用户画像减少 10% 的困扰	在截止日期前交付整个项目
在 6 月之前将客户投诉处理效率提高 20%	将收入提高 10%
在 11 月之前为新闻读者提供跨设备和平台的一致性用户体验	交付整个产品设计

10.2　好的产品目标有哪些特点

在评估产品负责人设定的产品目标时，我们常常发现这些目标不是过于模糊就是根本无法实现。这样的目标对取得非凡的成就没有任何帮助。那么，好的的产品目标有哪些特点呢？

- 好的的产品目标应明确定义且易于传达。有多种实践方法可以帮助你设定这样的产品目标。常用的技术包括 SMART[①] 和 INVEST[②]。
- 产品目标是通往产品愿景的踏脚石。Scrum 团队和干系人应该能够轻松理解它们是如何相互联系的。
- 理想情况下，产品目标应当由市场或客户需求驱动，而不是由产品待办事项列表驱动。产品目标是对市场新动向的响应，而不是工作的抽象概念。应该先定义产品目标，然后再定义为实现这些目标而必须完成的工作，而不是反过来。

---

① 译注：即 Specific（具体）、Measurable（可衡量）、Achievable（可实现）、Realistic（相关性 / 实用性）、Timely（有时限）。

② 译注：即 Independent（独立）、Negotiable（可协商）、Valuable（有价值）、Estimable（可估量）、Small（小）、Testable（可测试）。

- 产品目标应该既有雄心壮志，又要脚踏实地。很多公司在制定 OKR 时都在这里出了问题。挑战性目标（对于这种目标，实现 80% 时公司通常就很满意）是激励成长和拓展员工潜力的绝佳方式，但是，很多团队并不认为自己能够实现这些目标。因此，要确保设定的目标可以实现。

- 产品目标应该是可衡量的。有许多方法可以使目标变得可以衡量，也有许多可以追踪的指标和度量标准。例如，基于证据的管理框架提供了极好的追踪指标。其他可选的度量体系包括海盗指标（AARRR）[①] 或谷歌的 HEART[②] 框架指标。

- 产品目标应该有先后顺序。首先致力于实现目标 A，之后再追求目标 B。Scrum 框架进一步规定，一次只能设定一个产品目标。

- 产品目标应该传达意图，而不是提供解决方案。更好的做法是讨论需要解决的问题、要交付的价值或者想要达到的新的状态，而不是详细说明要交付的范围或要完成的工作。

10.3　如何创建产品目标

　　产品目标可以通过多种方式创建。如果有人问我们应该怎么做，我可能会回答："任何适合自己和自己产品的方式都可以。"话虽如此，一些对其他产品负责人有效的方法可能也适合你。针对产品目标的创建，我们有几个建议。

　　与客户、干系人和 / 或团队一起，共同设定产品目标。充分利用团队的集体智慧总是有益的。另外，共同创建目标有助于达成共识、取得支持、认同并有助于沟通和理解需要实现的目标。如果觉得难以引导这样的（创意 / 头脑风暴 / 协作）会议，那么我们建议你了解一下"解放结

---

① 译注：即 Acquisition（获客）、Activation（激活）、Retention（留存）、Referral（传播）、Revenue（收益）。

② 译注：即 Happiness（愉悦感）、Engagement（参与度）、Adoption（接受度）、Retention（留存率）、Task Success（任务完成率）。

构"（一个包含多种引导技巧和工作结构的工具包）或者，更好的实践是，要求 Scrum Master 或敏捷教练提供支持。

在开始讨论产品目标之前，先与团队沟通产品愿景并建立透明度，确保所有参与目标设定的人员齐心协力。

在 Scrum 框架内，并没有规定设定产品目标的具体时间，这与冲刺目标不同，冲刺目标是在冲刺计划会议中创建的。那么，什么时候设定产品目标呢？事实上，可以在任何时间点。在梳理会议期间，可以与团队一起共同设定产品目标，也可以在冲刺评审会议期间讨论它们。这个时间不是固定的。但是，将产品目标与季度业务评审会议（如果有的话）对齐可能会有帮助。虽然目标可以是短期或长期的，但理想的做法是保持一定的节奏，使产品目标既能与企业的变动保持一致，又能保证团队在较长时间内聚焦于一个明确的使命。

在讨论产品目标时，应聚焦于关键的产品管理问题，例如，我们在为谁构建这个产品？它解决了他们的哪些问题？对此有什么依据或证明？我们为什么要关心这个目标或问题？我们做了哪些假设？我们如何衡量目标受众的行为变化？

设定好的产品目标并不简单，并且掌握目标设定的技巧可能需要时间。在合作制定产品目标时（特别是随着时间推移与不同的团队合作时），可能需要采用基于提问的方法。在与他人共同设定产品目标时，可以提出下面这些问题来引发讨论。

- 如果产品待办事项列表里的很多待办事项对产品目标没有直接贡献，那么我们设定的产品目标是否合适？
- 如果我们在这个版本之后不打算再发布新版本，那么什么样的产品目标可以支持这次发布并带来最大价值？
- 如果我们自己掏钱购买这款产品，那么什么样的产品目标能让我们感到物有所值？
- 如果我们实现了这个产品目标，那么从客户的角度来看，会有哪些变化或改进？

- 实现设定好的产品目标所需要的最少工作量是否可行？
- 设定这样的产品目标是否能降低以后放弃它的可能性？
- 我们的产品目标是否能够让我们和客户看到新的机会？
- 我们是否可以利用产品目标来避免增加风险或浪费时间和金钱？
- 如果我们设定了这样的产品目标，哪些信号表明应该放弃它？

10.4　检查和调整产品目标

在复杂环境中开发或管理产品时，未知往往超过已知，难以确定真相。实现目标和交付出色的成果往往归功于不断的探索以及涌现的新模式。因此，目标通常通过频繁地检查和调整透明度高的产品增量来实现。由此可以联想，我们是否也应该定期检查和调整产品目标？

是，也不是。如果一个目标不再有实现的可能，就放弃它，然后设定一个新目标。例如，由于荷兰的法律和法规变动，优步（Uber）的产品目标就不可能再实现了。同样，如果我们发现目标受到了误解，可以对它进行完善和更新，让它更易于理解。说到底，产品目标是 Scrum 团队要完成的一项任务。为了让 Scrum 团队致力于产品目标，我们不应该频繁地变更，因为这可能会令人觉得不稳定而无法集中精力。可以把对产品目标的承诺想象成对婚姻的承诺，如果中途再重新定义承诺的含义，肯定会引发问题。

10.5　是否可以同时有多个产品目标

团队能同时追求多个产品目标吗？也许可以。很显然，如果一个团队试图追求 25 个产品目标，那么它 99.99% 会失败，这一点在图 10.2 中以幽默的方式展示了出来。这些产品目标肯定无法帮助团队集中注意力。但是，如果多个团队做同一个产品，那么这种做法可能就行得通。或者，也可以考虑让所有团队围绕同一个产品目标来展开协作。在某些情况下，这可能有助于团队更快地实现目标，或者至少能更快地学习和了解目标。

　　另一方面，《Scrum 指南》清楚说明了应该遵循的做法，即一次只完成一个产品目标。因为专注于单一的目标并全力以赴通常会有更好的效果，所以对单一团队来说，同时设定多个目标并不合适。但如果手下有多个团队，同时实现多个目标就是可行的。如果发现自己同时在追逐多个目标，就应该审视这些目标是适合同时进行，还是适合按顺序逐个完成。另外，思考一下自己是同时做一个产品还是多个产品。如果同时处理多个产品，如何确保各个团队能够保持足够的专注？

图 10.2　专注

第 11 章

为目标受众创建一个务实的产品路线图

11.1 产品路线图概述

假设你已经制定了产品愿景和策略,定义了产品的宗旨,并为它设置了北极星指标并就此规划了一些具体的产品目标。但这并不意味着你的工作就结束了。实际上,在这之后,产品负责人还有许多事情要做。

其中一部分工作涉及识别、定义和沟通产品的待办任务事项。换句话说,需要确定产品应该为客户和用户提供的关键特性与功能,也就是说,需要创建一个产品待办事项列表。为了创建和管理产品待办事项列表,可以采用多种技术,例如故事地图、事件风暴、价值流映射图、影响地图和待办任务(jobs-to-be-done,JTBD)[①] 等。这些方法有助于 PO 更清楚地了解产品的重要特性。此外,可能需要与团队和干系人共同完成一些价值和工作量的估算。

所有这些关于产品待办事项的整理都是为接下来的冲刺做准备,这个过程通常称为"产品待办事项列表梳理"。图 11.1 把这些技巧和步骤整合到一起,展示了一个典型的产品待办事项列表梳理过程。

---

① 译注:又称"焦糖布丁"或"乔布斯工作法",详情可以参见《乔布斯工作法:JTBD 实践与增长的逻辑》。

（即将列入的）
新待办事项

将大项目分解为小项目

可以采用的技术
干系人提出他们的想法
5分钟问答环节
团队使用T恤尺码估算法
说"也许可以"或"不行"

可以采用的技术
影响地图
故事地图
系统图
无声估算

创建"已准备好进入冲刺"的
待办事项列表

（商业）价值估算

可以采用的技术
添加描述、顺序、价值、工作量、
视觉设计、模型、纸质原型、
草图、技术设计、数据流图、
架构概要设计等细节
计划扑克

可以采用的技术
与干系人进行商业价值
估算研讨会

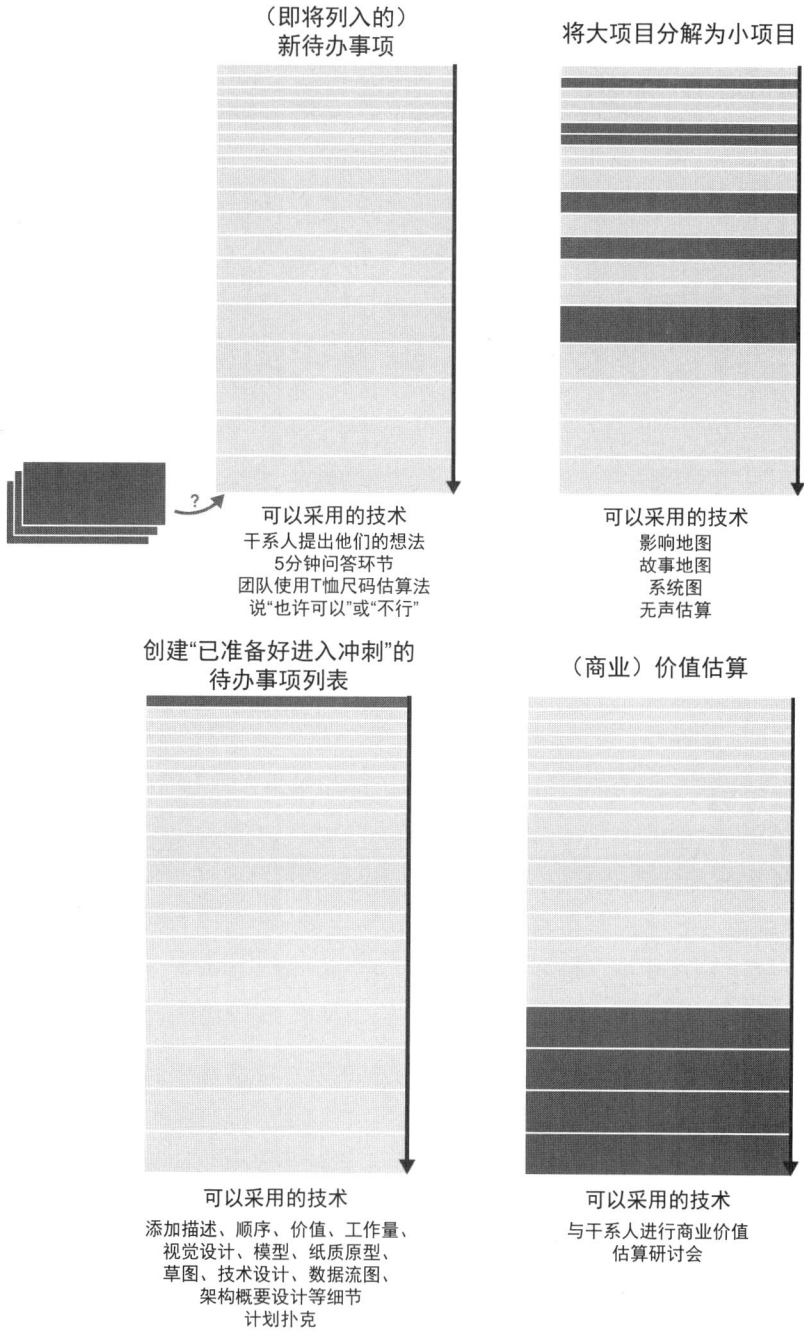

图 11.1　不同形式的产品待办事项列表梳理会议

图 11.1 展示了团队在梳理产品待办事项列表时经常采用的方法。尽管还有许多实践可以用来进行梳理，但有一些技术尤其适用于新增待办事项，比如做一次产品介绍、一个设定时间限制的问答环节以及 T 恤尺码估算法。还有一些技术更适用于将大型待办事项分解为小型待办事项，例如故事地图、影响地图和事件风暴。不同组织会采用不同的方法将待办事项细化到"已准备好进入冲刺"的程度，而且这些方法之间可能存在很大的差异。然而，许多团队往往达不到足够的细化程度（不全面或不够详尽），以至于很难把工作拉入冲刺中。最后，团队还需要对价值进行估算。我们将在第 12 章再回到这个话题。

总结一下，有许多技术可用于梳理产品待办事项列表及待办事项。这些技术并不要求团队强制性使用，而是可以选择使用。讨论组织中的"敏捷"或"敏捷性"时，人们常常开玩笑说："我们有便利贴，开站会，所以我们非常敏捷。"虽然这样的话听起来幽默，但反映出一个问题：人们对敏捷真正的含义往往有误解。敏捷并不局限于站会、计划扑克或其他细节。对于敏捷而言，更关键的是通过持续合作、关注可工作的产品并对市场变化做出反应，以此来为客户创造最大的价值。不过，本书不会深入讨论敏捷或敏捷性的本质，因为已经有很多以此为主题的书[1]。

使用一些细节技术可能让人"感觉非常敏捷"，然而，干系人的想法不一定能对产品目标做出贡献，这些想法也不一定能成为实现产品愿景的垫脚石。如果干系人失去兴趣怎么办？如果他们认为实现这些想法的时间太长怎么办？如果他们发现新的价值领域、需要解决的问题或提出的想法与产品愿景相冲突，又该怎么办？

我们无法预知未来。然而，你可能需要一个元素来连接产品愿景和产品待办事项列表。这个中间元素将传达导向产品愿景的路径。这个元素通常被称为"产品路线图"。产品路线图尤其适用于传达产品的预期发展方向，它们传达的是产品可能的发展路线。然而，在许多组织中，路线图往往被理解为对未来的准确预测。它们通常被用作带有严格截止日期的固定计划。以这种方式应用路线图不仅无益于产品的发展，有时甚至可能成为一种阻碍。

---

① 译注：推荐阅读《正确敏捷》（译者王晶）和《非凡敏捷》（译者李月萍和吴舜贤）。

我在许多组织中培训和指导过产品负责人。他们经常遇到的挑战包括干系人的管理以及预测和应对截止日期。有一次，我在一家公司工作一段时间后，向他们介绍了路线图。他们虽然很喜欢这个概念，但仍然担心截止日期的问题。我随后便用一句简单的话来描述路线图："这就是我们未来可以偏离的计划。"这句话他们很喜欢，尽管我当时还没有与市场和销售部门合作。但我听到越来越多的人开始使用这句话，甚至是我之前没有直接合作过的一些人。在我看来，这证明产品路线图得到了善用。人们开始领悟敏捷的本质，并逐渐明白如何善用产品路线图。

罗宾

产品路线图不是一个固定不变的计划，而是一个"可以偏离"的计划。路线图是一个可行的计划，用来传达产品可能的演变路径。在展示路线图时，你必须表达出它的不确定性。这在一些人看来比较反直觉，尤其是习惯于按照计划行事并严格遵守计划的（管理层）干系人。所以，作为 PO，请确保把这一点解释清楚。

我给一家传统咖啡生产商做过指导，他们的运营、管理和工程部门遇到了文化上的冲突。这家公司制作咖啡有近 200 年的历史。由于多年来一直遵循精益管理，所以他们的生产过程已经变得极其规范和可预测。他们完全不理解公司的电商业务为何很难遵守截止期限。软件研发的延期甚至开始影响到这个高效运转的系统，影响到他们长期建立起来的确定性。

克里斯

对于产品负责人或敏捷产品经理来说，接受"情况可能发生变化"这一事实或许是最困难的事情之一。然而，这并不意味着我们就不应该制定计划。我们制定计划的初衷是认识到我们与原计划有哪些偏差以及为何会产生这种偏差。我们不能完全不制定计划，因为这种行为并不符合敏捷的原则。在制定计划后，如果不愿意根据新发现的洞察对计划进行调整，也说明不够敏捷和明智。

11.2　产品路线图的类型

相信你已经明白，有一个产品路线图对前面 SMART 中的相关性或实用性至关重要。但是，产品路线图究竟是什么样子的呢？一个路线图能适用于所有情况吗？能适用于所有目标受众吗？实际上，创建产品路线图有许多种格式和方法。据我们了解，优秀的产品负责人不会仅限于使用单一路线图格式。为了取得最好的成效，他们会考虑目标受众并向他们展示路线图的目的或目标，然后根据受众和要达成的目标来决定使用哪种类型的路线图。

在这一章中，我们将讨论 5 种常用的产品路线图（此外还有其他许多类型）。我们将探讨每种路线图适用和不适用的场景及受众。这些结论基于我们对 500 多名使用这些路线图的产品负责人的研究，不过请记住，你需要根据自己的具体情况找到最佳实践。

11.2.1　GO 产品路线图

如图 11-2 所示，由罗曼·皮克勒创建的 GO（goal-oriented，目标导向型）产品路线图主要关注产品要达成的目标，而不是列出一长串特性。这是一个轻量级模板，产品负责人可以根据自己的需求进行调整。它包括日期 / 版本、目标、关键特性和度量指标等多个元素。GO 产品路线图适用于多种受众。不过，有些产品负责人在实践之后报告说，他们发现这种路线图对开发人员的日常工作来说太粗略了。它缺乏一些细节，在冲刺期间使用起来比较困难。但另一方面，这种路线图非常适合协调干系人和其他团队，可以促进产品取得成功。

	第1季度	第2季度	第3季度	第4季度
日期/版本	青铜 2020年1月1日	银 2020年4月1日	金 2020年7月1日	白金 2020年10月1日
目标	推出MVP，至少吸引1000名早期用户	早期用户的满意度提高至平均8分以上	将50%的早期用户转化为至少拥有基础订阅的付费会员	将用户基础增加至少1000名付费订阅者（至少是基础会员）
关键功能	首页展示10大热门文章 通过社交媒体分享给朋友	收藏文章供稍后阅读 启动应用内置的客户反馈功能	个性化搜索功能 将当前用户迁移到新版本应用 第三方API上线	在美国启动营销活动 在新应用中整合视频订阅服务
指标	应用下载量 注册用户数 社交媒体提及次数	应用内置的客户满意度评分 客户满意度调查	应用内消费者 付费用户在所有用户中的比例 注册用户数	要闻综述服务 付费用户占比 注册用户数

图 11.2　目标导向型产品路线图

在 GO 产品路线图中，我们首先注意到的元素是日期或版本信息。产品负责人都知道，日期会让你觉得有些危险。标注具体日期存在一定的风险。人们一看到日期，通常就会联想到截止期限而不是将其理解为一种预期的可能性，因此，在沟通产品路线图时，请谨慎使用日期。

如果觉得组织还不够敏捷，最好不要使用日期。换句话说，如果觉得人们会将日期理解为固定的截止日期，就不要在产品路线图中使用日期。干系人可能不习惯在复杂领域中工作或管理产品，对没有掌握完备的信息感到不安。他们可能还不适应未知、不确定或不稳定多于已知、确定或稳定的的处境。这些人很可能将日期视为截止日期和固定承诺。如果随着新的洞察出现或计划发生变化，他们可能会因为你"不靠谱"而感到恼火。如果你确实面临着这样的情况，我们鼓励你将路线图中显示的"季度"换掉，用"现在、接下来、之后"来代替第 1 季度、第 2 季度、第 3 季度和第 4 季度。虽然你的干系人可能一开始不理解或不喜欢这种方法，但请回想一下咖啡生产商的例子，你要做的是在尝试改变人的固定思维，长期以来，他们可能一直认为以日期和截止期限为导向才是"正确"的。

如果人们明白你制定的计划是可以偏离的，并且这些日期更多地被视为预估而不是截止日期，那么在路线图中使用日期就完全没问题。由于这些干系人接受了不确定性并明白情况会发生变化，所以他们不会惊讶于路线图因新的洞察而不时发生变化。他们对这种变化有心理准备，甚至可能鼓励这种变化。

GO 产品路线图的第二个元素包含要达成的目标。目标是这个路线图中最主要和最重要的元素。因此，我们的建议是先从目标入手，稍后再确定日期。目标也比实际要完成的工作（要构建的特性）更重要。尽管 GO 产品路线图的提出先于《《Scrum 指南》》引入"产品目标"的概念，但两者理念是一致的。也就是说，该路线图中的目标应该与产品目标保持一致。

下一步是添加要交付的关键特性。这些关键特性必须交付的，其目的是在特定日期或时段达成目标。也就是说，这里不要定义一个冗长的特性列表，而应该每个阶段只有一个短小的列表（通常是三到五个特性）。此外，相比后期的特性，早期设定的特性往往更简单。重申一下，一定要确保传达这样的信息：这些计划完成的特性是为实现目标而构建的。随着时间的推移，我们将掌握更多的信息——记住，这是一个可以偏离的计划。因此，我们要专注于价值导向（基于目标和结果）而不是工作导向（基于产出）。如果要列出特性，最好只列出那些有助于实现目标的概要特性，凸显最有价值的工作。

你可能知道，《敏捷宣言》的第 10 条原则是"以简洁为本，它是极力减少非必要工作的艺术"。模板没有提供足够的空间来列出一长串特性，因此你需要聚焦于最关键的特性。路线图有助于提供焦点，而提供焦点也有助于干系人的管理。在实践中，许多产品负责人最终得到的都是一个冗长的、其中包含很多小型待办事项的产品待办事项列表。一旦需要添加一个规模较大的新计划，他们常常就会遇到困难。通过 GO 产品路线图，你可以专注于最有价值的工作，因为琐碎的任务可以留到后期再处理，无需在产品路线图中详细列出。团队只需要在每个迭代周期中预留出一些时间来处理这些小的变更即可。

11.2.2 Now-Next-Later 路线图

Now-Next-Later 产品路线图有多种形式，其中最常见的是涟漪形式。它类似于石头投入水塘后形成的涟漪。这里的涟漪是一个很贴切的类比：石头入水之后形成的涟漪很明显，但随着涟漪向外扩散，它们会变得越来越模糊不清。尽管所有波纹都连在一起，但这种联系最终可能消失。在实际工作中也常常如此，因为杂音和干扰会使未来的计划逐渐变得不清晰。Now-Next-Later 路线图正是以这样的方式来运作的。在 Now 区域发生的事情，通常都是清楚并且易于理解的。目前的迭代（或冲刺）有一个明确的目标和需要完成的多项工作。你可能对下一个迭代 Next 也有一个相对明确的设想。然而，对于展望未来几个冲刺的 Later，情况就变得不那么明朗了。

如图 11.3 所示，Now-Next-Later 产品路线图可以通过使用不同颜色来模拟涟漪效果。这些颜色可以以多种方式使用，例如，它们可以代表不同的主题或有关联的特性和目标。路线图能够让人一眼看出某个特定主题会延伸至未来的哪个点。如果设计得当，Now 区域在路线图上的空间就应该是非常有限的。这种有限的空间迫使我们只能专注于几个立即需要采取行动的想法，有助于为团队和干系人提供焦点。对所有人来说，这些项目很可能也显得更小、更清晰。

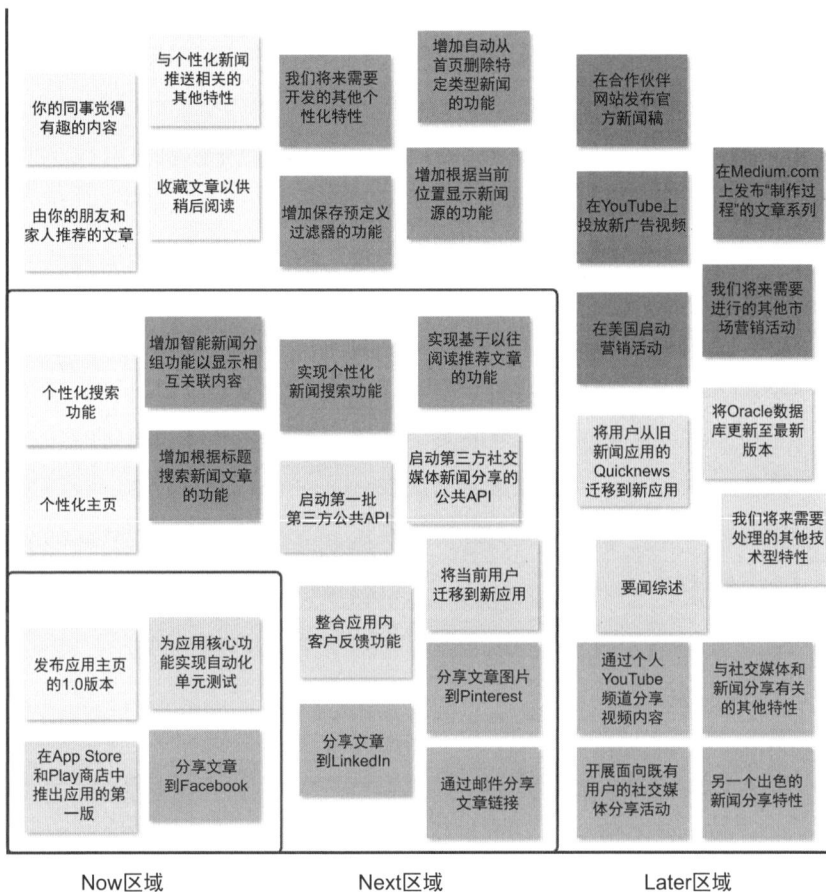

图 11.3　Now-Next-Later 路线图

路线图中的 Next 区域比 Now 区域更大，意味着可以在其中放置多个接下来要实现的想法。这并不意味着所有这些想法都将是下一轮工作的重点，应该把它们视为从 Later 区域里挑出来的、优先级较高的待办事项。Later 区域里的待办事项通常颗粒度更大。如果将来有充裕的时间，那么这个区域里可以包含一些待开发的大型新特性集或史诗。不要过早拆分这些待办事项。过早对未来的工作进行细化和澄清往往会造成浪费，因为这些待办事项在后期可能会被废弃。

Now-Next-Later 路线图比较适用于组织不太熟悉敏捷思维时以及日期被解读为固定截止时间的场景。路线图中不设置具体日期可能会成为你的救命稻草。这个路线图表明你已经考虑到了未来，并且有一个产品计划。同时，它也强调了计划可能根据新的洞察和学习而改变。

Now-Next-Later 路线图通常用于冲刺评审会议中。它揭示了由于路线图物理空间有限而必须做出的取舍。支持部门和开发人员通常认为 Now-Next-Later 路线图过于笼统，不足以制定一个具体的计划。如果你的任务是建立一个分销网络并与经销商沟通，那么 Later 区域可能对你没有太大帮助。如果在必须遵循的硬性截止日期，请确保在路线图的相关待办事项上将它们标记出来。可以在路线图上给这些任务更高的优先级，以提高按时完成的可能性。如果每一个待办事项都被标上了严格的截止期限（例如法律规定的截止日期），就应该尽早就截止日期的问题展开讨论。

11.2.3 用户故事地图

自从杰夫·帕顿的《用户故事地图》[①] 一书出版以来，用户故事地图就被用于许多不同的场景（图 11.4）。它经常被当作能解决所有问题的万灵药。在大多数情况下，它的确能够满足大家的这种预期。

---

① 中译本《用户故事地图》由清华大学出版社发行。

用户登录与注册		**搜索新闻文章**		**阅读新闻文章**	**另一个待开展的用户活动…**	用户活动
新用户注册	以用户身份登录	通过首页搜索/浏览新闻	通过搜索功能查找所有新闻内容	阅读新闻文章	另一个待完成的用户任务…	用户任务
通过电子邮件和密码注册	通过电子邮件和密码登录	基于日期排序浏览主页	基于新闻标题搜索新闻文章	在线阅读全文	将添加到此区域的众多好特性之一…	第1次发布
			基于关键词搜索新闻文章	通过旧新闻应用阅读文章		
		基于世界/地点排序浏览主页	根据多个元素搜索新闻文章		未来将推出的另一个智能特性…	第2次发布
通过谷歌注册	通过谷歌登录	基于个人偏好浏览主页	基于个人偏好搜索相关新闻文章	增加"朗读"特性	未来将推出的另一个智能特性…	第3次发布
通过Facebook注册	通过Facebook登录	基于个性化推荐浏览主页	灵活自如的搜索功能,可搜索所有旧新闻内容	未来将推出的另一个智能特性……	未来将推出的另一个智能特性…	第X次发布
未来将推出的另一个智能特性…	未来将推出的另一个智能特性…	应用AI和机器学习个性化新闻源	未来将推出的另一个智能特性…			

发布版本

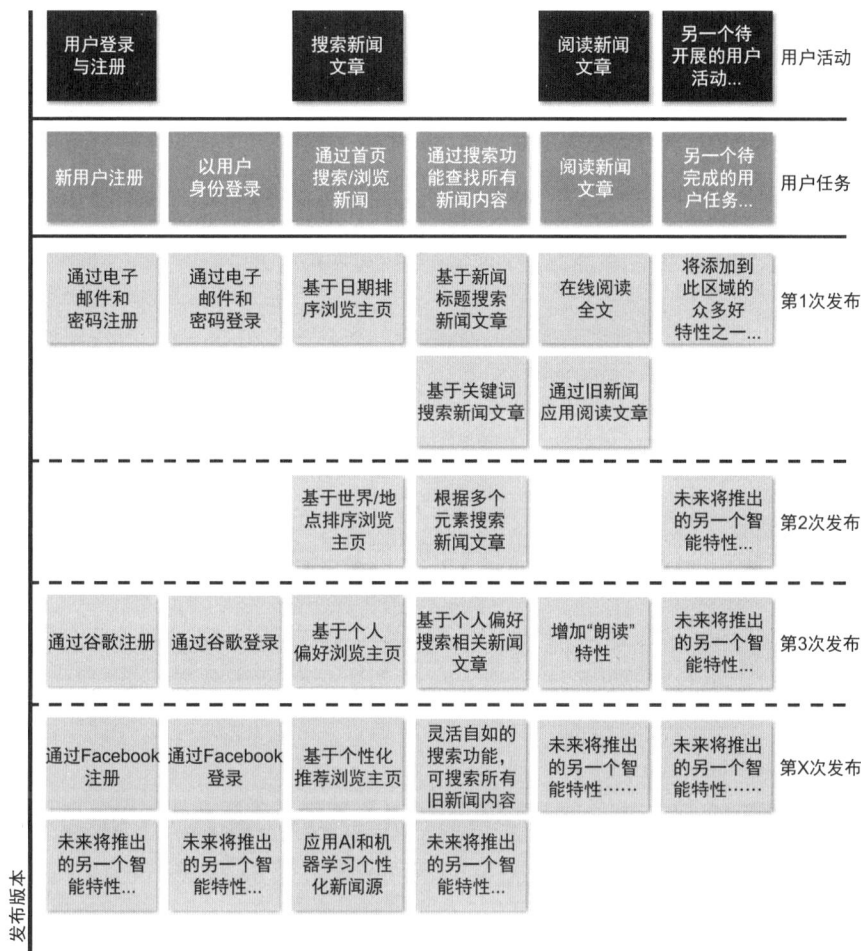

图 11.4　用户故事地图

用户故事地图也称故事地图，是一个非常有效的工具，可以帮助我们从用户的视角出发，将大的概念细化为小的想法。故事地图揭示了用户为完成其工作而需要执行的活动或任务。它还展示了用户完成这些任务可能采用的所有替代方案。用户故事地图能详细描绘所有这些活动和选项，因此在开发新的产品或开展新的项目时，它是一个非常有价值的工具。

故事地图创建了一个概览，其中涵盖我们能够想到的所有产品特性，并将这些特性与用户的旅程关联到一起。在头脑风暴结束后，可以对这些特性（也就是用户故事）进行排序或按版本分组，如果你觉得它们目前无法提供太多价值，也可以舍弃。

故事地图是一种以用户为中心的技术。它提供了一个概览，其中包含系统需要覆盖的所有用户活动，产品负责人可以用它来创建小而有价值的用户故事，并以增量和迭代的方式开发和交付。

在用户故事地图中，项目可以由上至下地排序，你可以根据它们的必要性、价值、工作量、性能、安全性、易用性等多个因素进行考量。通过这种排序方式，可以让你和干系人以增量发布的方式思考，这样既能保持用户对产品的兴趣，还能帮助你收集对初步设想的反馈。

故事地图的一个弊端是它可能会造成一种错觉，那就是产品的所有特性都需要被开发出来。许多产品负责人利用发布的版本号或日期作为故事地图的纵轴，这样就可以将多个用户故事归入同一个发布周期中。然而，故事地图的目标并不是为产品制定一个全面的计划或分解方案，所以并不是所有识别出来的特性、思路和用户故事都需要实现。故事地图只是另一种形式的产品路线图，它本质上仍然是一个可以根据实际需要进行调整的行动计划。

故事地图通常在研讨会中使用棕色纸张和便签纸来绘制。在研讨会开始前（或结束后），如果公司有办公桌清理政策（clean desk policy，CDP），则应该找到负责的行政人员，让他们知道并告知他们墙上的故事地图需要保留下来。我记得有一次与一个知名汽车品牌的管理团队合作并成功举办故事地图研讨会之后，行政人员第二天早上找到我们，让我们下次使用完会议室后把它恢复原状，不能把那些纸张留在墙上。聪明的你应该可以猜到故事地图遭遇了什么样的下场。千万不要重蹈我们的覆辙！

11.2.4　产品路线图可视化

看起来很棒，对吧？至少，这是大多数产品负责人看到图 11.5 那样的视觉化产品路线图时的反应。这样的路线图简单而直观。它不包含太多的信息，而这正好也是它的宗旨。视觉化产品路线图要容易理解，不应该包含太多信息，其目的是传达核心的信息。视觉化产品路线图经常在产品负责人需要与管理级别的干系人或客户沟通目标与大致时间线的时候使用。它通常被用来给干系人提供产品概要规划预览。它的目的不是展示大量细节，因此它并不是面向所有目标受众的。

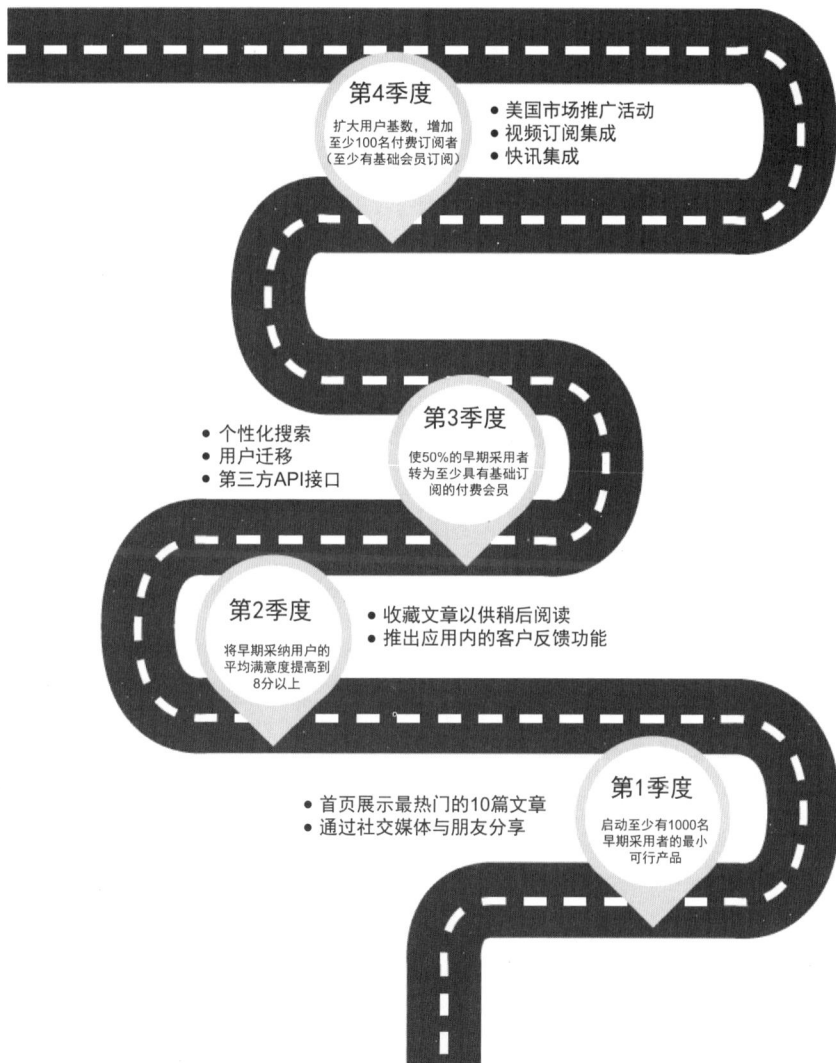

第4季度
扩大用户基数，增加至少100名付费订阅者（至少有基础会员订阅）
● 美国市场推广活动
● 视频订阅集成
● 快讯集成

● 个性化搜索
● 用户迁移
● 第三方API接口
第3季度
使50%的早期采用者转为至少具有基础订阅的付费会员

第2季度
将早期采纳用户的平均满意度提高到8分以上
● 收藏文章以供稍后阅读
● 推出应用内的客户反馈功能

● 首页展示最热门的10篇文章
● 通过社交媒体与朋友分享
第1季度
启动至少有1000名早期采用者的最小可行产品

图 11.5　产品路线图可视化

典型的视觉化路线图中，包含的里程碑、发布、版本或日期通常不超过四个。它展示了每个里程碑或日期需要实现的目标，有时会列出一到三个关键特性作为交付的重点。在所有格式的产品路线图中，这种格式包含的细节最少。因此，这种路线图尤其适用于面对大量听众或进行非实时沟通时作为信息包的一部分发送，不适合作为讨论或协作的基础。举例来说，它经常被用作海报。

视觉化产品路线图细节的缺失也带来了一些问题。它并不是团队或干系人制定计划的理想依据，因为可能需要了解各次发布对业务指标的具体影响或必须完成的工作。干系人很难从这种路线图中看清楚要进行哪些具体工作，以及何时交付哪些功能。这对干系人来说是一个缺点，因为他们无法拿着路线图来追问你的进度或要求对他们设定的截止日期负责。但这对产品负责人来说能算作缺点吗？这反而为产品负责人提供了更多的发展空间，不是吗？这种方式是不是更有利于产品的迭代和增量开发，而且看起来更像一个可调整的计划？

11.2.5 甘特图式路线图

如图 11.6 所示，这样的甘特图① 是 1910 年至 1915 年设计出来的一种工具，长期广泛用于公司运营、各种项目以及产品管理。它的目的是突出显示哪些项目或产品领域将被开发，以及每个项目需要多长时间才能完成。有效帮助识别项目中的关键路径，以及可能影响项目按计划推进的关键因素和依赖关系。提前完成关键路径上的工作不但可以增加成功交付项目的可能性，还可以减轻项目中其他部分的工作压力。

---

① 译注：早在 1903 年，工程师和管理咨询师亨利·甘特就描述并设计了一种生产计划和控制系统，这种图表就是后来华莱士·克拉克在书中所称的甘特图。为工厂管理和工程进度控制而发明的甘特图，主要由任务列表、时间表、任务条形图和依赖关系组成。另外，甘特图也可以用于个人时间管理、家庭计划安排以及小团队的内部协作。

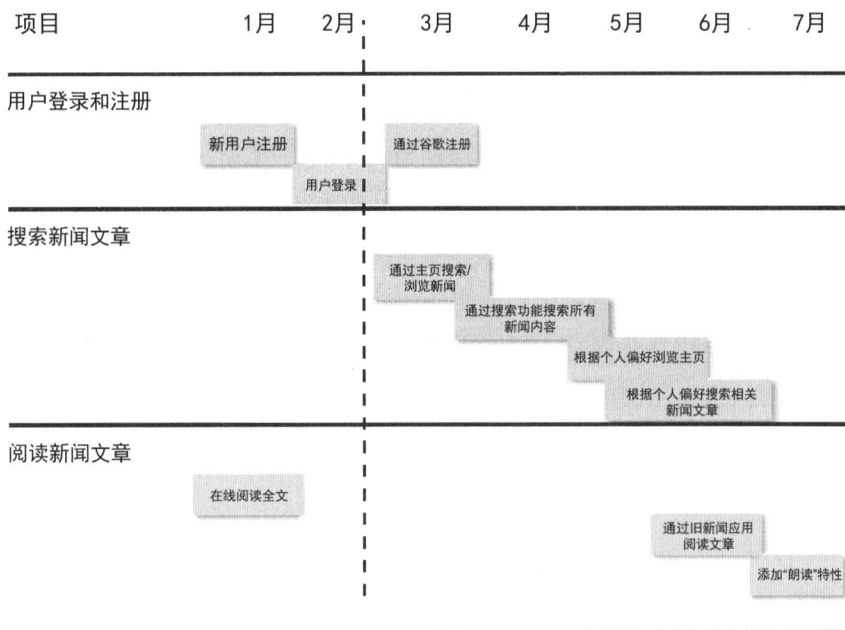

项目	1月	2月	3月	4月	5月	6月	7月

用户登录和注册

新用户注册

通过谷歌注册

用户登录

搜索新闻文章

通过主页搜索/浏览新闻

通过搜索功能搜索所有新闻内容

根据个人偏好浏览主页

根据个人偏好搜索相关新闻文章

阅读新闻文章

在线阅读全文

通过旧新闻应用阅读文章

添加"朗读"特性

图 11.6　甘特图

甘特图在项目经理中特别受欢迎，它广泛用于项目规划、资源分配和依赖性管理等任务。然而，在产品管理和开发中使用甘特图时，有两个主要的问题必须解决。

第一个问题是，甘特图要求将所有任务安排在一个固定的时间框架内，就像玩水平方向的俄罗斯方块一样。留到遥远的未来（可能是1年后，也可能是5年后）去执行的任务都是以较粗略的方式预估的，但对于实际要完成这项工作的人来说，这些任务并不明确。工作量的估算通常不够准确，工作包往往也缺乏足够的细节。但即使提供详细的工作包，也并不实用，因为这些细节在1年或5年后很可能发生变化。像甘特图这样的计划会给干系人带来一种虚假的确定感，会在项目过程中频繁引发意外。

第二个问题是，甘特图针对依赖关系的管理进行了优化，而它是通过对所有待办事项进行排序来实现这一点的。这样做意味着要确定所有事项的优先级，识别所有依赖关系和风险并尝试解决它们，这可能是一个巨大的难题。这种复杂的规划导致我们将更多的时间和精力投入到规划和分析上，而不是将产品的增量交付给客户。这会使我们更晚获得客户的反馈，而客户反馈是了解客户需求的唯一方式，也是从中学习和改进工作量估算的最佳途径。与其尝试事先识别和管理所有依赖关系，不如努力消除它们。依赖关系在某些时刻可能会成为障碍、阻碍或交易终结者，所以应该尝试从结构上解决它们。把工作分解成可发布的增量。也许我们应该简化产品的设计。不要创建一个复杂庞大的系统或者产品。要让它小巧而简洁。

甘特图诞生于一个大多数工作较为可预测或可重复的时代，常常涉及商品的制造或生产过程，其中的项目成本主要是建筑材料或产品所使用的原材料。尽管工作可能具有一定的挑战性，但工作环境通常是繁杂（complicated）的，而不是复杂（complex）的。[①] 因此，在复杂的环境中，我们不建议使用这种形式的路线图来进行产品管理。

11.3 创建产品路线图的 11 条建议

产品负责人在创建和沟通产品路线图时经常遇到困难。如果你也是这样，那么下面这些建议可以为你提供一些帮助。

1. 从产品愿景入手。让产品愿景在路线图中清晰可见，或者在详细讨论产品路线图之前，先传达产品愿景。

---

① 译注：繁杂环境可以比作国际象棋。国际象棋需要有高超的技艺，特别是在职业级别的比赛中，尽管如此，所有可能的走法在理论上都能预先计算出来，不过，这个工作可能需要超级计算机来辅助完成。另一方面，复杂环境则更像是打职业级扑克牌，牌局的不确定性远远大于确定性，因为你无法掌握所有信息。还有很多牌既不在你手里，也不在桌面上，而是在牌堆里或者其他玩家手中。因此，你没法算准所有的变数，当然也就无法采取能确保成功的行动。换句话说，未知或不确定性要高于已知或确定性。

2. 描述并验证自己的产品战略。关注实现产品愿景所需要的关键能力。

3. 设定清晰的目标、成果和利益（例如，可以使用 SMART 或 INVEST 原则），并将它们传达给干系人。

4. 讲述一个连贯的故事来说明产品的成长过程。再次强调目标，并解释各项特性和功能如何帮助实现这些目标。避免讨论那些与目标、策略或愿景不相干的特性。

5. 简洁为王！不要在产品路线图中添加太多细节。这些细节可以在产品待办事项列表或故事地图中加以说明。

6. 与干系人积极合作，以确保他们认同和支持路线图。

7. 勇于向某些想法、特性和截止日期说"不"。路线图是一个概要性的计划，用以传达产品未来可能的发展路径，不必包含所有未来的构想。

8. 三思而后行，不要轻易在路线图上添加时间线、日期或截止日期。如果需要添加时间信息，可以考虑使用"最好不晚于"或"不早于"这样的表达方式。

9. 确保产品路线图可被量化。在路线图中明确度量标准，建立一个度量仪表板。至少，自己心里要有一个明确的度量体系。

10. 对每个特性进行价值和工作量的粗略估算以评估它的可实施性。和干系人一起预估价值，与开发人员一起估算工作量。

11. 定期评审并调整产品路线图。不断检视和调整。记住：这是一个仅供参考且可以用来偏离的计划。

第 12 章

识别公司价值与影响

12.1 理解公司价值和影响

当你向领导或其他干系人提出一个好的点子时，他们表示："听起来不错！你有没有相应的商业论证？"如果你遇到过这样的情况，那么祝贺你，你并不孤单。商业论证有时显得有些过时。许多敏捷团队在开发新的产品、服务或特性时，都不会再做商业论证。然而，商业论证并非完全没有价值，因为它通常要求你回答一些基于商业环境的相关问题。如何才能将产品的愿景和策略与其商业价值联系起来呢？

请记住，产品负责人的目标是最大化产品的价值。这意味着需要把产品愿景与其潜在的价值输出相结合。在本章中，我们将要探索这方面的内容。

如何定义价值？如何识别和传递价值？应该专注于哪些价值度量？如何度量价值？这些问题的答案都可以在本章中找到。

案例研究：全靠数字说话

WORLD NEWS

出场人物：诺亚、戴夫、珊妮丝、克马尔、爱子、特雷文

诺亚感到非常沮丧，她费了九牛二虎之力才找到一个转接头把笔记本电脑接入会议室的投影仪。现代科技已经发展到可以把人送上月球，甚至可能很快都要送上火星，但让投影仪变得好用似乎依旧是个难题。

到目前为止，季度会议进展得还算顺利。董事会对产品愿景给予了充分的肯定，诺亚也设法让每个人就路线图和产品目标达成了共识。她费尽口舌说服大家保持专注，不要同时追求太多目标，让他们相信诺亚合理安排这些想法的处理顺序并不容易，因为这意味着有些事情会被推迟。

接下来的议题是预测和数据分析。诺亚一直在努力协调各个干系人的不同观点：戴夫希望快速增加收入；发行部的珊尼斯则希望提高净推荐值（NPS）；凯迈尔想要了解自己在新市场的投资金额；爱子对累积的技术债表示担忧；而特雷冯想知道为什么一切都进展得如此之慢。

诺亚用讲故事的方式开始了会议的第二个环节。这个故事讲的是，一家公司决定为开发人员发奖金，前提是只要他们在软件中找到 bug，但这个决定却导致产品质量急剧下降。见状不好，公司转而开始惩罚代码中有 bug 的员工。这种做法反而导致员工行为发生显著转变，他们变得非常善于隐藏 bug，再也不报告任何新发现的 bug。这个故事的寓意是，在管理过程中要谨慎选择重点。如果仅仅根据关键绩效指标（KPI）来设置目标、奖励或处罚，可能导致员工出现一些怪异且不符合预期的行为。虽然产品管理在某种程度上是一场以数字为基础的博弈，但如果评价体系或奖惩机制设置不当，就会引发出格的、出人意料的行为。

到目前为止，世界新闻公司主要依据内部指标来进行调控。诺亚提议改变这种管理公司和产品管理的方式。她不想只关注个人的工

作效率，而是想关注他们为公司带来的影响。诺亚意识到这个主张很
难被其他人接受：首先，影响很难量化；其次，没有人认为自己以前
的工作方式都是错的。她叹了口气，当大家拿着咖啡从休息区回到会
议室时，她打开投影仪，准备开始下一个议程。

　　典型的产品开发过程始于一个想法。这个想法可能来自客户的反馈，
也可能是行业内的技术革新或者可能是干系人的深刻洞察。经过多次迭
代，想法最终被细化、设计并构建到产品中。

　　下一步是将产品发布给目标用户群体中的一部分用户或全部用户。
现在是时候把产品交到（潜在的）客户手中了。产品有时会面向所有的
客户或用户群体发布，有时则只会发布给特定的一部分用户。在另一些
情况下，产品负责人可能更倾向于先在公司内部向同事发布产品。例如，
Xing[1] 是一家开发企业社交网络软件的德国公司，它首先向公司的 1600
名员工发布了这款产品。利用这次内部测试，公司确保了产品最终面向
客户发布时，不会使开发人员遇到意外问题。当 TomTom 公司秘密为
耐克开发一款运动手表时，许多员工纷纷穿起了能遮盖住手腕的长袖上
衣 [2]。不妨猜猜看，他们在向竞争对手隐藏什么秘密？

　　从粉丝那里获得的反馈有限，他们已经爱上了你的产品、公司或
品牌。想要了解产品是否真正影响客户的行为，一个好的办法是直接把
产品提供给他们。这就带来了一个两难困境。你想要推出能够满足客户
需求的产品，但验证产品是否符合其需求并且对他们确实有价值和帮助
的唯一方法，就是把产品交到客户手中。

　　想要降低发布风险，一种方法是逐步推出自己的变更并确保在出现
意料之外的副作用时及时撤销这些改动。许多公司为此改善并优化了自
己的（软件）发布流程。Suitsupply 公司就是这样的，这家荷兰公司在向

① 译注：这家知名导航产品供应商成立于 2003 年，最初名称为 OpenBC。2006 年底，XING 以 30 欧元的发行价上市，是第一家在欧洲上市的 Web 2.0 公司。
② TomTom 与耐克合作开发过 Nike+Spoot Watch GPS 手表和 TomTom Runner Card。

其他国家逐步推广其产品的同时,也在评估这些改动给客户带来的影响。如果 Suitsupply 发现某项变更效果不理想,可以回滚到产品原来的版本。

不过,还有另外一个影响因素。有些产品和改动虽然对客户有正面影响,但对公司利润的影响却比较小。有时是因为战略定位不匹配,有时则是因为其他产品的表现更加出色。例如,财捷(Intuit)公司曾试验性地推出一项服务,为经历重大生活变故的人匹配会计师。尽管其主打产品 QuickBooks 能够很好地处理这些情况,但许多潜在客户还是更喜欢面对面的现场接触和互动,而不是使用软件。当财捷这项新的人工服务受到客户的喜爱后,QuickBooks 就受到了显著的影响。公司于是决定趁着这项新服务尚未成熟就关闭它,以免对公司造成不良的影响。

正如你在前面案例故事中看到的那样,管理一家公司及其产品有许多种方式。有些指标的价值和相关性明显高于其他的指标。各种度量和指标经常相互关联,它们有时是基于彼此构建的,有时则提供更多的分析细节。一些度量比其他度量更有价值。图 12.1 中的金字塔突出显示了内部指标如何作为价值指标的代理。这些内部度量虽然提供了对活动和产出的洞察,但无法取代用于指导决策的价值度量。

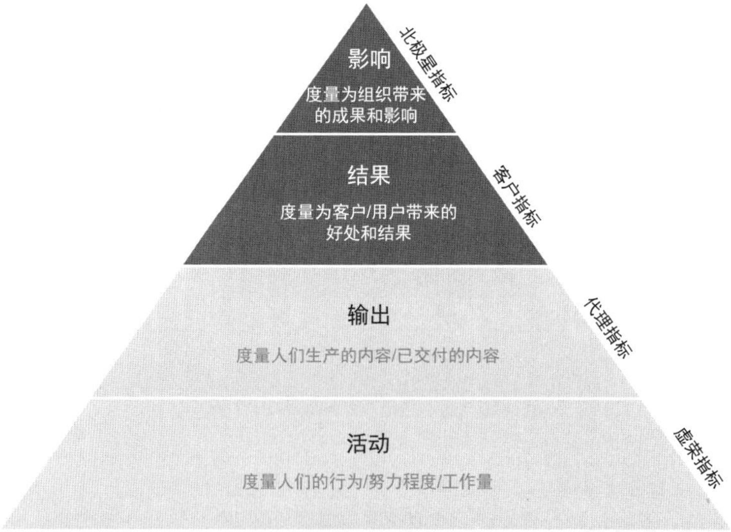

图 12.1　具体如何度量

让我们来看看在足球比赛中使用不同指标的情况。可以追踪的指标很多，比如球员跑动的距离、传球成功与失误次数、射门次数、射正次数、控球时间等。这些都是球员在比赛中所做的努力。这些努力固然重要，但仅仅提高控球时间或射门次数并不能决定比赛的胜负。没有这些努力，球队不太可能赢得比赛。然而，努力并不等同于结果，或者说，不等同于价值。

著名冰球运动员韦恩·格雷茨基[1]有非凡的预判力，他说："滑向冰球即将去往的地方，而不是它曾经停留的位置。"这是在最小化努力的同时最大化结果的妙招。

许多组织关注的下一个指标是输出。在足球比赛中，输出指的是进球数量。这些输出指标确实很重要，因为没有输出，我们无法改变现状。然而，进球并不能保证赢得比赛。大多数球队都能轻松地量化输出和努力，但这里有个陷阱。组织往往只关注这些容易量化的指标，却忽视了更重要的指标数据，也就是客户结果和公司影响。

通过实施 A/B 测试[2]或金丝雀发布[3]等实践来量化客户行为的变化，通常需要投入大量的人力物力，并且可能导致霍桑效应（请参见第 4 章），这意味着客户可能因为知道自己正在接受观察而刻意改变自己的行为。

通常，从这样的实验中获得的数据很难准确解读，而且通常需要花一定时间来收集和分析足够的高质量数据，才能得出结论。

图 12.2 展示了一个 A/B 测试的结果，其中用户流量被分配到推荐工具的三个不同版本。这个工具通过展示其他人喜欢的产品等方法来帮助用户找到合适的产品。

推荐工具的各个版本被分配给一部分（特定百分比的）网站访客使用。

---

① 译注：Wayne Gretzky，出生于 1961 年，14 岁签约参加职业联赛。他创造了单季进球数 92 个和职业生涯进球数 2857 个这两项纪录。

② 译注：A/B 测试：一种测试方式，向参与者展示一个测试变量（比如网站）的不同版本，以度量每个版本对观众或用户行为的影响。

③ 译注：金丝雀发布（canary release）：一种测试方式，首先只向目标受众的一个子集发布新版本，以此来度量客户的反应。

通过把访客分配给推荐工具的不同版本，公司能够度量哪个版本的效果最好。包括转化率（CR）在内的各种实施效果都要度量。根据转化率的数据，公司能确定哪个版本的推荐工具是最佳选择。

	会话数	订单数	转化率	成为最佳选项的概率
对照组A	48511	609	1.26	1%
变体B	45713	607	1.33	10%
变体C	44610	642	1.44*	88%
总计	138834	1859	1.34	

*) 推测的额外收入/月：€ xxx.xxx,-
**) 根据数据，该变体为最佳的概率（>95%为显著）

图 12.2　将 A/B 测试转化为商业语言

但是等一下！尽管变体 C 有最高的转化率，但如果它不是最佳选项呢？如果变体 C 只是运气好呢？如果所有本来就打算购买产品的人都恰好使用了变体 C，而那些只是在网站上随便看看的人都碰巧用了对照组 A 呢？虽然不能排除这种可能，但它的可能性非常低。具体有多低呢？好吧，这可以通过贝叶斯统计来计算。本书不包含这方面的内容，所以如果你感兴趣的话，可以自行查阅。不过，为了让数据更加可信，我们需要足够的流量来确保结果的显著性。

再看一下图 12.2，重点关注图片里的最后几行。图中的数字看起来非常专业，可能需要额外的解释。因此，团队对其干系人进行了如下解释："如果我们推出这个特性，每个月可能会额外赚取 XXXX 美元。我们有88% 的把握认为这个特性是最佳选择。"通过这样的解释，团队用非常具体的语言传达了他们的愿景，这不仅加快了决策过程，还在管理干系人方面提供了帮助。

通常情况下，优化单一指标相对简单。例如，如果只想提高转化率，那么只要价格定得比竞争对手低，就极有可能得到更高的转化率。但我们想要的通常没有这么简单，对吧？如果需要优化一组度量或一套度量系统该怎么办？如果这些度量相互关联，相互影响，又该怎么办？如果想依据（价值）度量进行指导，又需要考虑哪些不同的角度？

如何构建一套全面度量公司影响的体系？下一节将为你给出答案。

12.2　表达公司的影响力

产品或服务为公司增加的"价值"一方面看似简单，但另一方面也颇具挑战。简单的是，对大多数商业公司来说，价值最终归结为赚钱，提高利润、收入、利润率，以及节约成本。对这些公司来说，提升财务表现是价值表达的最终形式。但是，表达公司的影响力并非易事，因为这涉及的不仅是金钱。商业的其他层面，例如员工福利、客户满意度和产生积极的社会效益，也是不可或缺的因素。此外，公司不仅要为今天的业务创造价值和影响力，还要为明天创造价值。重点在于，在当下交付价值的同时，也要确保未来能够继续增加价值。

2016 年有一项研究[①]发现，公司平均需要 12 年的时间才能回收其初始和后续投资。这个时间可不算短，对吧？要达到收支平衡，不仅需要考虑成本结构，还要考虑行业内的创新速度。仅关注市场价值是不够的，还需要平衡组织实现这一目标的能力。

一个可能帮助表达公司这些不同维度影响力的框架是"循证管理"（evidence-based management，EBM）。[②]这个框架包含市场价值和组织捕获市场价值的能力两个方面。也就是说，它可以帮助你度量公司、客户以及市场得到的价值，以及组织提供这些价值的能力。该框架提出 4

[①] WonKoo Park, KwangSook Lee, SeoYoung Doo, and Sung-Soo Yoon, "Investments for New ProductDevelopment: A Break-Even Time Analysis," *Engineering Management Journal* 28, no. 3 (2016), 158–67. 网址为 https://doi.org/10.1080/10429247.2016.1199747。

[②] 网址为 https://www.scrum.org/resources/evidence-based-management-guide。

个关键价值领域（key value area，KVA），分别是当前价值、上市时间、创新能力和未实现价值，如图 12.3 所示。

图 12.3　循证管理框架

每个关键价值领域都关注价值的不同维度：实际交付的价值或组织交付价值的能力。"当前价值"领域旨在度量组织目前交付了多少价值；也就是当下已经交付的价值。这是大多数组织都需要跟踪的重要领域。然而，组织还应该能够快速响应市场变化，向客户交付价值。而这正是"上市时间"领域发挥用处的地方。此外，关键不仅仅在于速度，也不仅仅在于向用户快速提供修复程序或小幅改进。更重要的是，公司应当能够在更长的时间范围内持续进行创新。因此，度量"创新能力"就显得至关重要。最终，组织希望朝着他们的长期目标和愿景前进，他们渴望开拓新的市场，吸引新的目标客户群，或者为客户创造新的价值。最后一个领域，"未实现的价值"领域的作用正是追踪未来可能获取的潜在价值。

稍后将对每个关键的价值领域进行详细的解释，但现在，先让我们花一点时间澄清一些与价值度量相关的术语。在探讨价值时，我们往往会提到两个术语：领先指标（leading indicator）和滞后指标（lagging indicator）。领先指标通常更具可操作性，因为它们能在事情发生之前进行度量、跟踪和指导。另一方面，滞后指标是在事情发生后才显示出来的。

在大多数情况下，滞后指标更易于度量，但它们的价值体现通常要等到相似事件再次发生时。

例如，公司通常有收入、成本和利润率这样的滞后指标。然而，实际收入只有在月度账目结算后才能确定。领先指标可能是一些可以帮助预测未来收入的指标，例如销售电话的次数、发送的提案数量以及成功达成的交易比例。汽车的安全气囊是一个滞后指标，它们的启动是在碰撞发生之后。虽然配备安全气囊很有用，但我们或许还需要一些主动的防碰撞措施（也就是领先指标）。

12.2.1　关键价值领域 1：当前价值

"当前价值"（current value，CV）评估的是组织现阶段为客户、干系人和社会创造的价值。"当前价值"领域专注于评估目前已经有的价值，而不是未来可能产生的价值。这个关键领域有各种不同的度量方法和视角，一般而言，大多数公司和产品负责人都比较了解这个领域的度量手段。

下面展示"当前价值"这个关键价值领域可以追踪的各种度量方法示例。这里没有列出全部度量方法，还有其他许多方法可以帮助你深刻洞察公司目前交付的价值。

- 收入：公司通过其产品和服务产生了多少收入？从市场中获得了多少资金？
  - ◎ EBITDA（息税、折旧及摊销前利润）[1]：有多少收入转化为利润？
  - ◎ 产品成本比率：产品和成本是如何变化的？收入和支出之间的利润差额是多少？趋势如何？
  - ◎ 员工数：有多少人在为公司和产品工作？把这个指标与前两个指标结合在一起，可以获得关于公司竞争力的洞察。

---

[1] 译注：全称是 Earnings Before Interest, Tax, Depreciation and AmorEization，本质上是公司的净利润（或收益）。

◎ 客户满意度或幸福度：客户对公司的产品、服务、品牌、形象或声誉的满意度如何？客户满意度的发展趋势如何？这个指标可以作为预测客户购买行为的早期指标。

- 产品使用频率：产品的使用次数或频率如何？使用频次高的产品更有可能为客户带来价值。

- 员工满意度或幸福度：员工对他们的工作、公司和领导层满意度如何？精力充沛的员工通常能够带来更优质的成果。

- （内部）投资者满意度或幸福度：干系人和投资者对公司的管理满意程度如何？他们对取得的成果满意吗？这个指标可以体现公司财务的稳健程度或干系人和股东的耐心。

那么，应该从哪里开始？应该追踪哪些指标？又怎样追踪呢？举个例子，净推荐值（NPS）是一个被广泛使用的指标，它追踪客户把你的产品或公司推荐给其他人的可能性。这样的指标有价值，但也存在一些问题。其中一个问题是，它只是简单地询问客户对产品或公司的看法，比较流于表面。你可能也按很多公司的要求填写过客户满意度调查问卷。这种调查目前可能太过频繁了。

NPS 的另一个问题在于，许多公司应用的方式不正确。根据我们的观察，一些公司会在调查问卷中使用红色和绿色的配色方案。9 分或 10分标为绿色，表示好评；而 8 分或更低则标为红色，表示差评。在我们看来，这是一个度量客户满意度的反面例子。如果只想从客户那里得到9 分和 10 分来让自己感觉良好，试问征集客户反馈的意义何在？

此外，数据的可信度也值得怀疑。当客户需要按要求填写调查问卷或给出 NPS 评分时，他们的意见可能因时间或情境的不同而改变。他们联系你可能是为了询问、报告问题还是购买产品，而这些背景都会影响客户的看法。因此，更明智的做法是收集有关你与客户互动的具体事项的反馈，而不是提出一些宽泛的问题，比如"你是否会向其他人推荐本公司？"或许，跟踪客户的行为，而不只是听他们说过的话，可能更加有价值。

出于上述原因，跟踪客户行为可能是获得反馈的最佳方式。在软件领域，这很容易做到。我们可以通过跟踪客户的点击、下载、注册、在网页上的停留时间、分享等多种元素来了解他们的行为习惯。当然，在跟踪所有这些行为之前，要确保获得公司安全和隐私专家的首肯。例如，电商公司往往会追踪每次访问的购买数量、用户每月的访问次数和使用的推荐码数量，以此了解客户的忠诚度和购买习惯。然而，B2B 产品则比较重视销售线索转化为真实顾客的比率、每位顾客购买的产品数量或好评数等指标。

如果需要一个起点，那就从每天获得一个粉丝做起。

——乔斯·伯格斯

12.2.2　关键价值领域 2：未实现的价值

"未实现的价值"（unrealized value，UV）指的是，能够满足潜在客户需求且组织未来可能实现的价值。注意，"潜在"和"可能"这两个词并不保证将来一定能交付价值。公司需要发现并探索能够提供的潜在价值，并通过实验的方式努力实现这些潜在价值。

> **罗宾**　很久以前，早在 Scrum 方法广泛流行之前，我就职于一家医疗行业软件开发公司。我们开发了一系列 SaaS（软件即服务）产品来帮助客户简化人力资源管理、薪酬支付、产能规划和医疗机构中的其他行政工作。那时，这些任务不仅耗时而且成本高昂，所以我们帮助他们实现了流程自动化。我们当时开发的新产品是一个商业智能解决方案，能为公司提供更好的领导和管理洞察。我们发现的市场是一片蓝海，并意识到这个解决方案能够解决许多问题，有望大获成功。
>
> 当我们经过 1.5 年的类 Scrum（SINO）开发并最终将产品推向市场时，却发现我们错了。产品是采用短期冲刺方式

> 开发的，涉及各种 Scrum 角色和活动，然而，我们从未真正向客户发布过产品。尽管我们做了一些演示，并获得了正面的改进反馈（我们也做了相应的改进），客户也很期待，但在那 1.5 年中，客户并不能在公司使用这个产品，也无法将其应用到工作中。
>
> 产品上市半年后，很遗憾地被中止了。客户面临的问题仍然存在，但我们未能将产品成功销售给客户。这是一个巨大的挫折，但也是一个宝贵的学习经验。我不会再用瀑布式或不完备的 Scrum 来开发产品。我再也不会假设我们所看到的潜在价值就是我们能够获得的价值。至少，我从这次经历中得到一个教训：在构建任何大型项目之前，首先要验证假设。

正如前面的例子所示，我们不能假设潜在价值一定会实现。它是潜在的，而不是确定的，我们希望能够通过小步快跑的方式逐步实现它。有远见的产品负责人会专注于挖掘未实现的价值，随着时间的推移去推动产品价值的最大化。当用户发现他们当前的体验与他们期望的体验不一致时，就出现了一个获取未实现的价值的机会。"未实现的价值"领域用于度量当前体验与期望体验之间的差异。

对未实现的价值的滞后指标包括市场份额和顾客满意度差距等。公司通常会度量自己当前的市场份额，这是"当前价值"领域的一个指标。如果公司能够估算总市场规模，就能估计还可以获得多少市场份额，这部分就是"未实现的价值"。如果他们还能计算出竞争者的市场份额，他们就有可能确定如何从竞争者那里获得更多市场份额。那些已经通过竞争对手找到解决方案的人可能比较在乎切换成本。切换成本（switching cost）指的是从一家公司转到另一家公司所需的时间和金钱。而那些还没有找到解决方案的人往往更容易被说服，从而买下你的产品，因为他们不需要担心切换成本。获取这些潜在客户的挑战在于，需要先让他们相信他们确实有亟待解决的问题。

可以在"未实现的价值"领域追踪下面这些度量指标。

- **潜在的市场份额**：你这个产品可以帮助多少人或组织解决其当前面临的问题？在这些人中，有多少是你现有的客户？市场上还有多少潜在客户？未来还有多少人可能成为你的客户？
- **潜在的 EBITDA 改善**：产品和服务的利润率如何优化？是否可以通过成本优化来创造价值？收入能否增加？付费客户的数量能否增加？提高利润率有许多方法。①
- **评估潜在的产品使用量**：你的产品目前的使用频率有多高？相比你希望的产品使用频率如何？用户是该花更多时间还是更少时间使用产品？
- **客户或用户满意度差距**：客户或用户所期望的体验与其当前体验有什么差异？
- **理想的客户体验**：客户希望在使用产品时获得什么样的体验？

还可以通过追踪许多其他度量指标来洞察未来潜在的价值。当然，关键不在于追踪的度量指标的数量，而在于找到适合产品的度量指标。跟踪循证管理框架中的所有四个关键价值领域（KVA）也很重要。以 SpaceX 公司为例，在公司把猎鹰 9 号运载火箭推向市场时，这款产品的当前价值较低，因为这是一个早期版本，其主要目的是测试市场、技术、营销和太空飞行对客户是否有吸引力。当时的客户并不多，销售额较低，第一版产品也不尽如人意。然而，这个市场有巨大的潜力，因此未实现的价值非常高。鉴于未来潜在的回报，即便当前价值不高，产品和公司也赢得了巨额的风险投资。

与猎鹰 9 号运载火箭恰恰相反，诺基亚和黑莓以前推出的产品具有相当高的当前价值。它们占有极大的市场份额，几乎没有竞争对手，并且用户满意度很高。但是，继续投资这些产品似乎没有多大的意义，因为它们未实现的价值很低——也就是说，它们没有太大的增长潜力。从

---

① 译注：详情可以参见《软件利润流》，译者徐峰和任甲林。

长远来看，将时间和资金投资于开拓新的价值，而不是优化那些未实现价值较低的产品，可能更明智。

"当前价值"和"未实现的价值"是产品管理中用来追踪和度量的两个主要领域。这两个领域都专注于为公司、客户、干系人和社会交付真正的价值。但要追踪的内容不止于此。为了能够在当下或未来交付价值，公司首先需要具备交付这些价值的能力。这意味着公司需要能够快速地将产品推向市场，并且持续创新。这些能力通常通过工程和软件开发来指导和培养。为了进行学习，很多敏捷教练和 Scrum Master 都很注重缩短产品上市时间和快速获取反馈。

但为什么要这么做呢？如果产品负责人要负责产品的长期价值，为何不去度量和提升实现这些结果的能力呢？接下来，我们将探讨产品负责人如何度量和提升价值交付的能力。

12.2.3　关键价值领域 3：上市时间

"上市时间"（time to market，TTM）这个关键价值领域代表组织把新的价值、能力、服务或产品交付到市场的速度。快速创造、交付并推广价值通常是一种公认的战略性优势。在竞争对手试图抢先立足于市场的复杂领域中，能够快速推广和学习尤其能带来极大的优势。如果不对上市时间进行积极的度量和管理，组织未来持续交付价值的能力将难以预测。

丰田在 1957 年进入海外市场时，几乎无法与通用汽车和福特这样的汽车制造业巨头竞争，特别是在汽车的产量上。这些公司的汽车产量高，由此带来的规模经济优势使其能够将固定成本分摊到生产的大量汽车上。因此，它们能够以更低的价格销售汽车，赢得更多顾客。

丰田采取了许多策略来实现增长和扩张，其中一个策略像极了柔道中面对块头更大的对手时采用的技巧。在柔道中，面对块头更大、体重更重或技术更强的对手时，可以利用对手的惯性来获得优势。大个子可能很强壮，但小个子通常更敏捷。丰田也应用了这个原理。他们专注于加快上市时间。作为一家规模较小、更加灵活的公司，丰田能够比竞争对手以更快的速度推出新的型号、配色和差异化的汽车。这使得丰田不仅能够更快回应市场变化和顾客需求，而且还能主动引领市场趋势。大型汽车制造商的策略限制了变化和转向，导致他们往往难以迅速做出回应。

"上市时间"这个关键价值领域有许多可以追踪的度量指标，其中很多都与丰田的理念息息相关。这个领域中常用的一些度量指标如下。

- **发布频率**：公司推出新产品或新版本的频率有多高？是否可以提高发布频率以获得竞争优势？比如，亚马逊于 2011 年 5 月以工作日每 11.6 秒部署一次新版本而闻名。[①]

- **发布稳定期**：从处理发布中报告的问题，到开发人员确定产品准备就绪，再到产品实际发布给客户，总共花了多少时间？

- **平均修复时间**：在检测到错误之后，平均需要多长时间来解决？

- **学习时间**：从构思一个想法或改进，到构建并交付给用户，再到从用户对产品的使用中学习，整个过程需要多长时间？

- **构建和集成频率**：每个周期内集成和测试构建的次数是多少？对于频繁或持续发布的团队来说，这个度量指标可能会被实际发布度量指标所取代。

- **解决障碍的时间**：从识别出障碍到解决障碍平均需要多少时间？这关系到整个项目的前置时间和员工的满意度。

小米每周二中午发布 10 万部手机。[②] 短短几个小时而不是几天、几周或几个月，小米就能收集到用户的反馈，并迅速把这些反馈传达给工程团队。注意，这些手机是实体设备，而不仅仅是软件产品，每部手机的代码和性能完全相同。发布实体产品对供应链、生产、分销、运输和物流都有巨大影响。小米之所以能够迅速发货、从用户那里获得反馈并快速学习，是因为公司从战略上选择对缩短上市时间加大投入以取得竞争优势。这样的投资旨在确保公司能够在当下和未来快速交付价值。

---

① 译注：工作日的一个小时中部署最多的是 1079 次部署，一次部署平均部署到一万台元主机上，最多的时候是三万台元主机。这些数据来自《凤凰项目》。
② 译注：2020 年的数据。

12.2.4 关键价值领域 4：创新能力

第 4 个也是最后一个关键价值领域是"创新能力"（ability to innovate，A2I）。许多组织似乎都面临着资源不足的问题。然而，这往往不是最大的挑战，更多时候，公司的运作方式及其工作过程才是真正阻碍进步的原因。一个发展迅猛的大型电子产品公司的 CEO 曾明确指出："我从未见过这么多人付出如此大的努力但其最终工作成果却鲜有人用。"显然，他对公司的创新能力感到担忧。

在实践中，大多数产品负责人都意识到了创新能力的重要性。他们发现开发人员的部分产能被用于日常运营维护，例如保证基本服务运行；部分产能被用于管理现有用户基础；另一部分产能被用于修复漏洞等。虽然这些工作都是必需且重要的，但它们并未创造新的价值，只是维持当前产品和服务的正常运行而已。这些决策往往由组织的不同层级来决定。公司并不总能够招聘、培养、留住和激励那些可能提高创新能力的有才华和激情的人才。那么，作为产品负责人，应该从哪几个方面进行度量和引导呢？

同样，这个领域也有许多可以追踪的度量指标。

- **缺陷的趋势**：产品质量是在提高还是下降？缺陷可能降低产品对顾客、用户或组织的价值。缺陷是如何演变的？哪些原因导致了这些缺陷？公司如何从根本上提高质量和减少缺陷？

- **已安装版本指数**：现有用户基础是度量过往成功的一个指标，但维护多个版本会削弱组织的创新能力。产品有多少个版本或变种在生产中？有多少个不同的版本需要运营、维护和支持？能否通过更新已安装的版本来减少支持的产品种类以提升创新能力？

- **产品投入指数**：团队花在直接开发产品和创造价值上的时间与总工作时间相比，占比是多少？有多少人专门致力于产品的开发？

- **技术债**：如果采用快速但治标不治本的解决方案，在后续修复时会产生多少额外的开发和测试工作？技术债务是软件产品中一个广为人知的概念，它会对价值交付产生不良的影响，并会无谓地增加浪费和风险。

- 创新率：在创造新的产品功能、价值或特性上，投入了多少工作量或成本？通过将产品的总工作量或成本除以用在创新上的工作量或成本，可以确定创新所占的百分比。这个结果可以反映组织交付新的产品功能的能力。

这些度量指标中，大部分是滞后指标，只有在工作完成或投入时间和资金之后才能进行度量。追踪和引导领先指标通常更困难。一个实用度量的示例是追踪团队真正用于产品开发的时间占比（产品投入指数）。我们观察到，在大多数 Scrum 团队中，开发人员通常同时处理多个冲刺待办事项，同时参与多个特性的开发，甚至同时参与多个项目或团队。其后果是注意力分散、效率和效果降低以及高昂的任务切换成本。更重要的是，这极大地削弱了团队快速创造高价值成果的能力。产品负责人应该帮助 Scrum 团队集中注意力，例如明确传达产品愿景、产品目标、维护有优先级排序的产品待办事项列表并对干系人适当地说"不"。产品负责人需要学会拒绝一些看似不错的想法，专注于那些真正出色的想法。保持专注是提升创新能力的关键，这也是 Scrum 的 5 大核心价值观之一，应当受到充分的重视。

一个常见的错误是增加人手到项目中以加快进展。但实际上，增加人手并不会加快进度。因为新加入的团队成员需要时间来熟悉流程、适应新的团队和文化以及学习有关产品、客户和市场的知识，这通常会导致项目进度进一步放缓。尽管大多数人都知道这一点，但我们在这里分享一个故事仍然是有帮助的。我们来看下面的例子：

　　有位经理找到产品负责人，表示他想要在产品负责人的团队中增加 4 名开发人员。但产品负责人认为，增加团队人数并不能加快项目进度，相反，他知道这只会拖慢速度。于是，产品负责人去买了 4 本《人月神话》。他把书带给经理，解释说他之所以买了 4 本是想让这位经理以 4 倍速读完这本书。

如果这个故事并没有给你带来任何启发，那么下面这句话一定可以：

> 无论你多么有天分，也无论你多么努力，有些事情就是需要时间。即使你能让 9 个人同时怀孕，也不可能让她们在一个月内生出一个小孩来。

> ——沃伦·巴菲特

关于专注和人员的话题，我们就说到这里，下面来谈谈技术债。技术债在软件开发行业是一个众所周知的概念，但它也适用于其他大多数产品。技术债通常是走捷径、未能交付高质量产品和 / 或未能正确维护与操作产品而产生的后果。尽管它通常被称为技术债，但这种债务并不只是技术上的问题。它可能还涉及设计、维护、运营、文档等。

以家里的窗户为例。窗户玻璃周围的木制窗框大约每 5 年需要打磨和重新粉刷一次。如果能够定期进行这样的维护，你的窗框就可以使用很长一段时间。但如果 10 年到 15 年都不对它们进行维护，木头就会开始腐朽，最终你可能需要完全更换窗框。购买油漆、打磨窗框和粉刷虽然需要时间和金钱，但这些成本远远低于全部更换新窗框的费用。

正如这个例子所示，理解"债务"这个词很重要。它之所以被称为技术债务，是因为我们走了捷径或未能正确进行维护，所以需要为此支付额外的"利息"。技术债会随着时间的推移而增长，就像利息一样。因此，如果想提高创新力，就要确保制造高质量的产品，避免走捷径，不产生技术债。如果技术债在所难免，也要尽快通过达到质量标准来偿付随之而来的"利息"。

产品负责人经常因为难以管理技术债而饱受困扰，因为技术债并不总是可见和透明的。我们经常听到这样的抱怨："我感觉开发人员一写完代码就立马把它标记成技术债。"然而，市场上有许多产品匆匆忙忙地以实验或最简可行产品（MVP）的方式推出，最终变成维护和运营的噩梦。技术债可能由两种原因造成：一是产品质量差或工程标准不高，二是管理层或客户对产品快速发布施加了压力。然而，技术债也可能源自新的洞察。

> 克里斯
>
> 优步（uber）最初的基础设施最多只能处理一个城市的需求。在它高速发展期间，原始设计中的许多假设都需要重构，以满足市场上新涌现的需求。

团队执行变革的速度——或者更准确地说，他们执行特定类型变革的速度——是一个客观的度量指标，应当成为产品负责人决策过程的一部分。不要忽视技术债，但也不要只是为了重构而重构。这同样适用于"上市时间"和"创新能力"这两个关键值领域。不是总需要持续交付、持续集成或一键发布等功能。也不必总是追求最具创新性、最具颠覆性或最高质量的产品。需要构建的是满足市场和客户需求的产品或者以更快速度推出略有创意的产品。正如蒂姆·费里斯[①]所言："当你被狮子追赶时，你不需要跑得比狮子快，只需要跑得比其他人快就行了。"

---

① 译注：Tim Ferriss，出生于 1978 年，硅谷顶级投资人。30 岁时，其个人资产达到 2 亿美元。作为畅销书作者，他的代表作有《每周工作 4 小时》（全球售出 100 万册）、《4 小时健身》以及《4 小时厨艺》等。

第13章

通过有效的定价策略和手段最大化价值

13.1 初探产品定价

> 价格是你付出的，价值是你得到的。
>
> ——沃伦·巴菲特

　　价值和价格之间的差异与产品为客户解决的问题息息相关。无论是网上销售的油漆、室内设计方案，还是贵公司制造的吉他，产品的核心目的都是为客户解决问题。但对于价值，芬达（Fender）和吉布森（Gibson）这两个品牌的用户可能看法不同。尽管这两个品牌都销售类似的产品，但它们提供销售的体验不同。哈雷戴维森（Harley-Davidson）也是如此。它销售的不只是摩托车，更是一种生活方式。

　　你可能会想："那又怎样？这有什么关系？"让我们以水作为例子（图 13.1）。在大多数国家，普通的自来水是用来解渴的好方法，同时也是成效比很高的解决方案。例如，在荷兰，自来水①的价格大约是每

---

① 译注：荷兰的自来水可以直接饮用，是世界水质排名前 5 的国家之一。2023 年，荷兰人均用水量为 130 L/ca d。2025 年 1 月，每立方米水价为 1.25 欧元（约 10 元人民币）。

1000 升 0.60 欧分到 0.70 欧分（相当于人民币 4.9 元到 58 元）。自来水公司使用的定价策略是成本加成定价法（cost-plus pricing），也就是计算出产品的所有成本，加上一小部分利润，然后算出水费。

既然市场上已经有这么便宜的产品，其他产品还怎么跟它竞争呢？事实上，饮用水行业的竞争非常激烈。举例来说，瓶装矿泉水的售价大约是自来水的 40 倍，市场规模高达惊人的 3 500 亿美元（约合人民币 2.5 万亿元）。[①] 不同供应商的矿泉水价格差距不大，每瓶在 1.20 美元（约合人民币 8.7 元）到 1.60（约合人民币 11.6 元）美元之间。矿泉水采用的定价策略是市场定价。

成本加成定价法	市场定价法	价格差异化	价值基础定价法
0.003 美元/升	1.30 美元/升	2.25 美元/升	80.000 美元/升

图 13.1　水的不同价格水平及价值感知

饮用水行业的另一个细分市场是气泡水和蒸馏水，它们大约占总体市场规模的 20%，但在销售的总瓶数上只占市场的 10%。雀巢旗下的知名气泡矿泉水品牌巴黎水（Perrier）等特别专注于这一细分领域。它们采用市场撇脂定价法（又称"高定价法"）或价格差异化的定价策略来销售其独家瓶装水。撇脂定价法起源于牛奶的加工过程。在加工过程中，最好的、脂肪最丰富的奶油会浮在奶桶的顶部，然后被单独撇出来并以高于其余部分的价格出售。

最后一个常用的定价策略是价值基础定价法。在这种定价策略下，产品的价格与其实际成本并没有直接的关联。在商品市场或产品上实施

① 大视野研究有限公司（Grand View Research）2021 年估计的数据。

价值基础定价法往往相当困难。然而，如果没有其他替代产品，那么产品的价值就由客户的痛点和收益及其解决这些问题的意愿高低来决定。

一个有趣的事实是：产品负责人平均有 13% 的工作时间都用在定价上。

—— 《产品聚焦调查 2017》[a]

我们经常发现，产品负责人与定价并没有直接关系。产品和服务的定价通常由定价部门或销售和市场营销部门执行，他们为组织的所有产品和服务设定价格。如果产品负责人的任务是最大化产品的价值，难道不应该由他们考虑产品的价格吗？价格难道不是可以调节并为组织带来价值（比如，收入和利润率）的杠杆吗？让我们来深入思考这个问题。

13.2　产品定价流程

首先，我们来定义一下产品定价：

定价是企业为其产品和服务定价的流程。在这个过程中，组织会考虑到生产产品或服务所需要的时间和材料成本、供应链成本、市场状况、竞争对手、市场环境、品牌和产品质量等因素。[②]

以上定义中很重要的一点是，定价是一个过程。而过程通常是一系列定期进行的活动或工作，而不是一次性事件。换句话说，定价应该是一个定期进行的过程。图 13.2 展示了定价过程中的各项活动。这个"定期"可能是年度、季度、月度、周度、日度甚至每小时，取决于公司、其产品和服务以及行业等多种因素。

在一些组织中，定价是一个手动的过程。个人或团队为新的产品设定价格，并定期检查和调整价格。在另一些组织中，价格是自动设定的。例如，想想那些可以预订酒店或航班的网站。这类公司通常会基于预测

---

① https://www.productfocus.com
② 维基百科，s.v. pricing, 2022, https://en.wikipedia.org/wiki/Pricing

的需求、可用性和季节性等因素自动更改价格。从宏观角度审视典型定价过程时，可以识别出下面几个步骤。

步骤 1：检视各种输入、来源、文档和数据。

步骤 2：检视公司当前的目标。

步骤 3：选择和设置定价策略。

步骤 4：选择和设置定价手段。

步骤 5：调整产品价格，包括使用支持性工具，并传达价格变动信息。

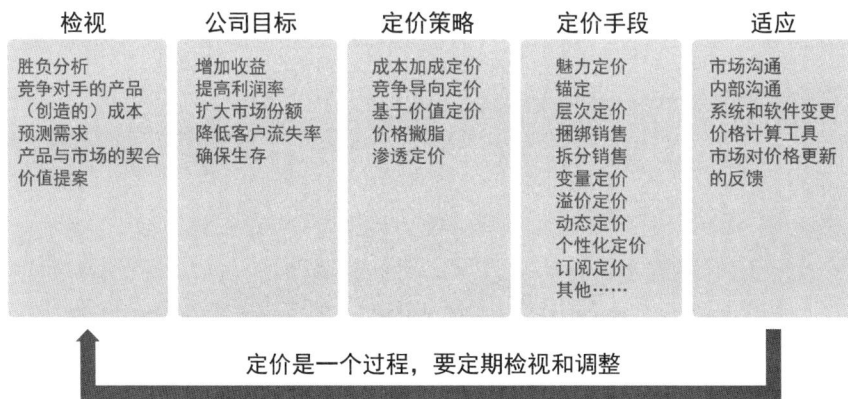

检视	公司目标	定价策略	定价手段	适应
胜负分析 竞争对手的产品 （创造的）成本 预测需求 产品与市场的契合 价值提案	增加收益 提高利润率 扩大市场份额 降低客户流失率 确保生存	成本加成定价 竞争导向定价 基于价值定价 价格撇脂 渗透定价	魅力定价 锚定 层次定价 捆绑销售 拆分销售 变量定价 溢价定价 动态定价 个性化定价 订阅定价 其他……	市场沟通 内部沟通 系统和软件变更 价格计算工具 市场对价格更新 的反馈

定价是一个过程，要定期检视和调整

图 13.2   定价过程

如定义所示，定价是一个过程。但更重要的是，正如图 13.2 中的步骤所示，定价是一个"经验过程"（empirical process）。这一点很关键，因为这意味着定价流程及其成果需要定期检视和调整。为了优化产品所提供的价值，我们需要从客户、竞争对手和市场处获取反馈，以确认价格是否合适。但是，价格是否"合适"又由哪些因素决定呢？

接下来，我们将更深入地探索定价流程，并分享实用的建议与案例。希望这能够帮助你在公司下次更新价格时提出一些好的点子。

13.2.1 步骤 1：检视输入

定价过程中，在设置或更改产品价格之前，首先需要收集信息。这包括市场相关信息、竞争对手的信息以及时间与材料成本的信息等。还要考虑其他信息来源，比如销售了多少个产品，达成了多少笔交易，以及这些交易为什么会成功或失败。下面来看看定价流程步骤 1 中常用的一些信息来源。

- 胜负分析：如果你在商业公司工作，公司里很可能有一个销售团队或部门。这个团队的任务是获得新的客户订单和任务，并为公司达成交易。他们可能会为客户出具报价以促成订单。公司也可能时不时参与投标（请求提案）。投标和报价是定价过程中的重要信息来源。分析这些数据，尝试了解公司为什么拿下或失去了某些投标 / 报价。潜在客户与贵公司合作的动机是什么？或者，他们为何选择你的竞争对手的产品或服务？他们的决策依据是价格，还是他们认为选择贵公司的话能为自己提供更多价值？

- 竞争对手的产品：另一个可以在公司外部找到的重要信息来源是竞争对手的产品。如果你想设定或更改产品或服务的价格，最好充分了解竞争对手的产品和服务。尽可能了解他们的定价模型，并找出他们与自己公司有何不同。可以创建一个策略画布来比较各家的产品和服务，找出自己独特的差异化因素，了解竞争对手的独特卖点。

- 成本：考虑设计、构建、维护、服务以及改进产品和服务的成本。考虑原材料、劳动力、运输、运费等的成本。作为产品负责人，应该知道产品的总拥有成本（total cost of ownership，TCO）。了解这些信息后，你就知道自己的产品至少需要产生多少收入或节省多少成本才能保证收支平衡。

- 预测需求和可用性：预测需求和替代品的可用性也是影响产品价格的重要因素。这是一个基本的供需问题。获取有关市场趋势、产品使用、销售趋势、客户趋势以及其他市场信息的洞察很有帮助。尽量去了解需求和供应可能发生怎样的变化。

- 价值主张：另一个需要检视的问题是价值主张。价值主张是否仍然与客户需求保持一致？关键的客户问题是否仍然有人解决？这

些问题是否还存在？有哪些可用的替代选项？例如，可以用 5P
（问题、普遍性、支付意愿、定位、可能性）方式来验证价值主
张。也可以使用商业模式画布、精益画布或产品画布等多种画布
工具。问题在于，如果产品与客户需求不匹配，或者解决客户问
题所带来的价值很小，其定价就会受到影响。

13.2.2 步骤 2：检视公司当前的目标

每个组织都有要实现的目标。产品也致力于实现某些目标，例如提
高收入、降低成本或提高客户满意度。公司和产品的目标通常会对产品
的定价产生影响。因此，在设定产品价格时，要考虑需要实现的目标。
一些典型的目标示例如下。

- **增加收入**：许多产品和组织都有一个增加总体收入的目标。在管
  理产品时，这同样可以成为你的产品目标。增加收入可以通过多
  种方式实现，包括吸引新客户、改善客户流失率以及向上和向下
  交叉销售产品。

- **提高利润率**：当公司和产品的目标是提高利润率时，组织通常更
  专注于降低成本、优化流程以及提高整体效率。另外，也可以通
  过提高定价来增加利润率，但客户往往不太能够接受这个方案。

- **增加市场份额**：主要关注于吸引新客户，这可能有助于在当下和
  / 或未来增加收入。

- **减少客户流失**：旨在留住现有客户。吸引新客户通常比留住现有
  客户更困难且成本更高。

- **生存下来**：显然，生存并不是组织想要追求的雄心勃勃、鼓舞人
  心的目标。没有任何公司或人想沦落到不得不为生存而战的地步。
  然而，公司有时会陷入危机。他们可能失去客户或者面临颠覆性
  创新的挑战而不得不进入生死存亡的模式。如果公司处于这种境
  况，其定价策略可能就会受影响。

13.2.3　步骤 3：选择和设定定价策略

设定产品价格的目的通常是最大化利润，达到销售和市场份额目标，并与竞争对手的价格维持相对稳定的关系。许多内部因素和外部因素会影响产品的价格。内部因素包括产品的制造成本、市场战略、产品规格、分销、生产能力和推广等，外部因素则包括市场竞争、法律因素、目标受众、数据、个性化服务等，当然还有供需关系。

可以采用的定价策略很多，这里解释 5 种最常用的定价策略。

第 1 种，成本加成定价。在这种定价策略中，售价是通过在产品成本上加上一定的利润率来决定的。这意味着组织必须有计划地记录产品成本明细，以免以低于成本的价格销售产品。成本加成定价是政府合同、公共服务和为特定买家定制产品常用的定价策略。

例如，在荷兰的阿姆斯特丹史基浦机场，有一条滑行道建在一座立交桥上，这座桥横跨一条高速公路。机场过去每 4 年就要对桥和滑行道进行维护，以确保其安全并处于良好状态。由于维护成本非常高，机场就请供应商开发了一个软件产品来计算桥梁和跑道的磨损。这需要获得实际过桥飞机的吨位数据。供应商计算了开发成本并在此之上添加了一定的利润。然后，他们向机场提供了一个利润看似丰厚的报价。项目后来成功实施了，产品交付了，客户也很满意，大家一起开香槟庆祝。在和客户聊天时，产品经理说道："很高兴知道现在维护可以每 6 年而不是每 4 年进行一次。我很好奇，这为机场节省了多少钱？"得到的答案是其报价的 1 000 倍！也许他们当初应该选择不同的定价策略。

第 2 种，竞争导向定价。竞争导向定价也称基于竞争的定价，其中，产品的价格参照市场上的竞争产品来设定。通常情况下，你的产品会以略高于或略低于竞争对手的基准价格出售。

高于基准的定价可以提高单位利润，但可能减少销量，因为客户更倾向于低价产品。另一方面，价格低于标准价可能增加销量，但单位利润会降低。在竞争激烈的市场中，销售方对价格的控制力有限，价格大多由供需情况决定。

　　竞争导向定价的优势之一是它不需要复杂的计算。卖家只需要遵循市场上的普遍价格或由市场领导者设定的价格。此外，在竞争激烈的市场中，基于价格的营销压力有所减轻，但可能需要采用其他形式的营销手段。

　　竞争导向定价的缺点是，当大多数竞争者的价格都大致相同时，价格就不再是差异化因素了。这意味着组织通常要在营销上多下功夫才能吸引客户。这些额外的营销可能包括夸张的广告、更优质的客户服务、增加市场饱和度等。

　　第 3 种，基于价值的定价。基于价值的定价是一种定价策略，价格根据买家的感知价值来设定。被那些提供与众不同或有区别性的产品或服务的公司经常使用这种策略。基于价值的定价很少用于常规商品，而是更适用于律师费、建筑设计、汽车定制以及其他定制产品和服务。基于价值的定价还有一种形式是，根据客户节省下来的成本或额外获得的利润的比例来设定价格（例如，一家咨询公司在帮助另一家公司实现敏捷转型后，从其节省的成本中抽取 5% 的费用）。

　　下面这个来自 Accountingverse 的例子对基于价值的定价进行了说明：

　　戴维斯先生想要修复自己那辆 1969 年款凯迪拉克轿车。车子在他的谷仓中停放了一段时间，大部分零件都被锈蚀了。他联系了 KustomKars 公司来完成这项工作。根据修复这辆车为车主带来的价值，公司的报价是 30 000 美元。戴维斯先生接受了这个价格，因为他相信这是对其利益的公平度量。

　　现在，为了盈利，KustomKars 必须在预算内工作，确保其总成本在 30 000 美元以内。如果公司希望至少赚取 2 000 美元，那么目标成本必须控制在 28 000 美元以内。但是，这不能通过牺牲客户满意度来实现，必须满足客户的感知价值。①

　　第 4 种，价格撇脂定价法。价格撇脂是指销售公司在新产品刚推出

① https://www.accountingverse.com/managerial-accounting/pricing-decisions/value-based-pricing.html。

时有意设定一个较高的价格，以迅速收回成本并赚取丰厚的利润。这种策略在技术产品市场很常见，例如游戏、视频内容、手机、游戏机、游戏手柄和笔记本电脑等。

价格撇脂的核心思想是，初期针对高端市场的需求设定一个高价，当这部分市场的需求得到初步满足（即产品销量开始下降）后，再降低价格来吸引更广泛的目标客户群，扩大整体客户基础。这对那些起初因为价格问题而买不起或不愿购买的潜在客户特别有吸引力。采用价格撇脂策略，企业能够获得更大的市场份额并持续销售其产品。

价格撇脂最大的优势是公司能够在产品生命周期的早期阶段获得更高的利润。这很关键，因为科技产品的研发和开发成本往往相当高昂。通过设定较高的价格，可以快速回收这些成本。而且，客户往往认为高价格意味着高质量。

价格撇脂的缺点在于，因为价格对大部分潜在市场来说可能太高，所以公司的销量会受到限制。此外，当价格下调时，后来的客户可能不会像最初产品刚上市就购买的客户那样满意。

第 5 种，渗透定价。渗透定价是与价格撇脂策略完全相反的一种定价策略。采用这种策略时，公司初期会为新产品设定一个较低的价格，以快速抢占市场份额。这种策略的目标是通过一开始提供更低的价格来吸引消费者，把他们从竞争对手那里抢过来。当产品被消费者接受并普及且在市场上建立一定的品牌地位后，就可以提高价格了。较低的价格有很大的吸引力，能激励许多人和组织替换供应商。

渗透定价的好处通常表现为销量高，能够迅速吸引许多新的客户，从而快速增加市场份额。设定低价的另一个好处是，潜在的初创企业可能望而却步，不敢进入市场。同时，如果现有竞争者不能维持低价，很可能会被迫退出市场。

这种定价策略的缺点是，单品的利润和收入都相当低，以至于可能引起客户对产品质量的怀疑。此外，一旦价格上涨，客户可能就不愿意续约或再次购买了。

13.2.4　步骤 4：选择和制定定价手段

定价手段不同于定价策略，因为它们更容易更改，并且通常可以组合使用。简而言之，定价手段有助于为定价策略提供支持并提高定价的有效性。图 13-4 展示了 10 种最受欢迎的定价手段：

- 魅力定价；
- 锚定定价；
- 分层定价；
- 捆绑定价；
- 解绑定价；
- 变量定价；
- 溢价定价；
- 动态定价；
- 个性化定价；
- 订阅定价。

在浏览图 13.4 中的手段时，你可能觉得其中的大多数都很熟悉，并发现自己的产品使用了这些手段的各种组合。

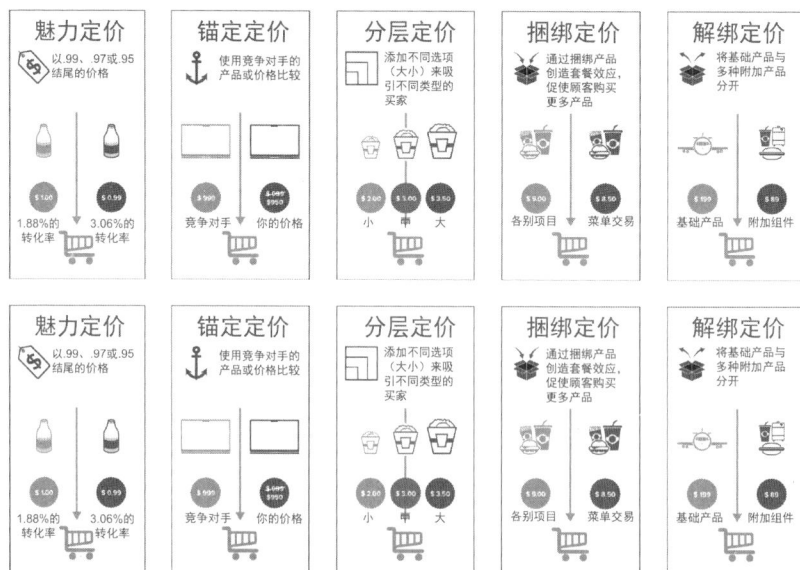

图 13.4　10 种定价策略

13.2.5　步骤 5：调整价格、工具并进行沟通

很多人没有意识到定价实际上是一个过程，而且设定合适的价格有时可能相当复杂。如本章所示，为产品和服务设定价格远不像随意挑选一个数字那么简单。选定策略、应用手段并设定价格后，定价过程并没有就此结束。设定或更改价格通常需要组织内部进行大量的调整。下面这些典型的例子说明了定价和改价时通常要做哪些事情。

- **与市场沟通**：需要把新的定价或改价信息传给市场。用户需要在价格真正变更之前接到通知，这可能意味着需要通过邮寄信件、数字化新闻简报、广告或其他沟通形式来告知用户。

- **与内部沟通**：除了市场与沟通，内部同事也需要了解价格变动信息。比如，销售、账户管理、市场营销、网站或网店团队、计价 / 报价工具的开发人员等，都需要收到价格变动通知。同事们可能需要一些时间来处理价格变动，所以请务必及时传达信息。

- **系统变更和工具**：大多数组织都会使用各种工具和系统来帮助进行定价。例如，价格计算工具、价格说明工具、网站和网络商店、开票软件、财务系统等。组织使用了众多不同的工具，我们遇到过有些组织甚至有多达 20 种不同的财务相关工具，而每一次价格变动都会对这些工具造成影响。

- **市场对价格的反馈**：在完成所有必要的价格调整后，定价过程仍未结束，反而是新一轮定价过程的开始。市场可能会以意想不到的方式对新价格作出反应。客户可能会对新价格表示不满，甚至可能想离开而转投竞争对手的"怀抱"。当然，对价格进行试验是个好主意。不要等到所有工作都完成且所有沟通和工具都已调整完后，才开始收集来自干系人和市场的反馈。

第Ⅲ部分

愿景家：小结

关键学习与洞察

第Ⅲ部分就到此结束了。在这一部分中，我们探索了"愿景家"姿态。你了解了产品愿景以及将产品愿景与商业战略联系起来的重要性。也学会了如何借助讲故事的技巧来有效传达产品愿景，以及这种方式为什么如此有效。你还学习了如何为产品设定目标以实现战略目的。此外，还了解了如何在不同类型的产品路线图中展示产品目标、产品特性和产品待办事项列表。你学习了如何应用循证管理方法论来确定、阐述和衡量公司的价值。最后，你探索了产品定价，学习了产品定价过程、各种定价策略以及可用的不同定价手段。为了打造有市场竞争力的产品，产品负责人和产品经理需要为产品的未来创建并传达一个清晰的愿景和战略。很多失败的产品和服务都由（内部）干系人的愿望、目标和需求驱动，完全忽视这些变化是否是产品实际需要的。成功的产品总能锁定市场中明确的问题为特定目标受众提供解决方案。这意味着产品负责人需要成为有效愿景和战略的开发人员、传播者和支持者。

小测试回顾

如果在第 III 部分的开头完成了小测试，请将你的答案与下表中的答案进行对照。在了解了"愿景家"姿态之后，你是会更改自己的答案，还是会同意下面给出的答案？

测试题	赞同	不赞同
1. 产品愿景应该能够激励客户、用户、干系人和开发人员。通过讲故事的方式传达产品愿景是鼓舞人心的好方法。	☑	
2. 产品负责人应该设定并努力实现多个产品目标。		☑
3. 有许多方法用于可视化产品待办事项列表，例如根据干系人的需求和组织背景来创建产品路线图。	☑	
4. 清楚地定义如何识别、表达、估算和衡量价值（例如，通过循证管理）有助于增加自主性并提高决策能力。	☑	
5. 在 Scrum 中，Scrum Master 和开发人员对产品的上市时间和创新负责。		☑
6. 产品负责人不能，也不应该负责产品的定价。产品负责人不需要干涉或定义定价策略和定价手段。		☑
7. 只有在发布已完成的产品之后，才能实现价值，才能量化商业目标、产品愿景和策略的进展。	☑	

延伸阅读

在这一部分中，你了解了产品负责人的"愿景家"姿态。各种相关的主题、工具、技巧和理念都能帮助强化你的"愿景家"姿态。

如果想提升"愿景家"姿态，可以先尝试创建商业模型画布、精益画布或产品画布。此外，还可以通过使用提案画布或 3×3 故事框架来编几个故事。

如果想进一步了解"愿景家"姿态，可以考虑阅读这些书籍：中译本《从为什么开始》（作者西蒙·斯涅克）、《产品武士》（作者克里斯·卢卡森）或者《循证管理指南》（https://www.scrum.org/resources/evidence-based-management-guide）。

第Ⅳ部分

实验者

成果是检验创新的唯一真理，也是它带给我们的价值。其
他的一切不过是在……炫耀。

——IBM 电视广告

小测试

为了给第Ⅳ部分做个铺垫，请通过勾选下表中的"赞同"或"不赞同"来回答下表中的每一个判断题。答案将在第Ⅳ部分的小结中给出。

测试题	赞同	不赞同
1.随着旧的商业模式过时并被遗忘，总有新的商业模式不断涌现。		
2.实验是唯一能够验证商业模式创新可行与否的方式。		
3.成功的产品开发扩展是应用 Nexus 或 LeSS 这样的验证框架来实现的。		
4.一个公司要么有创新性，要么没有。产品负责人几乎无法对推动创新产生影响。		
5.决定产品是捆绑销售还是分开销售是产品负责人的责任。		
6.产品管理的职责和任务应当完全由产品负责人来承担。		
7.如果产品需要，开发团队就应该具备销售、市场、业务分析、设计和产品管理等技能。		
8.在涉及规模化的时候，我们需要解决的主要问题是如何把所有员工组织成团队。		

第14章

由内向外，驱动产品创新

14.1 实验者

数字时代 [①] 的一大挑战是我们接触到了海量的信息。如此多的知识和信息触手可及，此时，做出正确的决策比以往任何时候都要困难。我们应该利用哪些信息？哪些洞察是有用的？哪些洞察是真实的？我们如何区分事实和基于假设及个人意见的内容？信息过载并不是唯一的挑战。我们还必须研究客户、与客户沟通、与客户共情；我们必须尽可能多地学习，以使产品朝着正确的方向前进。然而，如果只依赖研究和对话来采取行动，我们将无法确保自己走对了路。我们必须进行实验并验证结果。

产品负责人经常需要应对强硬的干系人，这些干系人可能也面临着类似的信息困境。产品负责人与干系人之间的对话常常演变为一场意志力的较量，双方各执一词，用事实和数据甚至大客户的影响力来说服对方。然而，大多数产品负责人并不喜欢参与这种较量。因此，他们需要找到方法来应对这种情境。

采取"实验者"的姿态可能是一种解决方法。作为产品负责人，采

---

① 数字时代也称为工业 4.0、信息时代或软件时代。

取这种姿态可以帮助你承认自己虽然并非无所不知，但已经掌握足够的知识来定义正确的假设、进行实验并从中学习。

实验可以用到多种信息来源、方法、工具、技术和结果。在这一章中，你将了解创新的多种信息来源。创新在组织中通常是如何运作的？实验者以市场数据为驱动，但这些信息从何而来？从这些研究中可能得出什么结论？围绕商业模式的创新应该如何进行？应该如何测试假设和假说？这些都是本部分要探讨的问题。

"实验者"姿态在规模化方面有一个不常见的特点。大多数人通常认为规模化和实验不是一个好组合。许多组织在推行规模化时采取的是过程驱动的方法，他们倾向于关注如何使产品团队实现更大的规模化，并且更多地关注实施框架而不是学习哪些方法有效、哪些无效。无论是产品的规模化还是组织的规模化，都会引入许多新的变量，例如人员、知识、技能、技术、事物排序等方面的依赖关系。本书将聚焦于如何规模化"产品"，而不是讨论如何通过所谓的规模化框架来规模化过程①。

以下是勇于创新的实验者的一些特征。

- 越是了不起的人，越擅长偷懒。就像比尔·盖茨说过的那样："我会选择让懒人来完成困难的工作。因为懒人能找到最简单的方法来完成任务。"也可以用"创新者"来替换此话中的"懒人"，因为伟大的创新者会找到最好、最简单的方式来完成项目。许多伟大的创新者都遵循这样的格言："要巧干，而不是苦干。"

- 喜欢同时探索多个不同的选项。埃隆·马斯克拥有特斯拉、SpaceX 和 SolarCity 等多家企业。马库斯·莱蒙尼斯是 Camping World、Good Sam Enterprises、Gander Outdoors 和 The House Boardshop 的董事长兼首席执行官，同时还是几十家公司的投资者和股东。我们可以从他们的例子中了解到，不同的兴趣领域可以相互重叠并相互促进。同时进行多个项目可以打破将所有希望

---

① 如果想要更深入地了解这方面的内容，可以选择《Nexus 框架：规模化 Scrum》（*The Nexus Framework for Scaling Scrum*），这是一个很好的资源。

寄托于单一事业上所带来的心理瓶颈和压力，同时还能拓宽知识面和提高商业洞察力。

- 主动拥抱与矛盾对应的思维并不断更新自己的知识。优秀的实验者永远不会停止学习，而一个伟大的实验者时刻关注着最新的发现和进步。伟大的创新者不会用非黑即白的眼光看待世界。当其他人得出"非此即彼"的结论时，他们努力寻求"既……又……"的可能性。正如《了不起的盖茨比》作者 F. 斯科特·菲茨杰拉德所说："检验一流智慧的标准，就是头脑中同时有两种截然相反的观点，还能保持正常行事的能力。"

一旦产品负责人采取"实验者"姿态，我们就会观察到以下积极成果和好处。

- 生产力提高和成本降低：在许多组织中，流程创新的目的是降低成本。这可以通过提升业务的能力和 / 或灵活性来实现，使其能够有效利用规模经济。

- 提升产品和服务的质量：高质量的产品和服务更有可能满足客户和用户的需求。在这些产品和服务得到有效市场推广和销售的情况下，销售额和利润应该都会提高。

- 扩大了产品和服务的范围：产品单一或产品范围有限的企业几乎肯定能从创新中受益。拥有更广泛的产品和服务范围为增加销售、提高利润和降低股东风险提供了机会。

- 创新有助于应对法律和环境问题：创新有可能帮助企业降低碳排放、减少废料或者适应不断变化的产品法规。法律法规的变化常常迫使企业进行创新，即使他们原本不打算这样做。

- 附加价值增加了：有效的创新能够有效为产品建立独特（USP）的卖点，这些独特卖点是客户愿意为其付费的特性，有助于企业领先于竞争对手。

- 提高了员工留存率、员工激励和招聘效率：这些改进并非显而易见的好处，但通常意义重大。具有创新声誉的企业往往能够吸引优秀的求职者，因为这些企业的工作环境往往能够激发灵感、有吸引力。

- 增加发现下一个重大创新的可能性：通过探索多种选择、开展多项实验并将每个利益相关方的请求视作假设，将大大增加构建下一个重大创新的可能性。

其他一些好处先按下不表，总而言之，经常采用"实验者"姿态的产品负责人有望加快产品上市速度、加快学习过程、增强创新能力并开发出能增加收入及获得极高客户满意度的革命性创新产品。

案例研究：灵光乍现

WORLD NEWS

出场人物：诺亚和赛科

诺亚在世界新闻已经工作了几个星期。她逐渐熟悉了该公司的运作方式，并与大多数同事有过合作。她非常喜欢这里的人。总体来说，她很高兴能在这家公司工作，尽管她的大多数朋友认为新闻行业很无趣。

经过一番努力和协商，现在的路线图看起来还不错。确定了年度的一些大目标，定义了一个鼓舞人心且可实现的产品目标。尽管已经取得一些成果，但诺亚总有些不安，认为考虑得还不够周全。"或许我该来杯咖啡。"诺亚想。

诺亚注意到 Scrum Master 赛科也在咖啡角。诺亚一边把奈斯派索（Nespresso）咖啡胶囊放进咖啡机，一边对赛科说："赛科，这咖啡不错，就是咖啡胶囊的价格太离谱了。它的价格至少是普通咖啡粉的两倍。"

赛科微笑着看向她："你知道这是一种经典的产品管理策略吧？"他两眼发光，"你知道吗？标准石油公司在 18 世纪就以非常实惠的价格售卖煤油灯，其目的竟然是创造对石油的持续需求。"

"赛科可能是对的，"诺亚想。咖啡公司的商业模式与喷墨打印机和可更换刀片的廉价剃须刀有相似之处。她突然意识到，许多公司都在以相同的商业模式获取价值。"我们为什么要采用订阅服务模式呢？"她问赛科，"我的意思是，肯定还有其他方式来开展我们的业务，对吧？按照目前的方法，我们就像其他所有新闻公司一样，加入了逐底竞争 [①]。如果让奈斯派索来经营我们的业务，他们会怎么做？"

赛科看上去虽然有点困惑，但他说："这听起来像是一个真正的产品负责人会提出来的问题！"随即，他离开了咖啡角。

"没错，我要找到这个问题的答案。"诺亚自言自语道。

14.2 由内而外的创新来源

大多数组织已经认识到创新的必要性。然而，如果审视真正花在创新上的时间，他们会发现创新并没有得到足够的重视。人们总是对创新的重要性侃侃而谈，口头上宣称要致力于创新，但在日常工作中又很容易迷失方向。保持产品平稳运行往往已经占据了大量时间。产品负责人必须为创新专门留出时间，为产品的成长和演变留出空间。如果不提高创新的优先级，就会导致干系人介入并试图主导产品的发展方向。

创新分为两类：由内而外和由外而内。两者各有利弊。大多数组织采用的是由内而外的创新方法，这种方法通常促进的是可持续性创新而不是根本性的变革。那么，在采用由内而外的创新时，创新灵感通常来自哪里？常见的创新来源有哪些？本章将深入探讨由内而外的创新，并

① 译注：race to the bottom，简而言之，"只拼价格"。这个术语起源于国际政治经济学领域，用于描述公司或组织甚至政府机构，因经济增长单向发展逻辑而开展的无底线、无边界的竞争路线。其表现形式为牺牲质量标准或人员安全（违规）或降低劳动力成本来削弱竞争对手的价格。这种无章法的竞争性贬值过程，会导致价值被掏空，出现质量低下以及持久性和透明性缺乏等市场乱象。与之对应的是逐顶竞争（race to the top），强调通过竞争来实现更高的目标。

讨论诸如销售、客户支持、客户管理、研发、执行层和市场等不同的创新灵感来源。

14.2.1　销售人员

销售人员可以成为创新灵感的重要来源。毕竟，他们一直在与客户打交道。销售人员通常很了解客户群或市场的最新动态，并且往往最先受到竞争格局变化所带来的冲击。销售人员需要了解客户的需求，并能迅速判断自己提供的报价和提案是否符合客户的需求。

作为产品负责人，尽早与销售人员接触通常能得到回报。同时，培训销售团队并向他们传达产品信息也很关键。他们需要知道以下几个问题的答案：产品愿景是什么？目标和目的是什么？概要路线图是什么样的？计划在哪里可能偏离？还要讨论产品的能力，比如，它能做什么？不能做什么？或者不能用于什么？我们销售团队过去用过的一个工具是竞品战斗卡。这些卡片简单易用，能使销售团队的工作更为轻松，还能帮助他们聚焦于产品负责人设定的方向。

销售人员一般直接与客户沟通，所以经常会向产品负责人提出特殊的要求，例如："我们能为客户 Y 开发 X 特性吗？所有大客户都说我们在 Z 方面不如竞争对手。开发这个特性肯定能帮助我们达成更多交易。"这种由销售驱动的想法并非总是坏主意，但它们往往变化无常。销售人员通常专注于达成交易，因而可能忽略某些创新的长期影响或不采取另一些行动的潜在后果。销售提出的好主意很多，但在考虑这些想法时，应始终考虑到产品的长期影响、价值、总体拥有成本、技术债务和未来潜在的维护成本。

14.2.2　客户支持人员

客户支持部门是另一个与产品负责人保持日常密切沟通的部门。遗憾的是，很少有客户会为了夸公司的产品而专门打电话给客户支持部门。更常见的是，客户打电话咨询关于产品的问题，比如如何更改某些设置以及某些功能如何工作等。他们更有可能在发生意外或不喜欢的事情时拨打电话。这些问题和投诉的涌入使得客户支持人员成为所有产品负责人的宝藏信息来源，尤其是那些对产品不熟悉或新上任的人，在这样的部门待上几天是非常有帮助的。旁听客户支持人员接听电话能让产品负责人清楚地了解客户使用产品时的真实体验。这些电话可能涉及公司的明显失误，也可能是更模糊或特殊的情况，但无论如何，这些都是公司（有时也是产品负责人）应该妥善处理的。

因此，与客户支持人员紧密合作对产品负责人非常有帮助。但也不应只关注产品的当前版本。只是查漏补缺、回答问题和解决投诉并不足以使产品价值最大化。这将导致对"创新"的看法受到局限。客户支持部门可能提出这样的创新建议："这些是我们的产品中最让客户讨厌的10 个问题。我们什么时候才能解决问题？""每次他们这样做，就会出现那个问题。""是的，他们总是因为这个问题打电话——他们就是搞不懂。""我已经放弃在系统中报告那个问题了——那个 bug 已经存在好长一段时间了。"这些问题涉及产品的质量，其中一些可能涉及技术质量（产品是否按设计运行？），另一些可能涉及产品质量问题（客户是否满意产品的设计？）。一般来说，质量是不容妥协的。牺牲质量往往会产生重大的长期影响。不过，把质量保持在一定水平并不意味着需要一个重量级的解决方案。产品的质量（无论是技术还是特性）应该处于恰到好处的水平。伏尔泰曾经说过："别因强求完美而使好事难成。"[1]

14.2.3 客户经理

面向企业的 B2B 公司一般都有客户经理。不同于面向消费者的 B2C 公司，在 B2B 公司中，并不是所有客户都同等重要。在 B2B 公司中，至少 80% 的收入通常来自三到五个关键客户。失去这样的客户或者与这样的客户关系恶化，公司的现金流和流动性会直接受到影响。

---

[1] 译注：关于"完美"，罗伯特·沃森 - 瓦特（Robert Watson-Watt）开发了一个早期预警雷达来应对德国空军的迅速增长，他提出了"对不完美的崇拜"并如此描述："让他们先用第三好的方法开始，第二好的方法来得太晚，而最好的方法永远不会来。"

客户经理深知这一点。他们知道，自己的大客户对公司及其财务前景非常重要。他们通常敢于在组织内施展这种影响力。你可能也听到过类似的话："我知道我们有其他客户，但这个客户的重要性不一般。"或"我们的大客户不希望那样做。"这样的局面在很多人看来都不容易处理。你不想因为自己而搞砸了来自大客户的交易，对吧？但你也不希望客户只要一提需求自己就得改动产品！这是一个两难的境地，需要做出重要选择：你的公司想成为什么样的公司？这将如何影响其产品和服务？

一个选择是成为一家向客户提供通用产品或服务的公司。这种模式意味着每个产品本质上是相同的。可能有一些可供调整的选项或设置，但基础是一样的。Trello 就是一款这样的产品。它是一个简单的工具，用于创建产品待办事项列表或冲刺待办事项列表等。虽然可以调整一些设置或选项，但除了内容，Trello 和看板相差无几。设计、开发和销售标准化的通用产品可以简化很多事情。

另一个选择是让客户根据需求来定制产品或服务的实施。这类产品通常附带一个产品实施阶段。例如，Jira、ProductBoard 和 Aha! 等产品，它们都提供标准解决方案，但在实施过程中，会提供众多的选项和可能性来满足客户的需求。然而，从本质上讲，软件本身是一样的。

最后一个选项是量身定制。在这种情况下，客户通常付费要求公司开发某个特性、功能或能力。这是专为某个客户定制的功能。这样的开发一开始总是很吸引人，一个愿意为特性花上一大笔钱的大客户看起来是棵"摇钱树"，对初创公司和扩张期的公司尤其如此。然而，这种选择的后果是，公司通常不得不维护不同版本的产品。这意味着公司需要在多个地方进行维护和修复错误并由此削弱了对主要产品的关注、无法将定制特性销售给其他客户等。尽管这是一种短期内可以快速获得现金的商业模式，但长期来看，它往往会对产品的上市时间和创新能力产生负面影响。

14.2.4 研发部门

如今，创新似乎比以往任何时候都来得更加频繁和快速。在过去 20

年中，涌现了大量的创新。从早期互联网到现在的各种可能性，创新给我们的生活带来了翻天覆地的变化。技术领域的发展速度尤其快，很多问题和挑战也随之而来。如果你问前端开发人员最喜欢哪种开发框架，他可能过一会儿就会给你一个不同的回答。虽然这么说可能有点夸张，但 JavaScript 框架从兴起到衰落的平均生命周期通常不到两年。这意味着解决问题的方法总是在变化。

技术快速更迭和产品迅速增长的同时，一些挑战也随之而来。快速增长的产品通常带来规模化上的挑战，因为产品的架构原本可能不是为这样的规模而设计的。这往往导致人们迫切需要重构或重新设计产品。

新技术或许能提供新的能力，让产品负责人能够创造出超越其竞争对手的产品。但技术有时也是一把双刃剑，既能带来机遇，也能带来挑战。新的方法、框架、技术、硬件、软件、模型和数据等许多创新通常可以在组织的研发部门中找到。对产品负责人而言，与这些团队建立良好的关系可能非常有益。了解行业趋势和新机会有助于提升产品的创新能力。

14.2.5　高管

董事会成员的圈子往往不同于产品负责人的圈子。高管们通常还在其他组织担任着别的角色或职位。一个人兼任某公司董事会成员和某基金会或机构的主席，这样的情况并不罕见。尽管这些董事会成员可能不太实际接触产品开发，但他们往往都非常关心其他公司高层的动态。他们经常与行业内的其他董事会成员会面，能够迅速把握行业趋势、创新和行业发展情况。结果可能是，董事会成员会基于这些信息向产品负责人提出建议："我听说 XYZ 公司正在把业务转移到云端，我们也要这么做。"或者有关创业公司文化的建议："我们要向 XYZ 公司学习。我们需要像 XYZ 公司那样的创业者精神。"有时，公司会为了提高创新能力而收购创业公司。虽然这种做法的初衷是好的，但并不一定能有效地改善企业文化、创新效率或人员结构。

14.2.6　市场分析人员

一些公司专门从事市场分析、趋势分析以及相关的报告或出版物，通过就某个特定主题、专业领域或行业与多方进行交流，这些公司了解行业现状。他们致力于确定整体发展趋势以及特定领域内的领军人物。这些公司通常能接触到广泛的公司群体，因而能从更广阔的视角进行观察。如果想了解行业的模式和趋势，那么从这些公司获取信息可能有帮助。

不幸的是，所有人都可以查看这些关于信息和趋势的文章和报告（有时需要付费）。想想高德纳咨询公司、弗雷斯特研究公司和麦肯锡这样的公司。收集行业洞察非常有用，了解竞争对手的动态也很重要。但对你的公司而言，跟随大流并不一定是最好的选择。

把市场想象成牧场上的牛群，如图 14.1 所示。牛代表市场上的各个组织。每头牛都在寻找美味的草，就像公司在寻找潜在客户一样。牛通常成群结队地行动。现在，假设一头牛（一个创新者）决定离开自己的牛群。起初，它可能会想：“我是不是应该去其他牛群那里？那里的草肯定更青吧？”但事实并非如此。你可以想象一下被一群牛践踏过的草地会是什么样子。其他牛那里的草地并不一定更好，虽然从远处看起来可能如此。因此，如果你的目标是创新，那么盲目地跟随大众无疑是一个巨大的错误。

图 14.1　看似很美的市场

第15章

推动由外而内的产品创新

15.1 由外而内的创新来源

第 14 章讨论了由内而外的创新来源，虽然有用，但它们带来的创新一般是增强型的。这些创新主要体现为对现有产品的增强或改进。在工作中，你可能见过一些源自前面讨论的各种来源的创新灵感。但它们大多不足以生成颠覆性的新创意、打造新的畅销品或者成功征服市场。在追求这类宏大目标的时候，采用由外而内的创新手段往往更为有效。

采用由外而内的创新手段时，要从公司外部收集知识、信息、洞见、数据和观察。搜集这类创新想法的活动形式多种多样，常见做法包括网上的市场调研、竞争对手分析、客户访谈、客户小组讨论和焦点小组研究。这些例子都不只涉及与内部同事的交流。要把重点放在聆听和观察公司外部的人身上，包括客户、潜在客户、用户和竞争对手。如何进行由外而内的研究？应该研究哪些群体？我们将在本章中探讨这些问题。首先来看一看市场细分。

15.2 市场细分

市场细分是一个将目标市场划分为更小、更明确的类别或细分市场
的过程。市场细分有助于将具有类似特征的客户和受众分成一组，这些
特征包括想要解决的问题、需求、人口统计学特征、兴趣或所在地等。
用于识别市场细分的元素和特征有很多。至于选择哪些元素，则取决于
产品或服务、整体市场规模、每个细分市场的大致规模等因素。总体来说，
识别多种具体的市场细分有助于产品负责人和团队以及干系人更深入地
理解市场。5 种常用的市场细分方法如下。

- 人口细分是最流行和常用的市场细分方法，指的是一组人的统计
  数据。对于 B2C 产品，其特征通常包括年龄、性别、收入范围、
  居住区域、工作区域、目标、兴趣、婚姻状况等生物学详细信息。
  对于 B2B 产品，特征通常包括公司规模、所属行业、产品数量、
  产品或服务类型以及分销渠道等。

- 心理细分指按照人们的个性和特点等相关因素对受众和客户进行
  分类。这些因素包括人们的价值观、态度、兴趣、生活方式及其
  有意识和潜意识的信念。

- 行为细分着眼于人的行为。换句话说，它关注的是客户或用户的
  行为方式，常见特征包括购买习惯、用户状态、与品牌的互动、
  品牌忠诚度、产品忠诚度、每次购物的平均消费额和平均产品使
  用频率。

- 地理细分指根据地理边界对客户进行分类，例如根据客户的邮编、
  居住国家、所处气候或原国籍等因素进行分类。

- 待解决问题细分指根据客户的动机来对客户进行分类。可以考虑
  是什么在驱使客户做某些事情。想一想他们的关键问题是什么、
  有哪些待办任务、有什么需求并由此推断出他们想要实现什么目

标。需要考虑的特征包括他们需要的各种案例场景、完成任务后的满意度或他们可能采用的任何替代方案。

每种方法都能为你提供关于当前或潜在客户或用户群体的不同洞察，这些洞察在产品和服务的开发和交付过程中可能非常有价值。其中，"待解决问题细分"虽然最复杂，但往往能提供最有价值的洞察。下面我们来看一个例子。

> 罗宾
>
> 假设你想要设计一款高尔夫球产品。市场上许多品牌都能够生产高品质的高尔夫球。你不想参与逐底竞争中，而是希望为一个明确的目标受众提供高质量的产品。如此说来，你应该为哪些人设计产品呢？
>
> 这款产品主要面向男性还是女性？目标受众的年龄范围是多少？他们从事什么样的工作？通常住在哪里？这些问题通常从人口细分方法的角度提出。但这些洞察信息在产品开发过程中真的有价值吗？假如有一位女士名叫沙莉，她住在赌城拉斯维加斯附近，今年47岁，在赌场工作。知道这些信息后，你就能设计出更好的高尔夫球吗？很难说……
>
> 相比之下，更有用的是了解沙莉打高尔夫的频率。是每天、每周还是每月打一次？是要参加比赛，还是只为了和朋友娱乐一下？是想要提高自己的球技，还是只是为了好玩？她的平均挥杆速度是多少？她最难掌握的球技有哪些？显然，这些问题的答案比人口统计学特征更有价值。

针对待解决的问题，其答案通常能提供最有价值的洞察，这对设计优秀的产品非常关键。你可能还记得第 II 部分"客户代表"中提到的"5个 P"，它们是构成优秀产品的关键因素。其中一个"P"代表大众市场

（pervasive market），也就是我们的目标市场细分。这个市场细分应该足够大，值得公司为此开发产品。明确界定并专注于特定的市场细分能带来许多好处。

知道要为客户解决什么问题不仅可以帮助你开发出更好的产品，还能帮助你向潜在客户传达正确的营销信息。要避免使用针对普通受众的泛化、模糊或无关的语言，而要专门针对目标受众的问题、需求、愿望和独特个性，采用直接的信息传递方式。

明确的价值主张和信息传达也可以使你的品牌超越竞争对手。专注于特定客户需求和特征可以使你的品牌具有独特性。这种独特的价值和信息传达能够加强品牌与客户之间的联系，创造持久的品牌亲和力。

最重要的是，它可以帮助你保持专注。世界上有许多客户问题需要解决，而试图把所有人设为目标受众实际上等同于没有设定任何目标受众。所以，现在就开始行动，确定自己的潜在客户有哪些特征吧！

15.3 买了你的产品的人

让我们回到利用由外而内的方法收集创新灵感这个话题上。确定了市场细分之后，就能更方便地找到对应的人群。目标细分市场中有一些人非常聪明，他们意识到了自己面临的问题，并决定寻找解决方案。这些人购买了你的产品，是你的用户（这也是我们说他们特别聪明的原因，对吧？）在考虑了各种选择后，他们选择了你的产品。这个群体，即你的客户，可以提供宝贵的洞察。他们可能已经使用了该产品一段时间，所以能够清楚地说明产品的使用效果。他们可能还能解释自己对购买过程的看法，以及对产品定位、选择和使用的体验。他们的洞察可能是创新灵感的重要来源。

联系这些客户非常容易。虽然可能需要与销售、市场、客户支持或客户管理部门合作，但很容易找到他们。客户支持人员可能对潜在客户有一些值得学习的洞察。也可以采取其他观察方式，比如安排一次访谈。也可以直接给客户打电话，进行"输赢分析"。客户为什么选择购买你的产品？又是什么原因促使他们选择了竞争对手的产品？做出这个决定的关键依据是什么？这些洞察非常有价值，可以帮助你改进产品并推动创新。

15.4　买了竞争对手产品的人

目标市场细分中的另一部分人购买了竞争对手的解决方案。相比买下你的产品的人，这些人虽然不如他们精明，但他们也意识到了自己有问题需要解决。通常，这部分群体比较难以接触到，因为你的竞争对手可能并不欢迎你与他们交流。但是，这样的用户并不是不可企及的，虽然他们一开始可能因为担心被推销而对你不感兴趣。如果想和他们交谈，就需要先向他们明确表示你不是来推销产品的。你需要说明自己的公司已经接受失去这位客户的事实，但你希望能从他们那里学到一些东西。

我在 B2B 公司工作时常常发现，潜在客户经常出现在贸易展览会、活动和协会等场合。作为产品负责人，参加这些活动有助于了解客户。策略性地在咖啡角附近，也可以促成有价值的交流，并建立后续联系。

如果想让潜在客户以后更频繁地选择自己的产品，或者想把客户从竞争对手那里争取过来，你就需要了解转换成本。使用竞争对手产品的人一般都会考虑转换成本。他们已经有了一个能用的解决方案，何必更换供应商呢？即使你的产品可能有更多功能、更好的特性、更优的可用性或更易于规模化的架构，也可能不足以说服他们。问问 iPhone 用户为什么不愿意换用安卓手机以及安卓用户为什么不愿意换用 iPhone。当然，有些人的态度比较坚决，说什么也不愿意换手机品牌。但大部分人可能会说，其他品牌的手机也不差，但如果换牌子的话，图片、联系人、应用程序和其他种种东西转移起来就太麻烦了。换句话说，他们不考虑其他选项的原因是转换成本太高了。

15.5 未购买任何解决方案的人

接下来讨论那些尚未购买任何解决方案的人群。这个群体可以分为两类。第一类是那些正在（主动或被动地）寻找解决方案的人。他们意识到自己遇到了问题，并在寻找解决方案，但还没有决定采用哪个方案。理想情况下，他们可能已经联系了销售部门的同事，这也是你接触这个群体的最佳切入点。因此，要与销售部门会面，和他们讨论这些潜在客户，尝试了解这些潜在客户的动机。这些客户在考虑哪些选项？他们在权衡哪些因素？这些洞察可能为你带来不同类型的创新。

第二个没有解决方案的群体是那些尚未意识到自己有问题需要解决的人。对于这个群体，产品的营销非常重要，你需要想办法让他们意识到问题是存在的。你不能只告诉他们自己的产品有多好以此来吸引他们。谈论产品提供的花哨功能，或者提供高折扣都没有什么用。有效的办法是阐述他们可能遇到问题的症状并把这些问题及其影响以视觉方式表达出来。客户往往能识别出这些症状。通过对产品能解决的问题进行市场细分可以为你、你的干系人和团队提供焦点。它将帮助你与正确的人群展开交流并了解他们的需求。你收集到的洞察有助于驱动由外而内的创新，而不是由内而外的创新，这可能带来一些新颖、颠覆性的想法。

第 16 章

换种思维来驱动商业模式创新

苹果公司是典型的、公认的创新型公司。它似乎总是既能打破市场常规，又能吸引广大受众。在商业领域，成功是没有保障的，许多颠覆性的想法很快会成为"先烈"，甚至根本没有机会起步。然而，相比墨守成规的经营，偶尔的冒险可能带来更大的成功和回报。因此，换种思考方式有时是有帮助的。那么问题来了，对于产品负责人来说，怎么样的思维才算是不同的呢？

16.1 市场分析和趋势

第 15 章提到，市场细分能帮助我们从潜在客户那里收集创新灵感。然而，市场细分的作用远远不止于此。明确定义市场细分还有助于进行市场研究或案头研究。我们可以收集市场的数据和趋势，例如，市场是在增长还是在衰退？市场的主要趋势是什么？未来几年市场可能如何发展？哪些客户或竞争对手值得关注？这些洞察有助于推动产品的发展。

但作为产品负责人，应该从何处着手呢？哪些是可以用于分析市场的优质信息来源？哪些是可以用于发现这些趋势的优质信息来源？这取决于具体所处的行业。对于汽车制造、芯片制造、珠宝、软件开发等行业来说,好的信息来源很多。你和你的市场或销售同事可能已经知道其中一些来源了。

一般来说,如果你在美国工作,美国人口普查网站(census.gov)就是一个做数据收集的好起点。如果你在欧盟工作,欧盟统计局(Eurostat)和全球统计数据网站 Statista 就是很好的公共数据来源。在为专业 Scrum 产品负责人高级培训课程创建的案例研究中,我们使用了皮尤研究中心、journalism.org 和路透社等资源来了解新闻传播行业的动态。

这些资源一开始可能显得有些庞杂,很难直接用于进行有效的分析。你需要学会寻找关键信息。许多因素都会影响市场趋势,表 16.1 展示了通常要考虑的几个方面。

表 16.1　市场研究和分析要考虑的几个方面

政治	经济	社会	文化
技术	法律	环境	人口

市场趋势可以被用作领先指标,表明你的产品需求未来将如何发展以及潜在机会可能在哪里。让我们来看看下面这个例子:A-SMGCS[①](一种在能见度低时帮助机场保持跑道和滑行道开放的产品)的产品负责人注意到,吸引新的客户变得越来越难。对于他们这些供应商而言,仔细聆听并明确系统需求往往对销售起着决定性的作用。

因此,现在的问题是,如何在这方面抢占先机? 产品负责人分析了每个机场的飞行次数和跑道、滑行道的数量。根据增长数据,他可以对跑道的使用情况作出合理的预测。

然而,这些数据无法说明低能见度问题发生的频率,也无法证明这个问题值得花钱去解决。

---

① 全称为 advanced surface movement guidance and control system(先进场面活动引导与控制系统)。

接下来，把机场的地理数据与历史天气数据结合起来。这有助于识别哪些机场最容易受低能见度天气的影响。然后再将预期增长、航班动态和低能见度天气下可能额外开放的天数等因素纳入分析。通过分析这些数据，产品负责人能够准确预测在哪些地区投入营销和销售资源会更有效。当然，这虽然不能保证赢得这些地区的每一位客户，但有助于找到最可能从产品中受益的客户群体。

16.2　从其他公司获得灵感

2013 年，圣加伦大学发布了一项关于商业模式分类的研究。[①] 研究确定了 55 种不同的商业模式，用于帮助企业从市场中获得价值。从本质上讲，每个产品或服务为公司创造的价值都可以应用这些商业模式来实现。这些商业模式的流行程度和应用随着时间和行业的变化而有所不同。一些模式过去盛极一时，一些则在当下极为流行，例如订阅模式，如今，几乎每家公司都在使用订阅模式。

斯蒂尔（STIHL）是一个很好的例子。作为一家生产链锯和户外电动设备的公司，他们开设了一项租赁服务，允许人们租用而不是买断设备。该公司因其创新的商业模式而备受赞誉，但实际上，它的商业模式与其他公司并没有太大的不同，比如，施乐公司提供复印机租赁服务，红盒子公司提供影片租赁服务，欧洛普卡公司提供车辆租赁服务。

在商业领域中，单纯地照搬行业领导者的策略对自己可能并不是最有利的做法。尽管不同行业情况各异，但通常来讲，排名前三的企业会占据大部分市场，剩下的市场竞争非常激烈。相比只关注最大的竞争对手，向其他行业的公司学习可能更有益。虽然 X 公司处于其他行业，但

---

① Oliver Gassmann, Karolin Frankenberger, and Michaela Csik, "The St. Gallen Business Model Navigator," working paper, University of St. Gallen, 2013, www.thegeniusworks.com/wp-content/uploads/2017/06/St-Gallen-Business-Model-Innovation-Paper.pdf。

我们是否能从它身上学到什么？在下面的几种特定情境下，深入思考这个问题可能尤其有用。

- 在快速扩张的市场中，企业可以尝试跟随市场领导者的步伐。在这种情况下，企业致力于从大型竞争对手那里学习。此时应该提出两个问题："我们这个行业的常见做法是什么？""X公司如何从市场中获取价值？"

- 举个例子，Videoland是荷兰的一家视频流媒体服务商。为了开发自己的商业模式、定价和内容策略，该公司同时参考了奈飞的固定费率商业模式和YouTube的广告商业模式。

- 在一个更饱和、竞争对手强大的市场中，可能需要采取不同的方法。再次向自己提出同样的问题："我们能从X公司学到什么？"但这里的X指的是其他行业的公司，他们不是你的主要竞争对手。想一想，施乐、红盒子和欧洛普卡公司生产的是不同类型的产品，但其商业模式都很相似。

产品负责人通常对研究完全不同的业务和行业持保留态度，因为不同行业之间差异很大。然而，可用的商业模式数量有限，从其他商业模式中寻找灵感可能会带来有价值的结果和创新。

例如，有一家大型钢铁厂商，它生产大卷钢材并将其销售给多个行业。其客户将这些材料加工成供其他行业使用的半成品。自该公司成立以来的70年间，其经营方式几乎没有变化。当有人提出改换经营方法时，公司领导起初对这么做可能带来的好处表示怀疑，甚至对这些新的想法嗤之以鼻。

尽管如此，他们还是决定放手一试，并探讨了下面几个问题：

- 如果让麦当劳的董事会来经营我们的工厂，他们会怎么做？
- 如果让亚马逊网络服务（AWS）来为我们制定价格表，他们会怎么做？

起初，这些问题似乎很荒唐，毕竟，一家钢铁厂商能从快餐公司学到什么呢？但实际上，麦当劳员工的入职培训只有几个小时[①]，然后就直接开始煎肉做汉堡了。这并不是因为他们的工作很简单，而是因为麦当劳注重快速培训员工。另一方面，钢铁厂商的入职培训过程却相当冗长。改进其入职流程有望提高其业务成果，尤其是员工流动率高的职位。

亚马逊的部分服务采用按用量付费的模式，这成为钢铁厂商的另一个灵感来源。公司领导决定用这种商业模式做一些实验。他们发现，客户对于在钢卷冲压和切割过程中产生的废料非常不满。如果只按客户实际使用的材料收费，而不把废料计算在内，客户将愿意接受更高的价格。客户还希望钢铁厂商能回收他们产生的废料。这是一种双赢的做法，因为这些废料是质量非常高的资源。钢铁厂商可以将这些废料再次加工为钢卷，并且这比把原材料转化为钢卷要省事得多。

最重要的发现是，他们解决了客户未被识别和满足的需求。他们认识到，从其他商业模式中获取灵感可以让自己在市场中脱颖而出。

那么，这 55 种商业模式分别是什么？它们基于哪些原则？它们有什么意义？本书虽然不至于把圣加伦大学的整篇研究论文照搬过来，但会在表 16.2 中列出一些知名公司常用的商业模式。如果想了解更多相关信息，请上网搜索"The St. Gallen Business Model Navigator"。

表 16.2　可能带来启示的商业模式

公司	模式	说明
SAP	增值服务	核心产品定价很有竞争力，但如果需要增值服务和客户定制功能，价格就会提高
亚马逊	联盟	支持其他商家在平台上销售产品，并从每笔销售中收取费用。使客户能接触更广泛的潜在客户
任天堂	柔道	产品与行业常规截然不同：吸引新用户，由于行业的惯性，其他竞争者难以复制这种产品
易趣（eBay）	拍卖	以客户能接受的最高价格出售

[①] 这在很大程度上取决于具体的职位。

（续表）

公司	模式	说明
高明	流动	客户预付款，使风险和营运资金最小化
奇堡	交叉销售	通过增加与核心产品集成但没有直接竞争的产品或服务来获得额外收入
海狮合唱团（Marillion）①	众筹	利用众筹的方式来为创意筹集初期资金
美国航空	客户忠诚度	通过客户激励计划留住客户
调查猴子（Survey Monkey）	数字化	将现有产品转化为数字版本
美元剃刀俱乐部（Dollar Shave Club）②	直销	跳过中间商，直接向消费者销售
星巴克	体验式销售	通过产品连带提供的体验，它的价值得以增强。提升客户体验和价格
奈飞	固定费用	客户支付固定费用即可获得"无限量"的服务，而不是按使用量计费。客户不拥有产品
Skype	免费增值	产品提供一个免费的基础版本，并尝试驱动用户购买高级版本
丰田	零库存	在客户下订单后再按规格生产，影响着整个供应链
谷歌	用户即产品（流量）	提供免费服务，把用户的数据用作产品
ARM	许可证经营	开发知识产权，依赖第三方来生产产品
乐高	供应商锁定	一旦购买公司的产品，用户就被锁定在该公司的生态系统中脱离

① 译注：据查，全球第一场众筹商演是该乐队在 1997 年发起的，当时成功募集到资金 66 666 美元。

② 译注：2010 年创立，2016 年线上市场份额达到 51%（吉利只有 21.2%），是美国线上第一大剃须刀品牌。2019 年，以 10 亿美元的价格被联合利华收购。

（续表）

公司	模式	说明
易捷航空	无附加服务	只提供基本服务，通过低价来产生竞争力
红帽	开源	免费提供产品，通过提供咨询和支持服务来取得收益
Car2Go	按用量付费	客户仅按实际用量付费，尽管单次使用成本可能更高，但能够吸引那些讨厌浪费的客户
劳斯莱斯	绩效为本	通过为客户创造的绩效或成果来获取价值，有时产品仍然为供应商所有
吉列	剃刀和刀片模式	基础产品几乎免费，但能够创造对消耗品的持续需求
施乐	租赁与买断	客户租用产品，从而减少一次性花费，但租赁产品的费率更高
诺基亚	反向创新	简单廉价的产品，面向新兴市场
宜家	自助服务	价值创造的某些环节由客户来完成，从而降低价格并提高产品的感知价值
百思买	超市	提供大量低价商品，给予客户选择自由，减少购物时间
创意产品社区 Quirky[1]	用户设计	允许用户共同创造 / 设计产品
富士康	白标	允许其他企业在它们生产的产品上贴牌并销售，创造规模经济

　　来源：改编自 Oliver Gassmann、Karolin Frankenberger 和 Michaela Csik 的论文"圣加伦商业模式地图"（The St. Gallen Business Model Navigator），圣加伦大学 2013 年的论文，网址为 www.thegeniusworks.com/wp-content/uploads/2017/06/St-Gallen-Business-Model-Innovation-Paper.pdf。

[1] 译注：本·考夫曼创立于 2009 年，先后通过多轮融资募集到资金 1.8 亿美元，2015 年破产重组。Quirky 最成功的产品之一是 Pivot Power。可旋转插座板卖出近 70 万个，其创意草图的设计师杰克·赞恩没有任何电力学知识，其所有发明部分都由 Quirky 实现，2015 年，赞恩获得相关专利费收入超过 100 万美元。

16.3 对业务的影响

假设你已经找到一个值得解决的市场问题，并通过市场分析估算了它的市场规模，同时从其他公司那里获得了一些灵感。你看上去已经准备就绪，可以着手实施了，对吧？然而，导致产品负责人无法进入"实验者"姿态的的一个关键原因是，他们没有考虑到潜在的组织惯性。你可能还记得物理老师教的牛顿第一运动定律（又称惯性定律）：

一切物体在没有受到外力作用的时候，总保持匀速直线运动或静止状态。

物体保持静止状态或匀速直线运动状态的性质被称为惯性。这个基本物理定律也可以用来描述人和组织的行为。

所有组织都有惯性。被问及为什么以某种方式做事时，人们通常回答："我们一直都是这样做的。" 即使提出对某个小效率问题的改进方案，人们往往也会说："这不是个问题，只是我们长期以来的做事方式而已。"组织及其员工已经对这些惯例习以为常。任何推动变革的外部力量都可能引发反作用力。这个现象对变革推动者（如 Scrum Master 或敏捷教练）是常态，也体现在牛顿第三运动定律中：

每一个作用力都有一个相等的反作用力。

这也被称为作用力与反作用力，意味着两个物体的相互作用力总是大小相等、方向相反。这两个运动定律也反映了人类的两种倾向：一是我们不喜欢改变，因为改变通常是痛苦的、麻烦的或者消耗能量的；二是当我们被迫改变时，会产生抗拒心理。那么，这些定律能给我们带来什么样的帮助呢？当你从客户和市场那里获取了洞察和观察后，你可能感到有必要做出改变。因此，在下一节中，我们将探索商业模式的创新。

16.4　再探商业模式画布

第 13 章简要介绍了几种有助于建立产品愿景和策略的工具，商业模式画布就是其中之一。商业模式画布能够用于引导关于产品的有价值的对话，它不仅可以用来讨论一个设想中的产品的各个商业层面，也可以用于改善现有业务。

如果你决定加入一家新公司或开始管理公司内的另一款产品，创建商业模式画布就是一个很好的做法。它能帮助你更好地理解产品、公司、商业模式以及一些关键干系人或合作伙伴。通过和人们讨论你所创建的画布，你将能够验证假设、测试想法、了解自己是否真正理解了产品，以及可能暴露一些意见分歧。

另一个实用的做法是举办一个商业模式创新工作坊，邀请相关利益方参与，商业模式画布将在这里派上大用场。通过从其他公司身上获取灵感等方式，这样的工作坊将帮助你识别新的想法和潜在的产品变更。

人力和资源都是有限的，你不可能实现所有想法。如果决定在一个领域工作，就很难兼顾另一个领域的工作。商业模式创新工作坊中收集的想法，将影响面向客户的价值主张。这可能影响产品交付的价值和交付产品的方式（通过渠道或分销），甚至可能影响我们与客户的关系。这可能意味着顾此失彼，为了一个市场细分而放弃另一个市场细分。我们创造价值的关键活动、资产和资源可能会发生变化，同盟和合作关系、成本和收入流同样可能发生变动。总的来说，在考虑创新时，商业模式画布上的许多元素都可能发生变化。商业模式画布可以帮助识别这些潜在的变化，并规划一些初步实验。这对产品负责人很有帮助。

如果想进行重大的变革，就需要克服组织的惯性。虽然组织惯性有时让人觉得是阻碍，但它并不总是坏事，毕竟它是系统、组织及其人员保护自己免受伤害的一种方式。但如果想做出一些改变，最好沉住气，循序渐进，进行小规模的实验。让人们体验这种变化，看到并体会由此而来的成果。与其口头告诉人们该做什么，不如向他们展示前进的方向。解释为什么需要改变，以及如果不改变可能会怎样，同时也要对他们的回应持开放态度。毕竟，到目前为止，你所拥有的就只是一些想法和根据已知信息做出的假设。只有真正把产品交到客户手中，才意味着价值创造已经完成。那么，我们该如何向前迈进呢？答案是，尽早动手做实验！

第 17 章

选择要开展的产品实验

17.1 真相曲线：选择合适的实验和测试

语言是复杂的。我们经常发现人们难以解释"假设"（assumption）和"假说"（hypothesis）这两个词的含义，尤其是在解释两者之间的区别时。有些语言甚至根本没有合适的词汇来明确表达它们的微妙差异。在许多组织中，这些概念似乎都很抽象。"假设"指的是我们默认为真 / 成立的事情，即使没有能够支持它的证据。这可以是任何事物，从客户的预期行为、产品性能、最佳定价策略，到产品的颜色、界面设计、人们使用产品的时间等。

如果稍作思考，你可能就会发现自己的产品包含许多假设。有些假设比其他假设更容易验证，它们符合常识或者贴近人们普遍认可的观点。因此，并不是所有假设都需要测试。有些假设的风险很小，即使得到了验证也没有什么价值，那么何必考虑这些假设呢？有些假设的价值高且风险小，完全可以直接构建它们。还有一些假设具有高价值和高风险，应该专门对这些假设进行测试，因为它们可能对产品产生重大影响。为了验证假设，可以提出一个"假说"。

假说指的是基于有限证据提出的推论或解释，可以被用作进一步调查的起点。假说通过阐明我们的设想，为推理提供了基础。它为讨论如何测试这些假设、测试可能产生的成本以及如何定义成功留出了空间。假说往往通过一个明确的"假说声明"（hypothesis statement）来定义，这意味着它是可以明确表达、沟通和讨论的。

谷歌眼镜、苹果的掌上电脑牛顿、哈雷戴维森香水和福特埃德塞尔汽车有什么共同点吗？还真有，这些产品都是基于大量假设来制造的，最后都以失败告终。那么，我们怎样才能避免在没人要的东西上烧钱呢？这就是"真实曲线"闪亮登场的时候了！在 2013 年的 Qcon 软件开发大会上，吉夫·康斯特勃创造了"真相曲线"模型。该模型可以帮助我们在产品开发中做出有（时间和 / 或金钱上的）根据的投资决策。

让我们从一个想法开始说起，毕竟，所有伟大的产品都始于一个包含大量假设的想法。让我们看看"真相曲线"模型能带来哪些帮助，如图 17.1 所示。

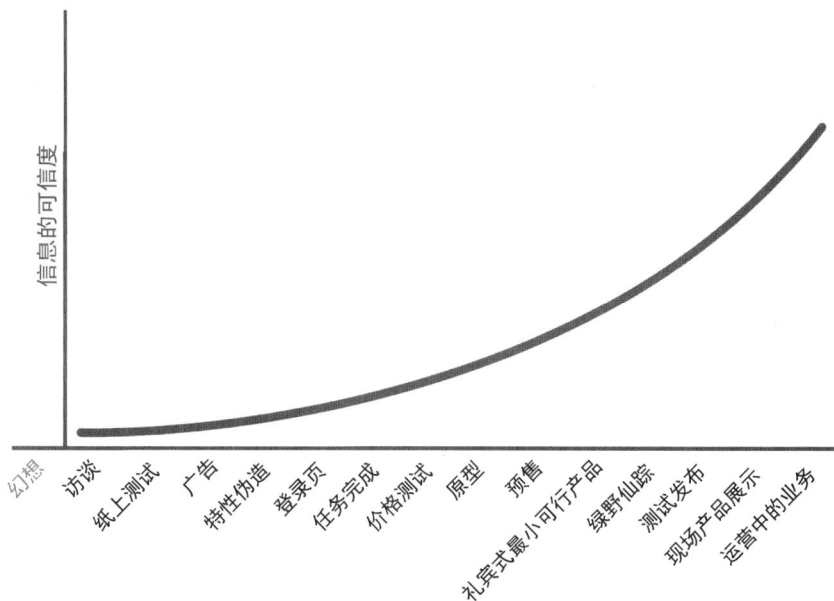

图 17.1   "真相曲线"模型

横轴表示产品的复杂度，或者你在产品开发上投入的时间和金钱。随着时间的推移，可以进行各种实验、工作、最小可行产品（MVP）和其他活动来开发产品。越靠近图表左侧的活动，成本越低。例如，进行一次访谈或观察可能只需要几小时到几天。越靠近图表右侧，比如构建MVP 或准备投入生产的产品时，时间成本可能增加到数周、数月甚至数年。在开发新的产品时，你需要快速学习。如果不能快速学习，那么你可能会置身于幻想之中。我们应该把大多数事情视为假设，并适当地抱持怀疑态度。

纵轴展示收集到的证据量，它体现了你对于所学到的知识的信任程度，需要注意的是，这个程度可能受到你的个人判断和视角的影响。唯一一个确定产品能否成功的方式是将其推向市场并度量相关的产品指标。当然，为了理解背后的原因，还需要进行定性研究，但定量指标足以反映实际情况。

为了快速学习和验证，可以从定性客户发展开始，进行一些轻量级的实验，例如纸原型测试、登录页、预售、礼宾式最小可行产品（MVP）、绿野仙踪测试等。我们稍后会详细解释这些内容，现在你只需要记住，要先从低成本实验的开始做起。不同类型的实验也会产生不同水平的可信度。换言之，它们为产品提供不同层次的证据。测试越基于实际体验（例如，在产品使用体验中观察用户的行为），其结果的可信度和代表性就越高。相反，在"真相曲线"模型中，产品开发阶段越是靠前（或图表的左侧），你就越需要在得出结论前筛选和分析自己观察学习到的内容。你可能已经注意到，图表左侧的一些早期测试和构建产品的方法无关，更着重于确认是否应该构建产品。换言之，曲线左侧关注的是问题空间和问题验证，而右侧关注的是产品空间和产品与市场契合度的验证。另一个需要考虑的视角是，实验有助于测试构成可行产品的 5P 假设。还记得吗？5 个 P 指问题、普遍性、定位、付费和可行性。通过各种实验验证 5P 后，你就可以进一步了解如何构建产品以及需要哪些技术资源了。

虽然可能有些过度侧重于技术，但我曾经这样对某个团队说：“我们必须大幅提升网站的速度、稳定性和可扩展性，因为每次访客大量涌入，就会导致现在的网站瘫痪。”几轮冲刺后，一位团队成员表达了他对他们试用新技术的兴奋之情。他们采用了与领英类似的架构，得到一个分布在三个国家能够支撑百万级用户的故障安全配置的解决方案。听起来很不错，只不过这个产品是一个每月约有 200 万访客的网上商城，而领英有 12 亿用户。

马修·戈弗雷为“真相曲线”模型提供了一个不同的视角（图 17.2），他替换了纵轴的刻度。这个刻度不是用来度量信息的可信度，而是用来表示人们愿意为产品的成功下多少赌注。你愿意赌上今天的午餐吗？赌上一天的工资呢？赌上你的汽车呢？甚至，赌上你的房子？你对这款产品的成功有多大的信心？下次当你拿公司的钱“下注”时，扪心自问并开始考虑多期小额投资而不是单次巨额投资，因为有的投资肯定会失败。

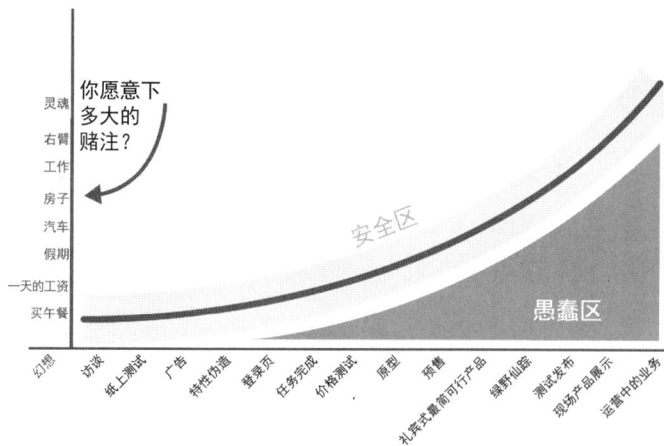

图 17.2　从下注的角度思考

17.2 实验技术详解

有很多关于实验和实验结果评估的优秀资源。本书将探索 7 种值得尝试的实验，并帮助你充分地了解它们，有一个良好的起点。本书也将留下足够的空间，让你可以通过更专业的资源来更深入地研究它们。我们发现，团队中用户体验（UX）技能强大的成员特别有价值。和产品负责人相比，他们通常更了解实验并且有更丰富的经验。有了这样的队友，你可以把与运行实验相关的工作委托给团队。如果公司里没有这样的人才，那么产品负责人可能需要亲自承担这方面的工作。下面几种实验技术及其具体说明如下：

- 纸原型；
- 预售页面；
- 讲解视频；
- 登录页；
- 特性伪造；
- 礼宾式 MVP；
- 绿野仙踪。

17.2.1 纸原型

通过纸原型，你可以用快速且经济实惠的方式创建、使用和测试可能的设计或解决方案。如图 17.3 所示，用几张纸和一支标记笔勾勒出一个产品或用户界面的草图。潜在客户可以通过"按压"纸上的按钮、菜单项等图标来与产品进行互动。根据他们所做的互动，他们将跳转到代表下一步流程的另一张纸（例如，用户界面中的下一个屏幕）。

通过提出这样的问题："你认为哪些元素最引人注目？""在这个界面上你会如何操作？"和"你还希望看到哪些功能？"来揭示产品及其设计做了哪些假设，从而无需构建一个精致、功能完备的版本。纸原型非常适合用来测试应用程序的流程以及用户与产品的互动和反应。

图 17.3   纸原型示例

17.2.2   预售页面

如图 17.4 所示，预售页面允许人们在产品或服务正式或公开发布前进行预订，使公司能够评估潜在客户对产品的兴趣。通过预售页面，你可以测试客户是否能通过识别产品旨在解决的问题来找到产品，以及他们是否感兴趣以至于想要提前预购。

图 17.4   简单的预售页面

2019 年，特斯拉推出一款新车，收到了超过 150 000 个订单。为了
得到首批量产的车，许多人支付了定金。这是测试新产品受欢迎程度的
绝佳方式。这个概念在游戏行业也得到了广泛采用。育碧、艺电（EA）、
微软和索尼等大公司都会在游戏正式发布的数月之前开始宣传并开放新
游戏和游戏机的预售。

17.2.3　讲解视频

讲解视频被公司用来解释产品或服务的工作原理（图 17.5）。制作
这种视频时，产品不需要有完善的功能。一个有效利用讲解视频的知名
公司是我们熟悉并喜爱的文件共享工具 Dropbox。在 Dropbox 创立初期，
它在寻找客户和投资者上遇到了困难。Dropbox 成立时，市场上已经有
很多文件共享方式，例如 FTP 服务，当时广受欢迎，但如果忘记设置二
进制模式，往往会导致文件损坏。还有微软 SharePoint，但那时它的功
能并不完善。总的来说，虽然并不完美，但市面上已经有了一些选择，
并且人们已经接受了现状，文件共享是一种复杂的产品。

图 17.5　Dropbox 应用讲解视频来验证假设

Dropbox 在 YouTube 上发布了一个讲解视频，由公司创始人德鲁·休斯顿向新用户介绍该产品。他展示了使用 Dropbox 安装和设置产品、同步文件有多么简单，这很快引起了公众的兴趣。这个讲解视频展示了 Dropbox 流畅的使用体验，以及用户在自己的电脑上进行更改后，这些更改会直接同步到网上。这个视频的发布使得 Dropbox 的内测名单一夜之间从 5000 人飙升到了 75 000 人。

17.2.4 登录页

登录页实验是对产品（或产品理念）进行简单介绍。登录页展示了待解决问题的概述、产品的独特价值主张、可能包含的几个关键特性、行动号召以及转化机制。图 17.6 是一个登录页示例。

图 17.6   登录页示例

如前所述，预售页面主要用于销售产品。另一方面，登录页则常用于测试和验证市场兴趣。登录页也可以作为预售页面使用，但在数字营销中，登录页通常是独立的网页，使公司能够建立潜在客户的营销漏斗。它通常是专门为营销或广告活动创建的。在访客单击电子邮件中的链接或单击互联网上的广告后，来到的地方就是登录页。

例如，如果你的产品是培训课程，那么登录页可以提供对课程的整体概述，还可以提供指向关于该主题的额外信息的链接，例如博客、网络研讨会、视频、音频和播客等。我们在 2019 年推出"专业 Scrum 产品负责人高级课程"时就采用了这种方法。我们制作了一个简洁的单页网站，其中包含课程信息、宣传册、培训的开始日期和一个简短的视频。我们能够借此来评估市场兴趣并找到培训产品的一些早期采用者。

17.2.5 特性伪造

特性伪造实验，也被称为"假门测试"，如图 17.7 所示，它指的是向用户提供一个伪造的特性，以便在实际开发之前测试用户对该特性的兴趣。用户单击按钮或链接后，会发现这个按钮或链接并没有任何实际作用。单击伪造的特性就像是打开一扇门却发现门后是一堵墙。特性伪造技术是一种用于测试想法的简单实验，经常用在现有产品或服务中。

图 17.7　特性伪造（或称假门实验）展示一扇门，但门后什么也没有

举例来说，美国银行就使用这种技术来测试客户是否会用移动应用来挂失信用卡。公司在移动应用中添加了一个"挂失信用卡"的选项，一旦用户单击该选项，就会弹出一个窗口，解释说目前尚不能通过移动

应用来挂失信用卡。作为替代，他们可以单击弹出窗口中的电话号码直接联系客服。这个伪造特性让用户能更方便地联系银行，也让美国银行能采集到关于特性使用频率的数据，以评估该特性是否真正值得构建到应用中。

当然，你肯定不想让产品充满伪造的特性——这会导致使用体验非常糟糕。但从小处着手，用这种方式来测试想法可能非常有帮助。如果要使用这一技术，请务必跟踪使用情况并采集和分析数据。不要让用户做无用功，要为他们提供一种替代性解决方案（就像美国银行在弹窗中提供客服电话那样）。

有次在为客户开发新的电子商务平台时，我们发现无法同时实现所有支付方式。我们需要决定它们的构建顺序，于是决定使用特性伪造的方式来模拟信用卡支付选项，同时给用户提供一些替代支付方式。我们在平台上跟踪了各种支付方式的点击和使用频率，因此在下一次冲刺评审会议时，我们便能够呈现实际使用数据和失去的订单的价值。追踪这些数据使我们能够衡量用户对替代支付方式的兴趣，并在下一步行动决策时从经济价值的角度评估这些方法的价值。

17.2.6　礼宾式 MVP

礼宾式 MVP 实验（图 17.8）指的是手动帮助用户实现他们的目标。这种技术被用于验证用户是否需要某项服务。在礼宾式 MVP 中，所有的特性和功能都是由人工执行的。在这个实验中，不需要真正构建产品，而是通过人与人之间的互动来模拟产品的功能。

Food on the Table 公司早期就使用了这种技术。这家公司由曼努埃尔·罗索创立，用户可以运用该公司的产品来根据个人需求和偏好量身定制购物清单。在公司成立之初，曼努埃尔甚至没有任何成熟的产品或网站。他采用面对面的方式向购物者销售自己的服务，每月收费 10 美元。通过这些互动，他为客户制作了食谱和购物清单，并陪同他们去超市购物。

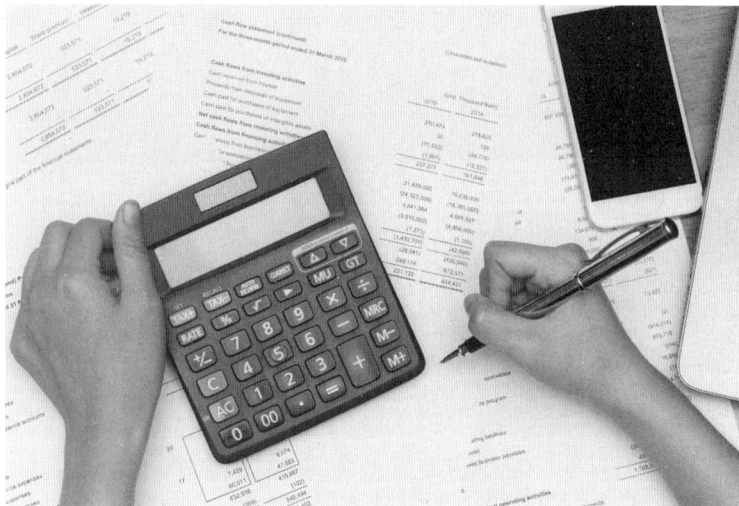

图 17.8　有时，使用表格或计算器就足以验证想法和假设

请注意，在这个例子中，所有工作都是人工完成的，不涉及任何产品自动化或工作自动化。因此，这种实验有一个明显的缺点是可扩展性不佳。为了使产品更具扩展性、更有效和高效，仍然需要构建真正的产品。但这种技术可以让你在构建产品之前学到很多。另外，由于礼宾式服务是由个人提供的个性化服务，实验结果可能会因为服务人员的受欢迎程度而产生偏差。

直接与潜在客户和用户进行互动是一个重大的优势。例如，通过亲自为客户制定购物清单，曼努埃尔了解了如何在购物清单服务中融合过敏、饮食偏好和健康目标。另一个优势是，你可以等到完成问题、市场和产品验证之后，再投入大量资金做产品。

17.2.7　绿野仙踪

如果你还没看过《绿野仙踪》的话，请谨慎阅读下文，有剧透！

电影揭示的真相是，所谓的巫师实际上是一个藏在幕后操作拉杆的老人，而那个吓人的绿色大头不过是一个幻象而已。

和电影中的幻象一样，绿野仙踪式 MVP 表面上给人一种产品或服务已经功能齐备的错觉。客户和用户并不知道大部分后台工作实际上是由人工完成的。绿野仙踪实验可以帮助你在只构建部分产品的情况下了解如何更好地提供服务。

绿野仙踪实验的一个典型案例来自美捷步（Zappos），如图 17.9 所示。美捷步在 2009 年被亚马逊以 12 亿美元的价格收购，但它的起点其实非常低。一开始，公司联合创始人谢家华和尼克·斯温莫恩只是想测试一下自己的假设：人们愿不愿意在不试穿的情况下在网上买鞋子。为了验证这个想法，他走访了多家本地鞋店，给店里的鞋子拍照，然后发布到网上。当有人通过他的网站订购鞋子之后，斯温莫恩就回到对应的鞋店，买下这双鞋，然后把它们寄给客户。客户完全不知道斯温莫恩并没有任何鞋子的库存，所有订单都是人工处理的。

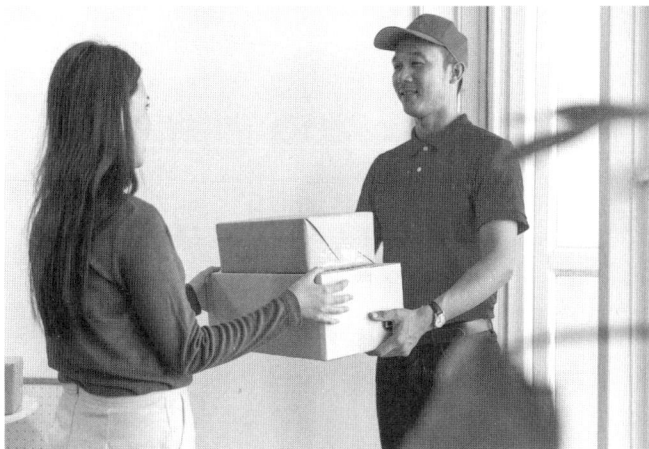

图 17.9　美捷步应用了绿野仙踪实验方法

这个 MVP 表面上是一个功能完备的系统，但实际上，所有本该由系统自动完成的任务都是人工完成的。绿野仙踪式 MVP 的优势在于：相比直接构建一个功能完备的系统，用人工来模拟运行中的系统要便宜得多，而且还能更快地了解系统应该如何运行。但这个实验的一个缺点是，它需要有人在幕后完成所有工作。这在短期内可能成本更高，也比较缺乏可扩展性，但它可以有效验证对产品和服务的假设。

第 18 章

如何设计和评估实验与测试

对想法与假设进行实验和验证非常重要，但也不能做得太过火。不知不觉中，一些团队可能会把所有事情都变成实验。只做实验不一定能创造价值，把每件事都当成实验的话，可能无异于盲目构建一切并寄希望于撞大运。因此，为了确保能从中学到东西，我们需要在动手实验之前考虑几个要点。

埃里克·莱斯提出了"会计创新"（innovation accounting）这个术语，以强调实验不是做完了就万事大吉，还要对其结果进行核算。产品负责人负责价值最大化，而实验可以通过降低风险来帮助创造价值。那么，何不事先明确自己想要降低哪些风险，并记录到目前为止已经消除的风险和学到的内容呢？

18.1 定义假设

Strategyzer 公司专注于培训和咨询，尤其擅长创建商业模型、设计价值主张和测试商业想法。它创建了一个实用的模板，用于捕捉实验或测试的核心要素。虽然还有许多可用的工具、模板和技术，但经过实践，我们发现测试卡是一个非常有价值的工具。

Strategyzer 测试卡（图 18.1）这样的假说通常从一个假设开始，即你认定的某件事。这个假设会涉及特定的人物角色或目标受众，他们展示出特定的行为并产生特定的结果。需要注意的是，这些行为通常是可以观察的，能进行测量和统计。

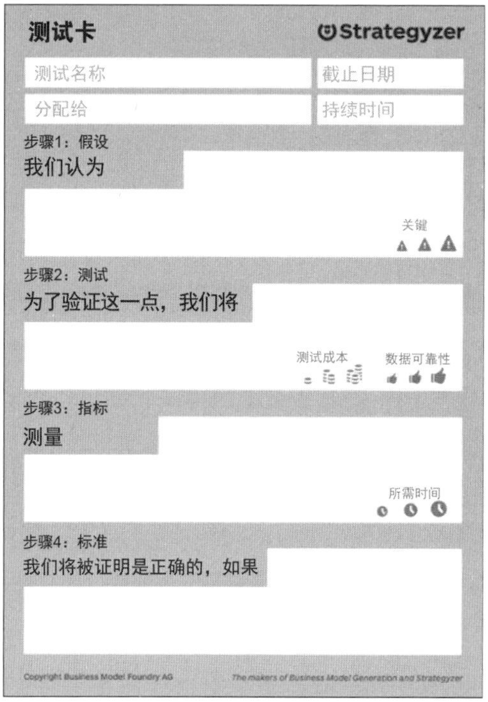

图 18.1　Strategyzer 测试卡

因此，测试卡的第 1 步通常是给出下面这样的描述：

> 我们相信 < 特定的人物角色 > 会 < 展示特定的行为 >，以实现 < 特定的理由 / 需求 >。

测试卡的第 2 步是描述要做的实验。你需要根据假设和信念来开展特定的实验。实验的类型没有什么限制，可以参考一下第 17 章中列出的不同实验技术。在挑选合适的实验时，请回想一下这一章讨论的"真相曲线"。最好选择一个与当前可信度水平相符的实验。换句话说，如果还不确定产品与市场的契合度，最好先不要建立最小可行产品（MVP）。产品市场契合度可以通过与客户交谈或观察来确定。

第 3 步是测量实验的成功与否。我们不想只做实验而不从中学习。实验和测试的目的是学习！所以，请通过列出一到三个可操作的指标来描述你将如何度量成功。

第 4 步是为第 3 步中定义的指标设定目标。如果实验目的是提高点击率，那么简单写上“提高点击率”是不够的。你是想要增加 10 次点击吗？还是想让点击率增加 10%？或者，你想让当前点击率翻倍？具体目标是什么？如果没有这样的标准，实验只能测量某件事是否会发生，而这种测量没有什么价值，毕竟实验过程中总会发生一些事的。

在设计测试和实验时，建议与他人进行合作。与团队成员共同努力，并让所有干系人都参与其中。你可以先让每个人独自填写测试卡或假设，然后再相互比较、讨论并从中学习。发现了有趣的差异？太好了！想象一下，如果团队在持有不同假设的情况下开始进行实验会怎样。测试卡是启动对话的实用工具，因为一起填写测试卡时，一些隐藏的假设会显露出来。它还会让实验更加具体，因为一些想法是大家共同写下的。使用这些测试卡来促进讨论，让干系人和开发人员保持一致。

18.2　总结学习成果

在敏捷、UX 和精益问世之前，我们在产品管理和产品开发中经常做大量项目管理工作。直至今日，项目管理仍然有着广泛的应用（例如在建筑项目中），而这是有充分理由的。

传统项目管理中的一种实践是编写“经验教训”文档。[①] 这在我们过去参与的项目中发挥了很大的作用。思考下一次如何做得更好总是很有价值的。但在大多数公司中，这个实践只在项目结束时开展，并且这份

---

① 编注：详情可参见《代码大全 2》作者史蒂夫·麦康奈尔的另一本著作《软件项目的艺术》。

文档最终的结局是往往会被束之高阁，在项目完成之后就无人问津了。

在应用"专业 Scrum"的 Scrum 团队中，这些学习成果会被更频繁地记录下来。通过召开冲刺回顾会议，Scrum 团队在每个冲刺结束时都能学到新的知识，并致力于持续改进。这些信息将在未来的冲刺中得到应用。一个有用的实践是从冲刺回顾会议中选出一个改进点，并将其放在下一轮冲刺的待办事项列表的顶端。

因此，学习过程可以（也应该）明确记录下来。我们会为客户填写 Strategyzer 学习卡（图 18.2），以记录通过实验获得的学习成果。我们会把这些学习成果贴到产品墙上，把所有信息集中于一处。有时，整面墙都被这些学习卡占满了。当我们打算开展新的实验、检查我们已经测试过的某些内容或者需要重新考虑下一步时，就只需要走到墙前看看这些卡片。把所有的测试和学习成果进行可视化，对用户和干系人来说也是极具吸引力的，因为它展示和说明了我们是如何通过不断测试、学习和探索来最大化产品价值的。

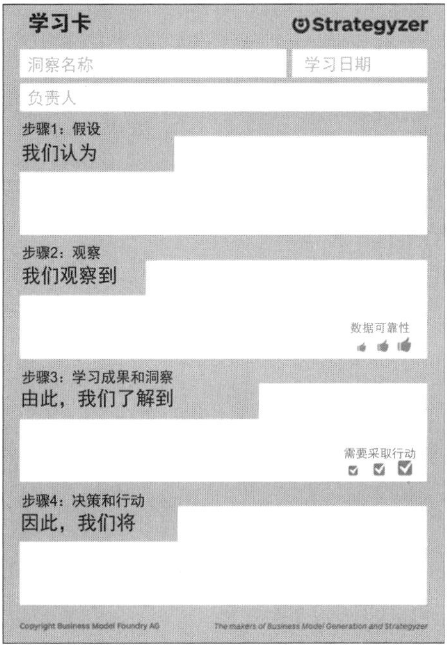

图 18.2　Strategyzer 学习卡

第 19 章

适用于成功产品和团队的规模化手段

19.1 人员和团队的规模化手段

我们在许多组织中观察到一种常见的情况。高层领导,比如 CEO,经常这么说:"我们有 70 人在做这个产品。既然决定采用 Scrum,就需要把他们组织成独立的团队。"这句话有很多值得深究的地方,但我们决定站在产品的整体视角来看待 CEO 的这句话。我们问:"你真的需要70 个人来做产品吗?" CEO 回答说:"嗯,我不确定,但现在做这个产品的就是这么多人,如果减少人手的话,进度想必会变慢吧。"

在许多组织中,规模化通常不会被视为一种实验。当这些组织为了提升敏捷性或其他益处而采纳 Scrum 时,他们经常采用"复制粘贴"的方法。例如,当他们看到同行中其他的公司采用 Spotify 模型时,可能会尝试效仿。当他们在规模化敏捷框架(scaled agile framework,SAFe)中识别出自己现有的角色、职位和结构,就认为实施 SAFe 框架(或是Spotify 模型,或其他某个模型)会帮助他们更敏捷。他们期望这种复制粘贴的做法能够完美见效,但事实往往并非如此。大多数时候,这种做法会创造出新的、更复杂的问题,或者加剧现有的问题。即使复制粘贴的方式有效,规模化往往也会引入一系列新的问题和挑战。

案例研究：哪里出了问题？

WORLD NEWS

出场人物：诺亚和爱子

爱子是 IT 经理，兼任诺亚的直属上司，她怀疑地看着诺亚。只见她摇了摇头，决定再次尝试说服诺亚："听着，我们需要更快地开发和发布新特性，所以我联系了之前帮助过我们的那家近岸外包公司。他们肯定可以帮助我们提高速度并取得更多的进展。"

诺亚不确定怎么回答她。能够更快地完成工作当然是好事，她之前也一直对产品增量发布到市场的速度颇有微词。找到客户的需求确实是个艰巨的任务，他们的大多数实验都失败了，因而也没有花费人力物力去构建无用的产品和特性。

"爱子，我不认为单纯增加人手能让我们的速度显著提高……"诺亚开口说道。

爱子摇了摇头，打断了她："举个例子，如果我需要印刷两倍数量的杂志，那么再加一台印刷机就能解决问题。你的团队现在每两周发布一次软件，所以如果再增加两个团队，就可以将时间轻松地减半。"

"但是，爱子，我们的工作并不像印刷杂志那么简单，"诺亚反驳道，"想象一下，如果杂志内容总是有所不同，你要怎么印刷？如果每批杂志打印出来后，还必须对它们进行多次更改呢？如果你需要专门定制新的印刷机，而负责制造印刷机的人和印刷杂志的人之前从未合作过，那他们的效率能有多高呢？显然，增加人手只会延缓进程。"

意识到自己使用的比喻没有起到帮助，爱子摇了摇头，有些不耐烦地说："你接下来是不是要说，如果缩小团队规模，我们就能加速了？"

诺亚心想："你还真别说……"

让新的团队加入产品开发，往往会导致收益递减。有时，这种做法会带来额外的依赖关系、单点故障、沟通障碍、协调需求，最终引起更多的混乱而不是解决问题，这通常会使整个项目失控。规模化的一个大问题是，它通常不被视为实验，而是被视为有预定输出的活动。但实际上，有效地进行规模化是一个复杂的挑战，这个过程依赖于具体情境，不能从别的组织那里简单照搬。因此，我们应该通过实验来探索在特定环境下如何进行规模化。在定义这些实验时，可以应用第 18 章中讨论的 Strategyzer 测试卡和学习卡。下面是一些例子。[①]

- 我们认为，通过为现有团队增加人手，我们可以自然地扩大团队规模。新成员一旦适应了工作——这可以通过他们完成任务的平均时间来度量——我们就可以再增加一个新成员，同时确保交付的价值不至于减少，价值可以通过<指标>来度量。
- 我们认为，我们的高级开发人员可以带两个人，并让他们在 4 个冲刺内成长到足以自信组建自己团队的水平。我们将通过验证他们设计、实施和推出 XYZ 特性的能力来确认这个假设。
- 我们认为，将团队规模减少到三人将使我们在更短的时间内交付更多价值，这可以通过<指标>来衡量。
- 我们认为，通过为数字产品设置一个产品负责人，并让这位产品负责人与 5 个数字产品团队合作，可以提高决策速度、改善依赖关系，并增加每个冲刺产生的价值。为了验证这个假设，我们将在接下来的两个冲刺中进行实验，把产品负责人的数量从现有的 5 个减少到 1 个，并令其负责 5 个团队。我们将度量<指标>，如果<条件>成立，就说明我们的假设是正确的。

请注意，上述每一个关于规模化的实验都被定义为一个具有预期成果和可度量结果的测试。我们可以检查实验结果并对实验进行调整，以在自己特定的处境中做出由数据驱动的决策。

---

① 这些例子改编自杰西·豪威在 Scrum.org 发表的文章，文中讨论了如何将 Scrum 规模化到极致，此文发布于 2018 年 10 月 26 日，链接为 https://www.scrum.org/resources/blog/scaling-scrum-limit。

> 在产品开发中，没有所谓的最佳实践，只有适用于特定处境中的实践。
>
> ——克雷·拉蒙和巴斯·沃德 [1]

对产品负责人来说，规模化带来了一些独特的挑战。

- 随着人数越来越多，与所有开发人员保持密切的关系变得愈发困难。
- 多个团队做同一个产品，其后果可能是需要花更多时间来理解技术带来的问题和机遇。
- 清晰表达产品待办事项列表中的每个待办事项不是一个人就能完成的。这个过程涉及互动、讨论、提问及回答。让每个人都理解待解决的问题需要一定的时间，但一旦上了规模，就没有太多机会让人们进行充分的沟通。
- 产品待办事项列表的排序基于多种因素，例如价值、风险、机会、时机和依赖关系等。当多个团队共用一个产品待办事项列表时，很难让每个人都有事干。对此，很多人都很在意，但仔细想想，让每个人都在忙真的是成为优秀产品负责人的关键吗？
- 对于愿景、战略和目标，很难保持透明并让所有参与人都透彻理解。

那么，如何有效地应对这些挑战呢？让我们先探讨一下许多组织中常见的反模式，然后再深入了解一些替代方案。

19.2　人员和团队规模化的典型反模式

通常，当一个产品取得初步成功并开始迅速发展而需要向团队增加更多人手时，一个常见的规模化反模式就会提上日程。请记住，你的处境是特别且独一无二的，因此下面的故事不一定适合你。但不管怎

---

[1] 参见 https://less.works/less/framework/introduction#ExperimentsGuidesRulesPrinciples。

样，你可能都会觉得这个例子似曾相识。图 19.1 以图的形式展示这个故事。

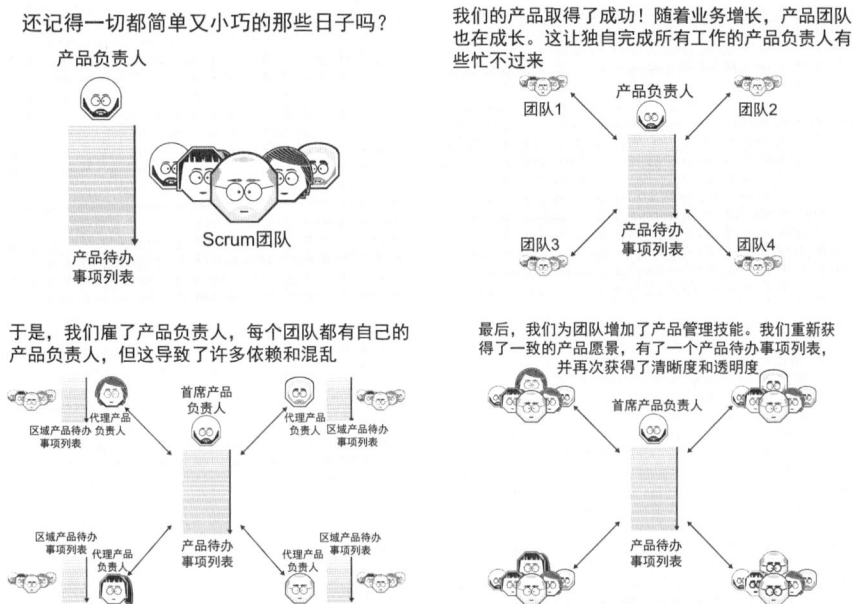

图 19.1　规模化的典型模式（或者说，反模式）

假设你是唯一的产品负责人，你拥有并管理着一款产品。你有一个合作 Scrum 团队并有一个产品待办事项列表需要管理。一切进展顺利。产品和团队取得一些初步成果之后，你获得了额外的资金支持。于是，你开始考虑招聘更多开发人员。假设你的确这么做了，现在，你这个产品有 4 个开发团队。

你仍然是唯一的产品负责人，而且你开始觉得有些不堪重负。开发人员问了你很多问题。你需要向他们详细解释愿景、战略、目标以及待构建特性的相关信息。你和干系人的会面更频繁了，而且你需要花更多时间和开发人员一起梳理产品待办事项列表。直到有一天，你听到有人说："每个团队都需要一个产品负责人。"于是，你决定为每个团队聘请一个（经验较少的）产品负责人。现在，这些产品负责人成为你与各个团队进行沟通的桥梁。

你原本以为增加更多产品负责人会使自己的工作变得更轻松，但实际上却出现了新的问题。你意识到自己越来越难以高效地使用时间。你发现自己奔波于两个任务之间：一个是与干系人交流，另一个是向新的代理产品负责人传授关于产品、客户问题、市场以及自己愿景和战略的知识。

此外，你还注意到团队中的紧张氛围正在扩散。团队让代理产品负责人有些不堪重负，因为团队已经习惯了与你这位具有远见、代表客户、合作精神和决策能力的产品负责人交流，而代理产品负责人还没有达到你的境界和高度。团队反映，他们的速度变慢了、依赖关系加重了并且出现了集成问题。

为了提高待办事项的可见度，每个代理产品负责人都为自己的团队创建了一个团队级产品待办事项列表，而你现在负责管理总体的产品待办事项列表。结果，你现在还需要花大量时间对产品待办事项列表和团队产品待办事项列表进行协调和同步。此外，还必须将团队路线图与整体产品路线图整合起来。这导致犯错的概率增加了，你召开了更多会议来进行沟通和对齐，但紧张的氛围仍在加剧。团队和干系人反复表示："我们需要更有经验的产品负责人。"

听起来是不是很熟悉？在过去 10 年里，我们受邀协助过许多组织，其中大部分组织都遇到了类似的问题。许多公司在采用 Scrum 时都抱有错误的理念，比如："每个 Scrum 团队都需要一个产品负责人。"然而，事实可能截然相反。在许多情况下，产品负责人都需要独自管理多个团队，复杂的大型项目尤其如此。由于许多组织的系统和架构已经非常复杂，因此在这个基础上增加更多的复杂性（例如增加多个产品负责人）只会导致混乱，根本无法简化流程。所以，一般情况下，为大型产品配备多名产品负责人并没有太大帮助。

19.3　人员和团队规模化的更优解

正如我们之前所说的，你的情况是独一无二的，而且可能相当复杂。万能的解决方案是不存在的。之所以把规模化归入产品负责人的"实验者"姿态这个部分，是因为你需要在自己的具体场景中做实验，以了解哪种方法最有效。在这个过程中，下面几个因素需要考虑。

- 简单化——只保留一个产品待办事项列表，弃用团队级待办事项列表。一个产品有多个待办事项列表会导致依赖关系，需要频繁对齐和同步，这只会导致复杂性不减反增。如果只维护一个用于解决问题和满足客户需求的产品待办事项列表，并让产品负责人负责给待办事项排序，就可以让团队更专注于成果，而非只关注输出。

- 只维护一个产品待办事项列表的话，还能增加透明度，明确产品的发展方向和产品目标，让团队勠力同心。每个团队都能思考："我们如何为实现目标做出贡献？"

- 让开发人员负责产品管理。识别出最有潜力的代理产品负责人，并让他们成为产品负责人的学徒。但不要把这个人称作产品负责人或产品负责人学徒。他们不是产品负责人，他们只是在向产品负责人学习。尽管这些人在处理与产品管理相关的工作，但在他们成为合格的产品负责人之前，最好将他们视为参与产品创造过程的开发人员。

Scrum 使用"开发人员"一词来指代对产品创造做出贡献的人。根据我们的经验，这个术语比较让人困惑，因为"开发人员"通常用来指代创建软件或代码的人，即软件工程师。然而在 Scrum 的语境中，开发人员角色并不限于软件工程。Scrum 中的开发人员可以是任何拥有构建、销售、市场推广或交付产品所需的技能的人。因此，在 Scrum 中，可以将开发人员视为"产品开发人员"。

　　因此，学徒可以作为开发人员帮助 Scrum 团队。他们是（产品）开发人员群体的一员，但他们的重心不是编写软件、代码或测试，而是产品管理。例如，他们为 Scrum 团队做贡献的方式可能是定期与客户交流、进行竞争对手和市场研究、主持 / 引导设计或解决问题的研讨会、进行数据分析和演示或执行其他产品管理活动。

　　和其他学徒的模式一样，产品负责人学徒应该有一个明确的学习路径，并在产品负责人的监督下承担特定的任务和责任。他们将来可能会管理自己的产品，但现在，他们只是专注于产品管理，是 Scrum 团队中有产品管理技能的开发人员。

　　这种安排的一个重要目标是创建、自我管理的团队。只要 Scrum 团队成为成熟、高效、自我管理的团队，就能够处理更广泛的问题。他们能够直接与客户和用户互动，主动寻找需要解决的问题，并确定要做哪些实验。

　　思考一下这个问题：我是在为团队提供需要解决的问题，还是在分配需要完成的任务？如果你更偏向于分配任务，那么规模化可能不是个明智的选择。在这种情况下，就不要通过规模化来加剧复杂性。首先组建一个自我管理的团队，然后根据需要考虑规模化。

19.4　产品和服务的规模化手段

　　在一次播客中，我们与一大群产品负责人和产品经理讨论了如何实现产品或服务的规模化。我们向他们展示了如图 19.2 所示的三张道路交通图片。然后，我们问他们哪张图片最能代表规模化以及为什么。有趣的是，我们得到了一些不同的答案。

图 19.2　哪张图片最能代表你心目中的规模化

一些人表示，展示十字路口水泄不通的方图最能代表规模化，因为它展现了彻底的混乱。他们认为规模化就是有许多个团队、诸多利益、多样化的产品以及成百上千的人员在大小不一的团队中努力推进各自的目标，却在过程中妨碍了其他人。对他们来说，规模化就像一盘意大利面——杂乱无章、一团乱麻。

另一些人觉得中图最能代表规模化。它展示一个巨大的高速公路和道路交会处，这是美国许多城市附近极为常见。即使没有亲眼见过，你肯定也在电影中看过这样的场景。这些庞大的交会处由 6 条或更多的车道、上下车道、立交桥等设施组成。它们是为了解决交通问题而建造的，但在许多情况下，交通问题仍然存在。那些认为这张图片最能代表规模化的人表示，为了进行规模化，建立了大量的基础设施，举行了许多会议和对齐会议，并在工作流程中加入了新的实践。换句话说，他们的组织创建了一个非常复杂的结构和工作方式，让问题变得更棘手了。他们对复杂问题采用了一个更加复杂的解决方案。

右图描绘了一条穿越森林的笔直而空旷的道路，只有少数人选择了这张图片。但对我们来说，它是最贴切的比喻。规模化的重点是简化，而不是增加层次和复杂的结构。规模化的目的是使事情简单化、提高价值流动和稳定速度。因此，在大多数情况下，产品负责人要考虑的是如何适当地缩小规模，而不是无止尽地扩大规模。

不要增加复杂性，也不要用复杂的解决方案来对抗复杂性，要找到简单的办法。致力于回归基础，关注真正重要的事情，优化价值交付。

19.5　先关注产品，再关注人员和团队

在公司有了很多员工之后，人们往往会开始关注规模化的问题。他们主要讨论的是如何扩大团队规模、增加产能以及如何有效地把这些员工组织成团队。尤其是对敏捷教练和 Scrum Master 而言，规模化似乎是他们最关心的问题之一，因为他们的视角使得他们更关注人员和流程方面的变化

和调整。如何培养一个积极向上的团队？如何处理稀缺的技能？如何确定团队的工作节奏？团队如何把他们的工作整合到一个产品增量中？

管理者和公司高管在谈论规模化时，经常强调对齐的重要性。如何确保每个人都在做正确的事情？大家的忙碌是否有价值？我们能做出哪些预测？哪些目标没能达成，为什么？需要管理哪些依赖关系？我们能向客户和董事会做出哪些承诺？

我们很少讨论规模化的第三个视角，也就是产品人应该关注的产品本身的规模化。站在这个视角上，我们讨论的不是如何在团队中组织人员、对齐工作或管理依赖关系，而是如何规模化产品本身。比如，如何增加收入或影响客户？如何将产品扩展到新的市场？如何在不增加复杂性或成本的情况下提高效率？举个例子，如果构建得当，软件即服务（SaaS）产品的规模化往往可以非常顺畅。

那为什么我们不讨论产品的规模化呢？可能因为我们是一个大型组织，更需要能够用来结构化员工协作的框架。也可能是因为我们更想要解决组织中流程、工具、产品和其他结构上的复杂性。面对复杂问题时，组织往往倾向于开发同样复杂的解决方案。很多组织都受累于不同团队之间的依赖关系、过度依赖产品负责人的知识和经验以及决策缓慢等问题。

因此，在讨论规模化时，确保大家的视角一致。大家讨论的是不是同一类型的规模化？一个有趣的发现是，大多数人在讨论这个话题时会提到像 LeSS、Nexus 和 SAFe 这样的规模化框架。但作为产品人，我们最应该关心的是产品的规模化，为什么要花那么多时间讨论这些框架，而不是讨论如何有效地规模化产品？

19.6 8 种有效的产品规模化策略

接下来，我们将探索 8 种可以用来规模化产品的策略。图 19.3 展示了这几种策略。

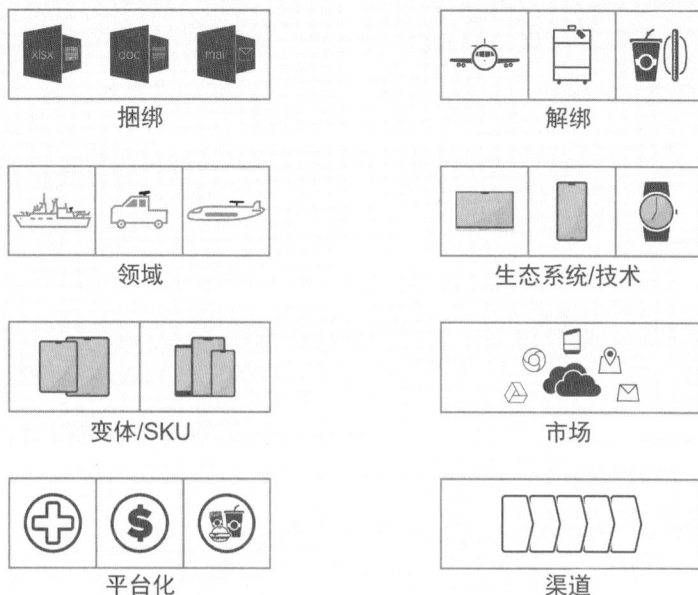

图 19.3　8 种有效的产品规模化策略

1992 年，微软发布了 Microsoft Office 的第一个版本。为什么呢？并不是因为客户表达了对它的需求。Excel 已经在市场上击败了 Lotus123，但 Word 在与 WordPerfect 的竞争中却处境艰难。微软通过捆绑多个产品，创建了一个不需要太多额外工作就能设置的产品线，为客户提供了独一无二的价值主张。如果你已经在用 Excel，那么使用 Word 是不是很自然的选择呢？之后，微软一直使用这种捆绑策略来实现产品的规模化。其他使用这种规模化策略的产品还包括 Adobe、麦当劳、汉堡王以及提供一站式互联网、电视和电话服务的供应商。

时间快进三年，易捷航空公司采取的策略则完全相反。它将航空旅行这种豪华商品的服务简化到只保留基本要素，使产品变得更加小而美。你仍然可以获得额外的服务和便利设施，但它们现在是需要额外购买的"真正"的产品。这种规模化产品的方式通常称为"解绑"。廉价航空、旅游和酒店预订网站以及汽车制造商都采用了这种策略。

你注意过荷兰皇家海军护卫舰背后那个大大的黑盒子吗？那是一个SMART-L 长距离弹道导弹探测器。把护卫舰停放在合适的位置可以防御来自太空的导弹威胁。很棒的产品，对吧？但问题是，护卫舰可不是想停在哪儿就能停在哪儿的，因为地球上有个叫"陆地"的地方。因此，泰雷兹集团（这种策略的创造者）选择将产品划分到不同的领域中。仿照SMART-L 雷达，他们也开发了一款基于陆地的 L 波段雷达。泰雷兹将其视为一个独立的产品。通过将产品划分为不同的领域，公司能够在共享相同技术的同时，根据不同的参数和变量优化产品。这有助于简化一个极其复杂的产品。

我们也可以根据设计的技术来规模化产品。有的人可能认为，为所有部署平台维护同一个代码库会比较好。但艺电开发的热门游戏《模拟人生》证明，在不同平台上创造独特的体验有巨大的价值。通过这种方式，你可以针对不同目标受众、行业或客户体验来规模化产品。

TomTom 起初只有一个产品，即放在汽车仪表板上的标志性"导航盒"。在几年的时间里，他们制造出许多不同的变体或 SKU，每个都针对一个特定的细分市场。公司内部的产品甚至有更多变体，因为一些产品使用了不同的硬件，并且有多个供应商。诚然，这增加了 TomTom 产品组合的复杂性，但它也为团队创造了提出独特解决方案的机会。

平台化策略是创建产品变体的一种相反的策略。采用平台化策略时，各种产品组件会被整合到一个平台中。这类产品的例子包括亚马逊AWS、谷歌云和 Facebook（现 Meta）。这些产品既可以在公司内部作为平台使用，也可以作为产品对外销售。这种产品的产品经理经常需要思考一个问题："我们能从产品中移除什么？"构建平台型产品有助于减少依赖关系，实现更简单、更标准化的集成，并提供新的商业机会。

为了开发新市场，加拿大一家机器人公司的策略导向从工业机器人转向了自动化自主机器人，以瞄准新市场。公司利用其知识、经验和技术构建了仓库机器人。它在简单的工业机器人基础上融合了数据处理、人工智能以及机器学习等先进技术，构建出能够进行智能化仓库作业的

"员工"（机器人）。这些不知疲倦的机器人员工能够使用机器学习算法来预测未来几周的产品订购趋势。它们甚至还能自动给人类让路。

最后一种规模化产品的策略可以在 Picnic 公司中看到。Picnic 是一家提供杂货配送服务的公司，它之所以取得了巨大的成功，是因为它整合了整个供应链，并直接面向消费者。这种规模化方式的特点是，供应链中的风险和利润空间被纳入产品的盈亏。这种方式被称为"渠道规模化策略"。

19.7 产品负责人如何推动产品的规模化

在大公司中工作时，你可能觉得自己只是一架庞大的机器上一个小小的螺丝钉。但如果把产品负责人看作是引擎中产生火花的火花塞，其作用就显得非常关键。优秀的产品负责人对产品本身、客户和用户、参与产品开发的团队以及负责交付产品的组织有重大的影响。因此，产品负责人需要积极参与产品规模化的讨论，提供指导、愿景和方向。

下面这些方法能帮助你有效推动产品的规模化。

- 与开发人员分享自己在商业、客户、用户、市场和领域方面的知识，持续帮助他们提高知识水平。
- 确保客户、用户和 Scrum 团队能够直接沟通和反馈。不要让自己成为唯一的沟通桥梁，要促进各方之间的互动。
- 确保每个人都清楚地了解产品愿景和策略。经常分享自己的愿景。
- 确保有一个清晰、可度量且鼓舞人心的产品目标让团队孜孜以求。
- 确保有一个干系人和团队所熟知的清晰、以目标为导向的路线图。
- 确保产品待办事项列表清晰、有序、可见、透明且对所有人开放。
- 合理分配与各方干系人和开发人员进行协作的时间。
- 聘请 Scrum Master，让他们为团队、干系人和组织提供辅导、培训、指导和便利。
- 在出色的 Scrum Master 的支持下，正确实施"专业 Scrum"。

第IV部分

实验者：小结

关键学习与洞察

第IV部分就到此结束了，这一部分探索了"实验者"姿态。你从中学习了优秀产品负责人的"实验者"姿态是如何进行创新、测试和实验的。你探索了由内而外和由外而内的创新方法，并了解了每种方法提供不同的结果和见解，还学习了如何通过商业模式创新、市场研究以及从行业外的其他组织学习来推动产品创新。你探索了"真相曲线"模型，它能够帮助你选择合适的实验类型。你还从中学习了如何使用测试卡和学习卡来设计实验。最后，你探索了为促进增长而扩展和缩小产品规模的不同方法和常见的误区（即过分关注人和团队，而非产品本身）。为了推出有市场竞争力的产品，产品负责人和产品经理需要采取好奇、探究和开放的态度。他们需要利用数据、洞察、测试和实验来验证想法和假设。虽然有时候直觉以为够用，但在大多数情况下，实验和验证才是最大化产品价值的最佳途径。

小测试回顾

如果在第IV部分的开头处完成了小测试，请将你的答案与下表中的答案进行对照。在了解了"实验者"姿态之后，你是会修改自己的答案，还是会赞同下面的答案？

测试题	赞同	不赞同
1. 随着旧的商业模式过时并被遗忘,总有新的商业模式不断涌现。	☑	
2. 实验是唯一能够验证商业模式创新是否可行的方式。		☑
3. 成功的产品开发扩展是应用 Nexus 或 LeSS 这样的验证框架来实现的。		☑
4. 一个公司要么具有创新性,要么没有。产品负责人几乎无法对推动创新产生影响。		☑
5. 决定产品是捆绑销售还是分开销售是产品负责人的责任。	☑	
6. 产品管理的职责和任务应当完全由产品负责人来承担。		☑
7. 如果产品需要,开发团队就应该具备销售、市场、业务分析、设计和产品管理等技能。	☑	
8. 在涉及规模化的时候,需要解决的主要问题是如何把所有员工组织成团队。		☑

延伸阅读

在这部分中,你了解了产品负责人的"实验者"姿态。各种主题、工具、技巧和概念都将帮助你强化这一姿态。

如果想采用"实验者"姿态,请考虑自己要做的实验。使用"真相曲线"模型来选择正确的实验类型,然后使用 Strategyzer 测试卡或增长实验画布等工具来设计实验。

如果想进一步了解"实验者"姿态,请考虑阅读埃里克·莱斯的《精益创业:新创企业的成长思维》(中译本由中信出版社出版);奥利弗·加斯曼、卡洛琳·弗兰肯伯格和米凯拉·乔杜里合著的《商业模式创新设计大全:90% 的成功企业都在用的 60 种商业模式》(中译本由中国人民大学出版社出版);库尔特·比特纳、帕特丽夏·孔和戴夫·韦斯特合著的《Nexus 规模化 Scrum 框架》(英文版由 Prentice Hall 出版)。

还可以更深入地探索精益用户体验、用户研究和测试以及用户体验设计的概念,它们为开展不同实验提供了绝佳的资源。中译本参考书有《高质量用户体验》(第 2 版)、《用户故事地图》、《问卷调查》以及《乔布斯工作法》等。

第 V 部分

决策者

产品经理负责激励公司内部其他所有的部门，确保他们能够协同工作，其目的是确保产品能够由步调一致的团队共同推动，而不会因为人们各自为政而分崩离析。

——唐纳德·S. 帕斯曼

小测试

为了给第 V 部分做个铺垫，请通过勾选下表中的"赞同"或"不赞同"来回答下表中的每一个判断题。答案将在第 V 部分的小结中给出。

测试题	赞同	不赞同
1. 更快地做出决策可以使产品更成功。		
2. 每个决策都只有两种可能的结果：正确和错误。		
3. 决策本质上是可以确定的，因为只要时间和专业知识足够，就能找到正确的答案。		
4. 产品负责人不负责技术和人员方面的任何决策。		
5. 产品管理更像是扑克牌，而不是国际象棋。		
6. 有效地应对困境非常复杂，需要进行大量的研究和分析，才能找到最佳方案。		
7. 产品负责人在做决策时应当选取企业层面的视角。		
8. 在评估决策时，应该主要考虑实际取得的成果。重要的不是运气，而是结果。		

第 20 章

强化责任感、成熟度和权威性

20.1 决策者的定义

优秀的产品负责人能够为组织带来诸多好处，其中之一是加快决策的速度和提高决策的质量。决策速度可能在极大程度上决定着成败以及是否落后于竞争对手，特别是在需求、人员和技术等方面频繁变化的复杂场景中。这也是一些大型企业之所以成立与原有业务有竞争关系的独立初创公司的原因。敏捷、灵活的公司在决策速度上具有显著的优势，而这蕴藏着巨大的价值。

亚历克·伊斯哥尼斯爵士[①]是英国人，一名汽车设计师。他 18 岁那年加入 Morris Minor 公司，是后来 Mini 车的设计师，他说："把一匹马的设计交给一个委员会，结果会得到一匹骆驼。"显然，伊斯哥尼斯将骆驼的驼峰、额外的储水能力、过大的脚和更高的智力视为马并不需要的附加功能。他这个比喻意在表达委员会往往无法判断一个产品或决策

---

① 译注：Alec lssigonis（1906—1988），被誉为"Mini 之父"。16 岁随母亲移居英国。1955 年，加入英国汽车公司（British Motor Corporation，BMC），3 年后成为该公司的设计主管。1959 年，他设计的第一辆 Mini 下线，是工业史上最早践行"少而精"（less is more）这一设计理念的车。

何时已经"足够好",并且,以委员会的方式来构建产品往往会导致糟糕的结果。尽管委员会或基于共识的思考和决策可能带来有益的见解、建设性的讨论和多元的视角,但它们并不总是能够让产品更出色或更具创新性。

这个观点听着有点奇怪,因为大多数伟大的产品都是通过协作创造出来的。那么,如何找到一个平衡点,让我们既能欢迎多样化的意见输入,又能适时判断何时停止呢?

在丰田[①]生产系统和日本文化中,"根回"(nemawashi)是一个非正式的过程,其目的是为决策奠定基础和建立共识,这个词在日语里的字面意思是"剪掉须根",指的是在树木移植前修剪掉多余的根系,为移植做准备。

产品负责人负责最大化产品的价值,然而,这并不意味着产品负责人应该独自做出所有决策。如果你已经"根回",会发现很多决策可以委托给其他人,比如参与产品开发的 Scrum 团队。同样,作为产品负责人,你可以审视委托给自己的决策类型来评估自己的自主权和权威。

那么,优秀的"决策者"型产品负责人有哪些特点呢?首先,优秀的决策者会倾听,然后根据具体情况选择适当的工作风格。他们的常见风格如下。

- 决策主导者:这类产品负责人有强烈的紧迫感,或者只是不喜欢等待。他们喜欢采取行动并迅速做出决策。他们在做决策时,不会很看重别人的看法,他们更注重的是执行和完成任务。
- 步调引导者:这类产品负责人采用一种截然不同的方式来确保工作的完成,他们深入团队一线,确保团队能够妥善应对其决策的影响和后果。
- 推销员:有些产品负责人会花大量时间说服人们接受自己的想法。通常情况下,决策权虽然掌握在他们自己手中,但他们想要确保人们相信他们的选择是正确的。

---

① 很多敏捷和 Scrum 理念都起源于丰田的工作方式。

- 团队协作式：Scrum 重视团队合作，所以才有"交给团队"这个说法。虽然为确保每个成员都参与决策而导致决策过程可能减缓，但这种风格的产品负责人所做的决策通常能得到广泛的尊重和支持。

- 民主投票式：指通过投票来做决策。这种方式更快，并且每个人都参与其中，但它的重点不在于达成共识，而是找到最受支持的选择。

- 教练式：这类产品负责人会提出宽泛的问题，比如："我们应该如何解决这个问题？""如果 X 出现了问题，我们应该怎么办？"他们以这种方式引导团队提出正确的问题。在开始产品规模化的时候，这类产品负责人的表现通常更出色。

决策失误总是在所难免。但你可以通过一些方法来提高决策技巧，判断哪些决策值得自己投入时间和精力。这被称作"琐碎定理"（law of triviality）[1]。许多组织都有的一个现象是，高层管理者甚至董事会成员经常就一些不重要或成本较低的事项展开长时间的讨论。一个常见的例子是关于自行车车棚的位置、样式和成本的讨论，这样一个成本相对较低的项目会在会议中反复讨论。与此同时，公司可能正在建设价值数百万甚至数十亿美元的原子反应堆。尽管原子反应堆的成本远远高于自行车棚，但有关反应堆的决策却通常会迅速做出，而且几乎不经过太多讨论。

有趣的是，某件事情的价值越高，我们讨论的时间似乎就越少。原子反应堆成本高昂且原理复杂，一般人很难理解，所以人们通常假设负责这件事的人知道该怎么办。相比之下，一个便宜、简单的自行车车棚是每个人都能轻松想象的，所以规划它的时候大家都会展开无休止的讨论，每个参与者都可以指手画脚。我们经常发现产品负责人并不关注产品的"原子反应堆"，而是更关注那些容易理解的小细节。

---

[1] 译注：也称"帕金森凡俗定律"，由英国历史学家西里尔·诺斯科特·帕金森提出，描述的是人们倾向于将大量时间和精力投入到相对不重要的琐事上，而忽视更为重要和复杂的任务。详情参见 C. Northcote Parkinson, *Parkinson's Law: The Pursuit of Progress*, John Murray, 1958。

对于琐碎定律，我一直铭记于心，我自己把它称为"弹窗事件"。2021 年初，我在一家线上花卉和花束公司对产品负责人进行培训和指导。一位产品负责人跟我分享说，有一个新的搜索功能，她和一位关键干系人长期有分歧。这位干系人坚持要加弹窗，以便用户能够搜索花卉并将其添加到花束中，但 Scrum 团队设计了一种不同的搜索功能，而且这种功能更简单快捷。这位产品负责人和干系人为这个简单的弹窗进行了长时间激烈的讨论。与此同时，干系人还想推迟发布软件，直到所有特性都构建完成，但这个重大决策受到的重视还不如一个小小的弹窗。这大概就是所谓的"小钱仔细，大钱挥霍"吧。不管怎样，我是永远不会忘记这起弹窗事件的。

罗宾

20.2 决策分级

　　一个人来做所有决策虽然并不是一个最好的做法，但把所有决策都交给别人也不是一个理想的选择。在日常实践中，我们经常发现，Scrum 团队的成熟度影响着委托决策的数量。这既适用于公司领导向产品负责人委托的决策，也适用于产品负责人委托给团队的决策。通过委托责任和权力，你可以留出时间和空间来处理其他工作。作为一名产品负责人，要想取得进步，往往需要先学会放权，交出一些小的决策和责任，以便自己能够开始承担更大的责任，并获得更多权力去做出更有影响力的决策。

　　我们经常用来讨论委托决策的一种技术是尤尔根·阿佩洛在《管理 3.0》中介绍的"授权扑克"。这个技术尤其适合用来讨论哪些决策由自己来做、哪些与团队共同决策以及哪些决策委托给团队尤其有效。它也非常适用于双方（个人或团体）之间的讨论。

作为产品负责人，你经常发现自己处于三方关系中。一方是管理层或公司高管，一方是你，还有一方是 Scrum 团队。有些任务会被委托给你，而你也会将一些任务委托给他人。因此，我们对授权扑克做了一些调整，使其更适合产品负责人使用。表 20.2 展示了我们最终得到的内容。

表 20.2　授权的等级

1 级	2 级	3 级	4 级
在我不参与的情况下决定	在咨询我之后我不在参与的	由我独自决定	在咨询其他人之后由我决定

5 级	6 级	7 级	
通过共同协商决定	由团队决定；向我咨询	由团队决定；我委托决策	

1 级决策是组织中其他人在不咨询产品负责人的情况下做出的。这类决策通常由公司领导层做出，涵盖关于公司愿景、战略、价值观、可用产品预算和合规标准等方面的决策。当以 1 级方式做出决策时，公司领导只在做好决策之后将其告知产品负责人。

2 级决策也是在你的控制之外做出的。尽管最终决策权掌握在公司领导层手上，但作为产品负责人，你有机会对这些决策产生影响。在这种情况下，公司领导会主动联系你，有时也会联系其他产品负责人，征求你的意见和看法。2 级决策通常在公司战略影响产品战略或情况相反时做出。公司领导可能会在做出最终决策前通知你，或者尝试说服你接受他们的决策。

3 级决策由产品负责人独自做出，这通常涉及产品待办事项清单顶部待办事项的排序、下一个冲刺的目标和要完成的工作，或者要开始探索的下一个客户问题。通常比较简单或风险较低，不需要征求太多人的同意。其他决策可能涉及决定邀请哪些干系人参加冲刺回顾会议，或在价值评估会议中给每个干系人分配多少预算。我们无需为此成立一个委员会！产品负责人自行决策也能加快整个过程。

有时，产品负责人必须做出更为重要、影响更深远的决策。对于产品愿景、产品战略、目标和路线图等事项，产品负责人应该有最终决定权。但在做大多数这类决策之前，他们通常会先与干系人交流，了解他们的观点，然后再做出决策。这就是 4 级决策。在这个等级上，产品负责人在与其他人协商后做出决策。在 2 级决策中，公司领导会在做出最终决策前咨询产品负责人，和 4 级决策正好相反。这类决策通常更为复杂，涉及一定的风险，但不需要征求太多人的同意。这类决策的例子包括确定产品待办事项清单的顺序、概要性的产品路线图或如何表达和度量下一个冲刺的价值。

5 级决策是一组人共同商定的，需要其他人的认同和支持。因此，作为产品负责人，你必须确保他们参与制定解决方案和决策。如果在没有得到认同的情况下强制推行自己的决策，那么一旦事情进展不顺利，人们可能会袖手旁观，并将责任归咎于你。毕竟，那是你做出的决策。因此，在 5 级决策中，要确保决策是共同商定的决策，计划是共同商定的计划。

6 级决策被委托给团队，但他们会和你密切沟通，或在做出最终决定前征求你的意见。这与 2 级和 4 级决策有些相似，只不过变成了产品负责人和开发人员之间的互动。尝试让团队处理 6 级决策的一个好方法是让他们负责产品待办事项（PBI）的细化。比如，可以让他们决定如何解决客户问题，或者就解决方案、验收标准和设计达成一致。你真的需要亲自参与确定每一个细节吗？

达到 7 级时，决策完全被委托给团队。这时，你相信他们能做出正确的决策，并且你不希望或不需要参与这些决策。这些决策通常涉及"如何执行"，但可能也有更大的影响。例如，这可能涉及决定使用什么技术来降低产品成本，或者决定使用哪些软件、工具、实践方法或开发框架。可以设置一个预算上限，让团队来决定要不要购买工具或许可证。

应该在哪个等级上做出哪些决策呢？这取决于组织的性质、产品负责人的成熟度、Scrum 团队的成熟度以及许多其他因素。一个好的开始是让当前情况透明化，明确决策是如何做出以及由谁做出的。接着，可以与管理层和团队讨论你的发现。另一种方法是举办一次授权扑克工作坊，以确定当前的委托状况和期望的委托体验。下面列出需要讨论的一些常见决策和示例。

产品

对于产品，要做以下决策：

- 产品愿景；
- 产品战略；
- 商业模式；
- 价值主张；
- 上市策略；
- 法律 / 合规要求；
- 产品组合中要包含的产品；
- 是否将产品或服务添加到产品组合中；
- 是否将产品或服务从产品组合中移除；
- 是否将产品捆绑或解绑，或创建差异化产品。

产品目标和目的

对于产品目标和目的，要做以下决策：

- 财务方面的产品目标和目的；
- 运营方面的产品目标和目的；
- 客户满意度方面的产品目标和目的。

预算

对于预算，要做以下决策：

- 设定产品预算；
- 设定创新、维护、问题解决、运营等方面的预算；
- 是否花费 / 投资少于 1 万美元的预算；
- 是否花费 / 投资 1 万至 5 万美元的预算；

- 是否花费 / 投资超过 5 万美元的预算；
- 设定团队预算（用于社交活动 / 团队活动）。

价值

对于价值，要做以下决策：

- 如何定义价值；
- 价值估算；
- 如何衡量价值；
- 收入目标；
- 降低成本的目标。

市场和品牌

为了进入市场，要做以下决策：

- 产品或服务的市场定位；
- 产品或服务的品牌塑造；
- 产品或服务的营销活动 / 广告。

定价

对于定价，要做以下决策：

- 产品定价策略；
- 产品定价技巧；
- 产品 / 服务的客户价格；
- 批准（标准）价格偏差 / 例外情况。

工具和技术

对于工具和技术，要做以下决策：

- 是否开始新的工具 / 技术选择过程；
- 开发产品所用的技术；
- 是否购买每月成本少于 1000 美元的工具 / 技术；

- 是否购买每月成本超过 1000 美元的工具 / 技术；
- 是否停止使用某种工具 / 技术。

发布过程

对于发布过程，要做以下决策：

- 发布过程的具体步骤；
- 何时发布产品（增量）；
- 是否回滚 / 撤回已发布的产品（增量）。

人员和团队

对于团队管理，要做以下决策：

- 成立新团队；
- 扩大团队规模（人数 / 人员数量）；
- 缩减团队规模（人数 / 人员数量）；
- 解散团队；
- 团队成员需要具备的技能；
- 招聘新团队成员；
- 解雇团队成员；
- 如何进行绩效评估；
- 团队成员的薪资；
- 团队成员的奖金；
- 团队奖金；
- 团队宣言 / 工作协议；
- 团队会议和活动；
- 团队成员的假期安排；
- 团队建设活动；
- 工作时间；
- 为团队购买人均费用不超过 500 美元的培训；
- 为团队购买人均费用超过 500 美元的培训。

产品待办事项列表管理

对于产品待办事项列表，要做以下决策：

- 产品待办事项列表的大小；
- 向产品待办事项列表中添加产品待办事项；
- 从产品待办事项列表中移除产品待办事项；
- 产品待办事项的规模 / 工作量估计；
- 产品待办事项的价值估计；
- 产品待办事项的编写 / 表达方式（例如用户故事、自由格式、假设陈述等）；
- 产品待办事项列表的排序。

管理外部单位和供应商

对于供应商，要做以下决策：

- 合同大纲；
- 接受合同（符合标准条款）；
- 接受合同（符合非标准条款）；
- 决定服务等级协议或体验等级协议；
- 雇佣每天成本不超过 1000 美元的临时工作人员 / 团队成员；
- 雇佣每天成本超过 1000 美元的临时工作人员 / 团队成员。

这个决策清单很长，但还远没有达到巨细无遗的地步。以这个清单为起点，结合自身情况添加或删减，利用它来探索公司内部应如何通过开放式对话来做出决策。如何才能让组织将更多决策委托给你？这将带来什么价值？可能的风险是什么？你可以把哪些决策委托给团队？团队需要展现出哪些行为和担负哪些责任之后才能获得你的信任而自行做出更重要的决策？

授权扑克的好处在于，它将原本只有两种选择的决策过程（要么我决定，要么我委托）转变成一个渐进式的分级量表。这种刻度为尝试不同决策和更灵活的讨论提供了更多空间，尤其适用于你只想对授权等级稍作调整的情况。提出这样的问题"我知道这些决策由你来做，但你能在决定之前问问我的意见吗？"可以帮助你增强权威和影响力。

第 21 章

评估产品决策

21.1 产品管理：更像扑克还是国际象棋

看看书架上关于商业和战略的书籍，你可能会发现，大多数关于战略的书籍在封面上都用国际象棋来象征战略。这种象征虽然很吸引人，但它具有一定的误导性。这并不是说国际象棋不讲究战略——恰恰相反，它包含大量的战略规划。但是，国际象棋的某些方面并不适合直接应用于产品管理领域。

首先，国际象棋的规则和棋子的走法都有严格的限制，比如马不能突然开始斜线移动。然而在产品管理中，客户和用户经常有一些出人意料的行为，他们可能提出我们未曾想到的问题，或提出我们未曾考虑过的特性和解决方案的需求。然而，国际象棋和产品管理最大的区别是，国际象棋的所有棋子都摆在棋盘上，没有隐藏的信息。理论上来讲，如果思考得足够久，或者利用计算机、数据和人工智能，我们能够计算出一切可能的走法。

因此，计算机在国际象棋中几乎总能击败人类，取得胜利。[①] 但产品管理完全不是这样的，它更像扑克牌。

---

① 1997 年，超级电脑深蓝击败卡斯帕罗夫，而在此前一年，卡斯帕罗夫曾经轻松战胜这台计算机。

21.2 测试决策技能的小游戏

接下来，让我们通过一个掷骰子小游戏来探索决策机制。我们将进行四轮游戏。表 21.1 列出了游戏规则。先看这 4 轮游戏的规则，再决定你是要参与并下注还是要退出。每轮游戏都有固定的投资与回报。准备好了吗？那就开始吧。

表 21.1　测试决策技能的掷骰子小游戏

游戏 1	游戏 2
支付 10 美元参加游戏	支付 10 美元参加游戏
如果掷出 1、2、3、4 或 5，获得 20 美元回报	如果掷出 1，获得 20 美元回报
如果掷出 6，则零回报	如果掷出 2、3、4、5 或 6，则零回报
游戏 3	游戏 4
支付 10 美元参加游戏	支付 10 美元参加游戏
如果掷出 1、2、3、4 或 5，获得 20 美元回报	如果掷出 1，获得 20 美元回报
如果掷出 6，则零回报	如果掷出 2、3、4、5 或 6，则零回报

这 4 个游戏你都下注了吗？现在让我们来看看结果。

你可能觉得表 21.1 中游戏 1 和 3、游戏 2 和 4 的重复是复制粘贴时出了错，实则不然。你可能注意到，游戏 1 和游戏 3 是一样的，游戏 2 和游戏 4 是一样的。这是有意如此的。在这 4 轮游戏中，大部分人倾向于在游戏 1 和 3 中下注 10 美元，但对参加游戏 2 和 4 则显得犹豫不决。然而，当我们俩在培训课程中进行这个练习并在每次下注后揭示本轮游戏的结果时，人们最终往往会在游戏 4 中下注。在进行了 4 轮游戏后，结果如下：

游戏 1：赢

游戏 2：输

游戏 3：输

游戏 4：赢

假设你 4 轮游戏都参加了。你赢了两次，输了两次。那么，在这几轮游戏中，你的决策中哪些好？哪些不好？

游戏 1：在这轮游戏中，下注是一个不好的决策。因为这个决策带来了好的结果，而且赔率对你很有利。

游戏 2：在第二轮游戏中，下注是一个坏决策，它导致了一个坏的结果。这轮游戏的赔率明显对你不利，但你仍然选择了下注。你本来可以预料这个结果的。

游戏 3：在这轮游戏中，你做出了下注的好决策，但最终得到了坏的结果。尽管赔率对你有利，但这次你运气不佳，没能让投资翻倍。

游戏 4：在这个游戏中，你做出了一个不好的决策，但幸运地得到了一个好的结果。尽管赔率不利于你，但你在这一轮中走了大运。

这个小游戏揭示了组织决策制定中普遍存在的一个模式。当谈论人们过去所做的决策是好是坏时，他们通常会根据结果或后果来判断。如果结果或后果是积极的，他们就认为决策是"好"的；如果是消极的，就认为决策是"坏"的。这通常被称为"结果陷阱"。诚然，结果和后果在评估决策时固然重要，但它们并不总是与决策本身的质量直接相关。就像我们在这 4 轮游戏中看到的那样，我们有时能撞大运，有时则不然。

21.3 以诚实和透明的方式评估决策

如果想要更有效地评估决策，最好不要唯结果论，而是采用更广泛的角度来审视决策。和其他任何技能一样，要想提高决策能力，你需要通过定期的实践与评估来学习和进步。无论结果如何，都需要回顾决策并从中学习。为了更有效地评估决策并学习，可以参考下面几个反思性问题：

- 这个决策是由合适的决策者或决策团体做出的吗？是独自决断的，还是在咨询他人意见后做出决断的？
- 做出决策时，使用了哪些可用的、透明的信息？缺少了哪些信息？
- 在做出决策前是否可能收集到更多信息？它们会改变决策吗？
- 这是哪种类型的决策？简单的？繁杂的？复杂的？还是混乱的？ ①
- 这个决策是否得到了其他人的支持？如果是的话，是需要得到很多人的支持，还是只需要少数人的支持？
- 这个决策的制定过程是怎样的？它是如何做出的？
- 决策的时机是否合适？做决策的速度是否适当？
- 这是一个明智的决策，还是只是运气好？

---

① 译注：可参考库尼芬（Cynefin）框架。

第22章

提高决策能力，借助于赌注的思考

考虑到我们的产品管理工作很多时候处于复杂领域，而其中的未知因素和不确定因素多于已知因素和确定因素，相比国际象棋，用扑克牌来比喻似乎更适合。在打扑克牌时，隐藏的牌比桌上公开的牌更多。牌堆中的牌比你手上的牌多。此外，玩家的行为也是不可预测的。他们可能在手牌较弱时下大注，也可能在手中有好牌时选择看牌或跟注。最重要的是，扑克是一种缺少信息的游戏，未知的比已知的多。因此，我们需要做出合理的猜测，试图解读对手的举动，并考虑小额投注。

安妮·杜克是一位前职业扑克牌选手，也写过行为决策科学方面的书。除了扑克牌指南，她还写了一本有趣的书《对赌：信息不足时如何做出高明的决策》[①]。这本面向商业人士的书籍或许能帮助你找到提升决策能力的方法。它提供了多种用于改进决策过程的实践方法，其中一些理念对产品负责人也非常适用。

---

① 原书名为 *Thinking in Bets: Making Smarter Decisions When You Don't Have All the Facts*，出版于 2018 年。中译本由中信出版社出版。

22.1 决策小组或伙伴系统

决策小组（decision pod）或伙伴系统（buddy system）[1] 是职业扑克牌选手常用的实践，它对产品负责人也非常有价值。它采用了集会形式，其中，人们会审查和评估自己本人没有参与的决策。这个决策小组可以由同一个公司的员工组成，也可以由你在培训、聚会或之前的工作中结识的产品负责人组成。让 Scrum Master、公司领导或来自相关领域的人加入决策小组通常非常有益。

注意，不要只邀请那些和你有类似想法的人。如果想获得不同的想法、意见和观点，那么只和想法相同的人讨论可能不太有帮助。这个陷阱通常被称为"确认偏误"（confirmation bias）。当我们脑海中形成了某个想法后，就会不自觉地开始寻找证据来支持这个想法。只邀请志同道合的人参加决策小组很可能导致你只选择那些能支持自己想法的数据、观点和意见。所以，要邀请一些与你观点相左的人。

此外，也要注意潜在的利益冲突。不要和那些可能利用你开放、诚实和透明等特性来对你背后捅刀的人一起评估决策。

在决策小组里，要有人分享他们想要评估的决策，这个决策可以是前不久做出的，也可以是即将做出的。分享决策的人最好对所有已知信息保持开放、诚实和透明的态度。这应该是一个安全的空间，人们可以开诚布公地讨论，不用担心讨论内容被泄露出去。换句话说，会议期间发生的事情是完全保密的。在分享用于评估的决策时，要确保解释决策过程、涉及的人员、将要做出的决策、潜在和预期的结果等。

但要注意，永远不要分享决策的结果或后果。在决策小组中，这些信息不需要分享，因为这些信息可能会使人们产生偏见。这种偏见类似于"结果陷阱"，你在之前的掷骰子游戏中可能已经遇到过。

---

① 译注：伙伴系统也指企业内部员工及外部供应商等一切干系人结成的联盟，其核心是利用企业的人力资源管理系统和信息系统，对内进行人员的选用预留管，对外进行合作伙伴的赋能。

在决策小组中，应该只关注决策过程、参与人员、关键决策信息以及其他相关信息，结果如何，则无关紧要。

22.2 接受决策制定中的不确定性

像扑克游戏一样，产品管理也是一种信息不完整的游戏。因为有一定程度的不确定性，所以我们需要测试、实验、验证、发布和学习。在这个过程中，我们应该对已知和未知的事物保持公开透明的态度，这有助于为推理和决策提供清晰的边界。此外，这么做也让其他人能够指出你可能忽视的信息或机会，例如："我发现你缺少这个信息，你找过XYZ 吗？"

把做决策想象成在牌局里下少量的赌注。要认识到，作为产品负责人，决策的成功与否受两个因素的影响：决策的质量和一定的运气（这同样适用于一些日常决策）。决策有时会产生意料之外的结果，这是可以接受的，我们不可能总是吉星高照。重中之重在于，要从那些未能带来期望结果的赌注中学习。

在我所在的组织，经常需要重新定义什么是"正确"的决策。我们需要识别并确定一个好的决策有哪些构成要素。建立良好的决策制定过程，并将决策权委托给掌握最关键信息的部门。不能因为事情没有按计划进行就将其认定为决策失误，同样，不能仅仅因为一切顺利就认为决策正确。

第 23 章

产品、过程和团队的困境及其对策

23.1 做出决策

产品负责人在实际工作中面临着种种决策。有些决策比较简单，如本章的第一个例子所示，而有些决策则更为复杂，比如第二个例子。假设你是某款产品的产品负责人，必须决定在下一个冲刺中要构建和发布表 23.1 所示的特性集，你会选择哪一组？

表 23.1　做出决策（第 I 部分）

特性集 A	特性集 B
特性集 A 可能会带来大约 50 000 美元的额外收入	特性集 B 可能会带来大约 20 000 美元的额外收入
构建和发布大约需要 10 天	构建和发布大约需要 9 天

你大概不会选择构建和发布特性集 B，因为它的价值比特性集 A 低得多。大多数产品负责人都会选择特性集 A，尽管这个决策没有太多信息支撑。9 天和 10 天的开发时间区别并不大，而且特性集 A 的潜在收益是特性集 B 的两倍多。选择哪个是显而易见的，对吧？

然而，产品负责人的大多数决策并不像这个例子那样简单。在实际工作中，决策通常更为复杂，更像表 23.2 所示的情况。在下面这样的情况下，你会开发哪个特性集？

表 23.2   做出决策（第 2 部分）

特性集 A	特性集 B
特性集 A 可能会带来大约 50 000 美元的额外收入	如果不实现特性集 B，将产生 25 000 美元的罚款，并可能导致我们的声誉受损
构建和发布大约需要 10 天	构建和发布大约需要 10 天

现在除了收入增长，还有其他因素需要考虑。如果主要目标是短期内增加收入，特性集 A 似乎是合乎逻辑的选择。然而，声誉受损的代价很难估量。我们合作过的许多产品负责人都有合法、合规方面的需要。因此，他们通常更倾向于选择特性集 B。在小型创业公司或成长型公司中，会有更多人选择特性集 A。在考虑过损害控制后，他们选择了不同的道路，并经常主张首先构建特性集 A，因为它产生的收入已经足以支付罚款了。总之，在这种情况下所作的决策可能取决于你独特的情境、背景和过往经验。这里没有明确的对与错，也不存在什么"完美"决策。

> 建立良好的声誉需要 20 年的时间，但毁掉它只需要 5 分钟。
> 只要想到这一点，你的行事方式就会有所不同。
>
> ——沃伦·巴菲特

23.2   应对困境

现在，我们开始探索真正有趣的决策。接下来的这类决策被称为"困境"，它们才是真正的挑战，代表着进退两难的决策。对于表 23.3，你会如何决策？

表 23.3　做出决策（第 3 部分）

特性集 A	特性集 B
特性集 A 为产品增加了所有基本功能，它们都是市场标配，所有竞争对手都有这样的基本特性	特性集 B 为产品增加了一系列独特的特性，在目前市场上是独一无二的

你会怎么选择？选择特性集 A，构建所有竞争对手已经具备的基本特性？这个选择很有意思，因为这意味着你可能长期处于追赶竞争对手的状态。或者选择特性集 B？这同样是个有趣的选择。它虽然能让你的产品在市场中脱颖而出，但如果连基本特性都没有，又怎么吸引付费用户呢？这是一个进退维谷的两难境地，需要做出艰难的决定。

有些决策可以被视为"选择"。你可以选择 A 或 B。有些选择很容易判断，比如第一个例子。有些则更为复杂，比如第二个例子。选择是一种可以决定的决策，它之后可能会被判定为值得赞扬的好决策，也可能是令人后悔的坏决策。无论是简单还是复杂，是好还是坏，你都可以在 A 和 B 之间择其一并在事后评估这个决策。

然而，对于困境而言，你不能简单地选择一个选项，而是至少需要在一定程度上兼顾 A 和 B 这两个选项。可以把困境想象成斗牛，而你的目的是避免被任何一只牛的牛角顶到。如果只顾着躲避牛角 A，你就可能被牛角 B 击中。你需要彻底地避开整头牛。因此，在困境中，你应该尝试寻找兼顾 A 和 B 优点的解决方案。

如果不能兼顾 A 和 B，可能导致两方面都出问题而不得不做出妥协。单独选择 A 或 B 在短期内看似有利，但长期来看，最终都会造成损失。因此，在面对困境时，必须同时考虑 A 和 B，找到一个长期有效的解决方案。

如果把这两个选项绘制成图表，它们将被表示为两个正交轴，如图 23.1 所示。假设纵轴代表对实现选项或价值 A 的追求，如果只选择选项 A，我们就会进入"头重脚轻"区域，这里只追求单方面的解决方案。可以把这个区域称为"独角兽乐园"，在这里，人们对未来盲目乐观，充满了美好的幻想。

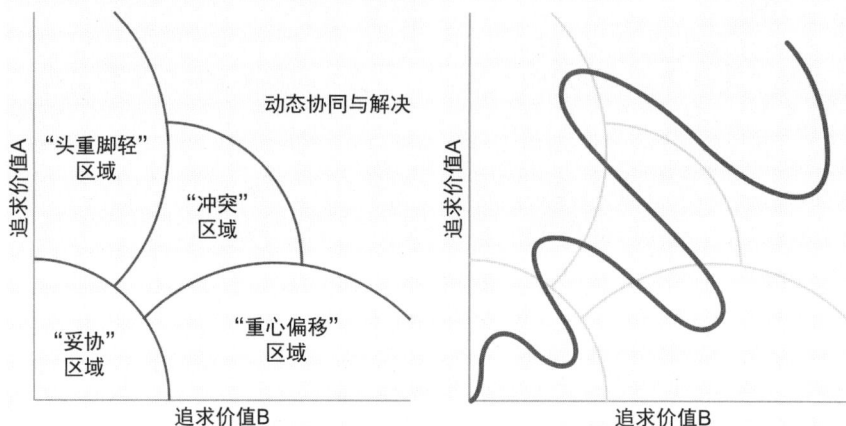

图 23.1　使用"困境框架"来应对困境 [1]

　　另一种选择是追求横轴，即选项 B。如果只专注于选项 B 时，我们可能会最终进入"重心偏移"区域，或称"恐龙世界"。虽然恐龙这样的生物令人惊叹，但恐龙时代的大多数动物早就灭绝了。换句话说，我们不想让产品最终处于这个位置。

　　突破困境的唯一方式是从"妥协"区域出发，穿过"冲突"区域，最终到达"动态协同与解决"区域。处理困境是一个试错、实验、失败、学习、检视和调整的过程。因为困境通常在其自身和组织的背景下是独一无二的，所以不存在什么能应对所有困境的最佳实践。不过，应对困境的第一步通常是坦然面对现状，承认我们正处于两难困境（"妥协"区域）中。下一步主要是进行实验并在选项 A 和选项 B 之间寻找平衡点（穿过"冲突"区域），以得到合适的解决方案。好在我们有一个框架 [2] 可以帮助我们处理所有这些复杂性。

　　要成功处理两难问题，需要在各方面保持灵活性和包容性。困境永远不会真正消失，为了维持平衡，必须持续进行调整。

---

[1]　改编自 Gerard D. Drenth 和 Ciarán McGinley，"关于'困境思维'的一些想法"，白皮书，Normann Partners，2019 年。

[2]　想知道是哪个框架吗？当然是 Scrum 框架了！ Scrum 的作用就是帮助个人和团队在复杂环境中解决复杂的问题。

第 24 章

加快决策的速度和提升决策的质量

24.1 延迟的决策成本

第 23 章探讨了产品负责人所做的各种类型的决策，包括简单的决策、相对复杂的决策以及困境。决策有时需要由产品负责人做出，有时需要与其他人共同做出，有时则要通过委托的方式。在第 21 章中，我们探讨了决策也会受到决策质量、过程、参与人员和运气等因素的影响。此外，决策速度似乎也很关键。

针对决策延迟成本，权威机构 The Standish Group 发布过一些有趣的研究。其中一项研究表明，如果决策的延后时间从 5 小时减少到 1 小时，产品上市的时间大约可以提前 30%。这好像挺有道理，对吧？如果我们能更快做出决策，而且不必等待他人做出决策或发表看法，就能够加快整个决策过程。

另一方面，这似乎与延迟决策等概念相矛盾。"及时决策"（just-in-time decision making）和"队列管理"等原则在决策中也很常见。在一些情况下，"推迟决策"可以帮助我们保留选择权，并在"最后责任时刻"（last responsible moment，LRM）做出决策。尽管一些决策的确适合拖到最后责任时刻，但不应该以此为借口去拖延或在决策前听取所有人的意见。

24.2 快速决策比慢速决策更容易成功

众所周知，在当下，小项目通常比大项目更容易取得成功。自2008年以来，权威机构 Standish Group 一直在收集关于项目的成功、失败和挑战的数据，其中包括项目规模对项目成功的影响。它会定期发布《混沌报告》。

研究表明，小项目更容易取得成功。这是个合乎情理的发现：在复杂领域中，通过缩小项目规模、进行短期迭代、快速交付成果和及时获得反馈，我们能更清晰地把握整体情况，不断进行检视和调整。Scrum 的核心就是循序渐进并在每个冲刺中交付一部分"已完成"的内容。

这也是 Scrum 方法有效的关键原因之一，能将项目任务细分到极致！冲刺的长度限制促使团队设计小"项目"，这些项目必须在冲刺结束之前交付。

图 24.1 展示了 2018 年的《混沌报告》中的研究数据。图中显示，如果项目中有适当的决策延迟，项目往往会更成功。如果是糟糕的决策延迟，项目更有可能遭遇挑战或直接失败。如此说来，什么是"理想的决策延迟"呢？

遗憾的是，报告中并没有给出明确的定义。不过，我们可能都遇到过这样的情况：讨论无休止，好不容易做出的决策，却很快被推翻。至少我们可以认为，长时间推迟决策或频繁变更大方向很可能导致糟糕的决策延迟。

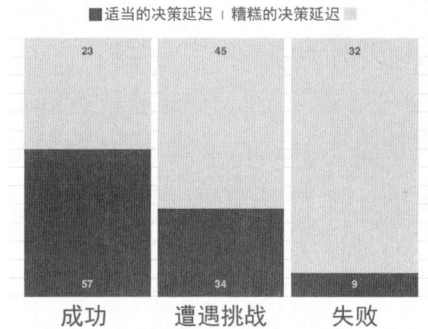

图 24.1　决策速度对项目成功的影响[1]

报告中另一个有趣但合乎情理的数据表明，技能水平高的人和团队比那些技能水平较低的同行更容易取得成功，如图 24.2 所示。决策能力越强的团队做出的决策被拖延、重新考虑或撤销的频率越低。团队具备的良好决策能力能使他们更快做出更高质量的决策，进而降低了决策的延迟，提高了决策的质量和项目的整体成功率。

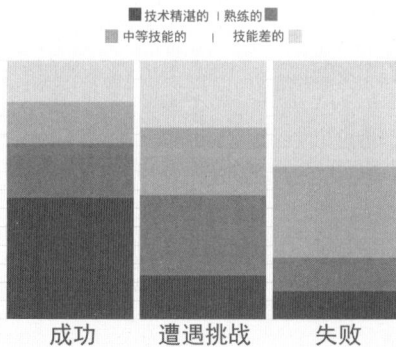

图 24.2　决策技能水平对项目成功的影响[2]

---

[1]　来源：Jim Johnson, Decision Latency Theory: It's All About the Interval，CHAOS Report 2018，Standish Group, https://standishgroup.myshopify.com/collections/frontpage/products/project-resolution-benchmark。

[2]　来源：Jim Johnson, Decision Latency Theory: It's All About the Interval，CHAOS Report 2018，Standish Group, https://standishgroup.myshopify.com/collections/frontpage/products/project-resolution-benchmark。

那么，展示这些数据的意义是什么呢？从日常实践中的数据和项目案例来看，招聘到技能水平高且能够自我管理的人员，对于在复杂环境中开展项目至关重要。项目团队需要由能够做出正确决策的人组成，这些人还必须有能力并愿意（足够快地）做出决策。2018 年的《混沌报告》还提出了"项目成功的 5 大王牌"，其中包含一些值得参考的观点：

- 项目需要是小规模的；
- 产品负责人或发起人必须具备高技能水平；
- 实施过程必须是敏捷的；
- 敏捷团队不仅要精通敏捷过程，还要具备高水平技能；
- 组织需要有较高的情绪成熟度。

24.3 特别雪花综合征

你可能会想："这些数据有点意思，但我们公司非常特别，我们做的是一些复杂且先进的事情，组织的运作方式与众不同。"无论贵公司是银行、保险公司、汽车制造商、硬件公司、软件公司，你总能找到充分的理由来选择"延迟决策"。然而，这些决策的延迟成本很少被计算并纳入决策过程中。例如，在硬件产品开发中，由于生产快速消费电子产品的成本较高，决策常常会被推迟。

《加州管理评论》发表的一项研究[1] 中，调查了 391 个集成电路设计团队。研究发现，频繁且快速地发布产品增加了出错的概率，但由于团队使用了低成本的原型技术，所以它们所需的时间和总体工作量明显少于试图一次性做出完美设计的团队。这也意味着，如果决策被延迟，就意味着关键问题和挑战会更晚被发现。

这类似于看板中的批大小问题。让我们以买菜为例，如果一次性购

---

[1] 参见 Stefan Thomke and Donald Reinertsen, "Agile Product Development: Managing Development Flexibility in Uncertain Environments," *California Management Review* 41, no. 1 (1998), 8, https://doi.org/10.2307/41165973。

买 4 个月的菜，虽然交易成本会降低，但因为蔬菜会坏掉，所以你的持有成本会增加。而如果每天只买当天的菜，虽然菜大概率不会坏，但交易成本会比较高。自然而然地，你会尝试在这两种选择之间寻找平衡点，而这通常受家里最挑食的那个人随性多变的习惯所驱动。

24.4　为什么需要更快做出决策

除了增加开发成本，决策的延后还会拖慢产品上市的时间。更快进入市场可以给你带来以下几个重大的优势。

- 增加销售额和利润率：产品越早进入市场，其生命周期越长。
- 更大的市场份额：快速推出新产品可以让企业在有其他跟风产品上市之前占领市场份额。
- 加强对市场的响应能力：能更迅速地应对竞争对手的行动或市场变化。
- 更低的运营成本：将产品开发视为一项投资。缩短产品上市时间的话，可以释放财务和运营资源，并把这些资源用于其他增值活动。

根据《供应与需求链执行》（官网：sdcexec.com）的数据和研究，比竞争对手晚 9 个月推出的快消品在实际收入上通常只有预期收入的 50%。这意味着你可能需要付出更多成本来追赶竞争对手，然而，这本来是可以避免的。

24.5　如何加快决策制定速度

为了缩短决策时间，可以考虑以下几个步骤。

- 简化：使用短周期迭代，专注于一个目标，并定义自己希望实现的效益及其度量方式。明确的目标可以减少需要做出的即时决策。

- 合作和激励：确保团队明白自己在做什么以及为什么要这么做。将部分决策权交给他们，充分利用他们的集体智慧。
- 不断优化产品待办事项列表：确保它可以反映需要优先解决的最重要的问题，并且让真实用户测试产品增量。这种做法可以通过提供明确的证据来加快决策过程，并帮助团队形成共同的理解。
- 放手：向《冰雪奇缘》中的大公主艾尔莎学习，思考哪些事必须自己做，哪些事可以交给旁人。明确地委托他人来完成任务，例如"我希望你们能负责做这类决策"。

24.6　赋能产品负责人

　　将决策权委托给他人？不不不，我必须对每个决策亲力亲为！其实，这并不是一个理想的状态。我们知道，赋能对成功有着直接的影响。请看图 24.3，它说明当产品负责人被赋予决策权时，项目的成功率更高。

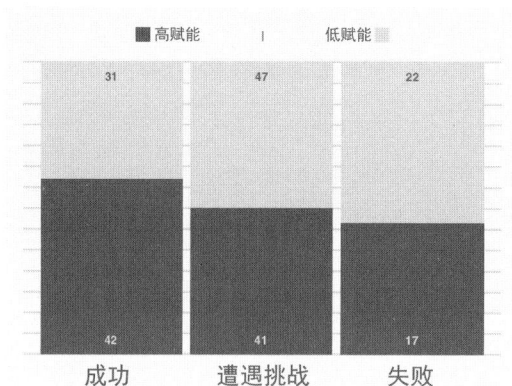

图 24.3　产品负责人 / 发起人的赋能程度对项目成功的影响[1]

---

[1] 来源：Jim Johnson, Decision Latency Theory: It's All About the Interval，CHAOS Report 2018，Standish Group, https://standishgroup.myshopify.com/collections/frontpage/products/project-resolution-benchmark。

第Ⅴ部分

决策者：小结

关键学习与洞察

第Ⅴ部分就到此结束了。本部分的主题是产品负责人的"决策者"姿态，在这部分中，你了解到优秀的"决策者"型产品负责人常用的技能、特征、实践和工具，还探索了如何使用"授权扑克"来把更多决策权委托给他人。你审视了一系列典型的产品决策案例，学习了如何反思自己的决策过程，并探索了放权和掌权的平衡点。你掌握了更为优秀的决策评估方法，学会了如何避免常见的陷阱和确认偏误，并且明白了有时需要像职业扑克牌选手一样思考问题，需要小额投注而不是大额投资，通过下小赌注而不是大投资来进行思考。这部分还探讨了决策之间的差异，并说明了如何处理不能简单做出选择的两难困境。最后，你了解了为什么加快决策速度对产品成功至关重要，这不仅能缩短产品上市的时间，还能提高决策的质量。为了打造能在市场上取得成功的产品，重中之重在于，和产品相关的决策要由正确的人在正确的时间利用正确的信息来做出。换言之，产品负责人需要成为一名果断的决策者。

小测试回顾

如果在第Ⅴ部分的开头处完成了小测试，请将你的答案与下表中的答案进行对照。在了解"决策者"姿态之后，你是会修改自己的答案，还是赞同下面的答案？

测试题	赞同	不赞同
1. 更快地做出决策可以使产品更成功。	☑	
2. 每个决策都只有两种可能的结果：正确和错误。		☑
3. 决策本质上是可以确定的，因为只要时间和专业知识足够，就能找到正确的答案。		☑
4. 产品负责人不负责技术和人员方面的任何决策。		☑
5. 产品管理更像是扑克牌，而不是国际象棋。	☑	
6. 有效地应对困境非常复杂，需要进行大量的研究和分析，才能找到最佳方案。		☑
7. 产品负责人在做决策时应当选取企业层面的视角。	☑	
8. 在评估决策时，应该主要考虑实际取得的成果。重要的不是运气，而是结果。		☑

延伸阅读

在这个部分中，你探索了产品负责人的"决策者"姿态。诸多主题、工具、技术和概念都将帮助你强化这一姿态。

如果你想进一步提高自己的"决策者"姿态，可以考虑探索心理学家丹尼尔·戈尔曼定义的 6 种领导风格 [1] 和尤尔根·阿佩洛在《管理3.0：培养和提升敏捷领导力》中描述的授权扑克。同时，还可以进一步了解"解放结构" [2]，它对大型团队的共识决策引导非常有帮助。

此外，还可以考虑阅读安妮·杜克的《对赌：信息不足时如何做出高明决策》（中译本由中信出版社出版）、梅丽莎·佩里的《卓越产品管理：产品经理如何打造客户真正需要的产品》（英文版由出版于 2018 年）以及乔科·威林克和雷夫·巴宾的《极限控制》（英文版出版于 2017 年）。

---

[1] 译注：分别为强制型、权威型、亲和型、民主型、领跑型和教练型。详情可访问 https://medium.com/the-value-maximizers/making-better-decisions-as-product-ownera8cefec1271f。

[2] 网址为 https://www.liberatingstructures.com。

第VI部分

合作者

互联网是一个可靠的系统，它由松散且不完美的多个部件组成。它之所以能够运行，是因为它不受任何人控制。

——《连线》杂志

小测试

为了给第Ⅵ部分做个铺垫，请通过勾选下表中的"赞同"或"不赞同"来回答下表中的每一个判断题。答案将在第Ⅵ部分的小结中给出。

测试题	赞同	不赞同
1. 并不存在什么所谓的"敏捷合同"。		
2. 合同最初设置的固定价格、范围和时间是无法更改的。		
3. 治理是既定的现实，我们只能接受。关于这个问题，没有任何讨论的余地。		
4. 所有治理决策都是在 Scrum 团队的影响范围之外进行的。		
5. 合同可以以促进敏捷行为和灵活性的方式来拟定。		
6. 财务干系人不喜欢带有涌现或变化特性的待办事项列表。他们想要一个接下来 4 个季度固定不变的计划。		
7. 可以从市场和产品战略的视角来审视预算。		

第 25 章

敏捷治理对产品负责人的影响

25.1 合作者

显然，Scrum 的核心在于团队合作，这包括 Scrum 团队内部的产品负责人、Scrum Master 和开发人员的合作，也包括 Scrum 团队与干系人、用户和客户之间的合作。Scrum 框架提供了一系列活动和工件，旨在优化合作，确保在每个冲刺中都能交付已完成的、可用的且有价值的工作成果。有效与他人合作的能力是产品负责人的核心技能。

截至目前，我们已经讨论了各种产品管理工具、技术、实践、概念和技巧。虽然前面没有明确提及，但大部分都需要大量的合作。愿景、策略、目标、用户画像、市场分析、实验等都离不开协作。如此说来，"合作者"姿态有什么特别之处呢？

案例研究："山人自有妙计"[①]

WORLD NEWS

出场人物：诺亚和桑德拉

"你的意思是你不能批？"诺亚显得很激动，桑德拉不知所措，因为她不太擅长处理情绪问题。

"很抱歉，但这不在预算内。"桑德拉解释道，"如果不在预算内，我们就不能雇设计代理机构。"

诺亚质疑道："你难道不知道预算是去年做的吗？那时我们并不知道怎么做才有助于这个产品取得成功。"

桑德拉点了点头。的确如此，但她也没什么办法。今年的预算已经由会计部门批准并有首席财务官的签字。预算周期实在太烦琐了，她不想重新来一遍。

"我知道公司有一些规定，需要制定一些计划，但总有办法解决这个问题吧？"诺亚说，"如果印刷机坏了，难道我们也得等一年才能买新的吗？预算真的动不了吗？"

"好吧，其实我有一个办法——"桑德拉开口说道。她感觉到胃里一阵翻腾，她讨厌任何变化。

首先，我们来看产品负责人采用"合作者"姿态会带来哪些积极的成果和好处。

- 组织灵活性提高：协作得到改善后，组织应对变化的能力也会得到提升。在客户需求发生变化、出现颠覆性技术或竞争对手进入市场时，强大的团队合作和协作能力有助于组织及时调整方向。

- 员工敬业度更高：人力资源 Saas 公司 Namely 的首席人力官尼

---

① 译注：原文为 I Spy with My Little Eye，这是一个亲子游戏的名称。游戏中，参与者选择一个可以看到的物体，然后给出提示，例如：I spy with my little eye something that begins with C，其他人则根据提示来猜。这个短语也可以用在日常对话中，暗示自己已经注意到了某些细节或事物。

克·桑切斯表示,在美国,员工的敬业度只有33%。[①]员工敬业度低,这对许多组织来说都是一个大问题。好消息是,加强团队合作是提高员工敬业度的最佳方式之一。

- 会议更高效:当团队和个人能够有效合作时,会议的效率和效果都会得到提高。团队的积极合作能够促进企业文化的发展,员工能够更高效地完成任务,减少非必要的会议。确实有必要开会时,会议中会有更积极的信息交换、更高的参与度和对彼此工作的更多支持。

- 业务发展加速:建立合作文化后,有利于更快将产品推向市场。团队的合作和沟通可以加速整个生产过程,让产品构建更容易。如此一来,整个组织创造价值的能力也会随之提升。

- 创新思想:合作从来都不容易,它产生的摩擦与产出的成果一样多。但不同个性和工作方式的冲突背后隐藏着积极的一面,会产生动态的、创新的想法。没有这些新颖的想法,组织可能会平庸地走向末路。

- 与干系人更协调一致:在讨论合作时,要尤其关注与客户、合作伙伴和供应商等干系人的外部合作。他们和产品有着直接的利益关系,如果将他们的反馈融入产品开发过程中,就可以更好地使产品特性与客户的实际需求保持一致,从而实现双赢。

- 提高盈利能力:合作能提升组织的盈利能力。通过招聘顶尖人才并创造一个能使其充分发挥才能的组织文化,他们能更有创造力并进一步推动组织的发展和增长。

好处很多,这里不再赘述。总之,经常采取"合作者"姿态的产品负责人可以使团队表现更优,合作更高效,开发人员的幸福感和敬业度更高,客户和干系人的满意度也随之更高。

综上所述,合作很重要,也很有价值。在日常工作中,产品负责人

---

① Kat Boogard, "Employee Engagement Strategies That Work," Wrike Inc., October 15, 2021, https://www.wrike.com/blog/5-strategies-employee-engagement/#Why-employee-engagement-matters。

会与很多人合作。不过，治理和合规等因素可能会大大影响协作能力。此外，有时我们需要和外部合作方签订合同，或者我们自己可能得遵守合同。当然，产品的财务状况和预算也会影响协作。

优秀的"合作者"型产品负责人具有下面这些特质。

- 开放且透明：诚然，与干系人和团队坦诚地交流是开放和透明的，但这往往只发生在解答他们的提问时。真正的开放和透明不仅仅是诚实地回答问题，还包括主动分享可能与干系人和开发人员相关或不相关的信息。透明有助于建立信任关系，因为人们相信产品负责人对他们没有隐瞒任何信息。

- 言而有信：没有人喜欢和关键时刻掉链子的人合作，即使只是偶尔。注意，犯错并不等同于掉链子。在复杂的环境中，错误在所难免，但优秀的合作者能准确评估完成任务所需要的时间，并合理安排自己的日程，以确保准时交付。人们知道他们会履行自己的承诺，因而都愿意和这样的协作者共事。

- 互惠互利：协作要有利于所有人——不仅是产品负责人，还包括团队和干系人。优秀的合作者会扪心自问："我为这段合作关系做出了什么贡献？如何为整体利益做出贡献？"干系人和团队成员更愿意帮助那些曾经帮助过自己的产品负责人。

- 为了理解而倾听，而不是为了做出回应：优秀的合作者知道，人们希望被听见，希望自己的想法和观点得到重视。相互倾听并交换想法和意见是协作的关键。如果要有效地采用"合作者"姿态，产品负责人必须倾听所有相关方的意见，并根据他们的输入和反馈做出适当的调整。

- 懂变通，知进退：优秀的合作者都明白，不是凡事都要区分对与错，也不是每次都要争个高下。他们会慎重选择需要在哪些争论上投入精力。他们知道，即便他们更偏好选项 A，也不意味着必须总是坚持这个选择。

- 友善待人：产品负责人肩负着巨大的责任。在无休止的工作和众多截止日期的压力下，产品负责人的情绪和行为可能受到影响。然而，优秀的合作者明白，无论什么工作都可以在不结怨的情况下完成。当人们喜欢自己的合作伙伴时，会更努力、更聪明、更高效地工作。为了最大化产品价值，"合作者"型产品负责人会友好地对待他们想要和需要合作的人。

- 关键时刻挺身而出：优秀的合作者明白协作是一种"双向奔赴"。在与别的人合作时，他们不会只做最基本的事情，有时，他们甚至会以意想不到的方式做出超出预期的贡献。他们明白，在关键时刻挺身而出能为他们赢得大量的好感和支持，让他们和旁人的合作更加顺利。

第 Ⅵ 部分专注于影响合作能力的诸多因素，比如敏捷语境下的治理、合同、财务和预算等。我们首先讨论的主题是治理。

25.2　敏捷语境下的治理

无论组织的规模如何，都离不开某种形式的治理。如此说来，什么是治理呢？治理涉及哪些方面呢？治理有许多不同的定义、类型和元素，例如公司治理、项目治理、投资组合管理治理、财务治理等。你可能发现，对于治理，不同组织给出的定义却有云泥之别。

虽然大多数产品负责人对治理不太感兴趣，但还是有必要了解一下。此外，由于对治理的看法不同，最好能在组织内就治理的含义达成共识。这可以帮助你反思和质疑公司的一些规则、政策和协议。

25.3　公司治理的定义

我们通常使用以下定义来描述公司治理：

（公司）治理是一系列机制、过程和关系的集合，用于管理和运营公司。治理结构和原则确定了公司内不同参与者的权利和责任，以及公司事务决策规则和程序。

从这个定义中，可以看出治理分为两个主要部分：一是组织内部的过程、协议、规则、机制和结构；二是组织外部的过程、协议、规则、机制和结构。它们通常创建于公司、政府和监管机构在出现问题或想要预防问题时。从这个意义上来讲，治理是一种管理风险、问题和潜在危机的方式。例如，如果客服人员对客户的退款要求来者不拒，公司可能就会建立一个流程，要求先走审批流程后退款。

另一方面，治理也可以视为提供机会的途径。例如，一些国家制定了法律，保障所有公民都能获得免费且方便的教育。同样，有些公司建立了职业发展路径，为员工提供成长和发展的机会以及增加他们的收入。

在 Scrum 团队中，很常见的一种治理模式是，开发人员希望产品负责人对每个冲刺中开发的每项功能进行正式确认，以免冲刺评审会议中出现任何差错。在最初制定这些规定和协议的年代，它们可能是合理的，其目的是预防未来可能发生的错误。但随着时间的推移，它们已经失去了存在的意义。如果为了提高组织的敏捷性而实行这样的确认流程，反而可能拖慢产品团队的速度。

罗宾

故事的主角是一位老妇人，她的丈夫刚去世不久。之前一直由丈夫管理财务，所以这位女士在丈夫去世后需要到银行现场验证身份。她不会开车，行动不便，也不太了解公共交通。她很难自个儿前往当地的银行。当银行的客服人员联系这位客户并想为她安排身份验证预约时，这位女士向她解释了自己的情况。

过去，客服人员必须先取得管理层的批准才能为客户提供特殊服务。但现在，银行决定尝试放权给客服人员，让她们可以尽己所能地帮助客户。银行领导层认为，既然人们能够买车买房、办理贷款和抚养孩子，自然也有能力做出金额不超过 100 美元的决策。因此，客服人员现在可以自行决定是否为客户提供补偿、送花、寄卡片或者为这位女士特别安排出租车。客服人员确实也是这样做的。

这位女士乘出租车来到银行并在办完事后被送回了家。与此同时，客服人员向这位女士寄了一张慰问卡到家，表达哀悼之情的同时祝愿她顺利度过这段艰难的时期。女士很感谢银行提供的服务和明信片，于是回寄一张卡片给客服人员，感谢他们的同理心以及为自己提供的服务。

回想一下，在你的公司，员工收到过多少封客户寄来的感谢信，以表达他们对服务感到满意的心情？通过安排出租车并寄一张卡片，银行就赢得了一名终身客户和忠实粉丝。在银行的管理层决定放权后，这家银行的客服人员收到了许多感谢卡，银行的净推荐值飙升。而且，在管理层放权并把决策委托给团队后，总体支出竟然还降低了！

在许多组织中，一旦事情进展不顺，就会增加规则、流程、结构和治理。规则越来越多，但在一切进展顺利之后，却几乎不会删掉这些规则。这种内部治理是我们可以控制的——我们可以改变规则——而在许多情况下，如果我们想建立或提升组织的敏捷性，就有必要考虑这样做。

那么，外部治理是什么呢？外部治理来自组织之外，由政府、协会、监管机构、实例或其他管理机构定义。外部治理通常以法律、地方法规、规则和条例的形式出现。外部治理的例子在我们的日常生活中随处可见，例如，国家的法律、交通规则、健身和运动俱乐部的规定，或体育比赛的规则。

　　海事安全行业有多家公司与其客户联合起来，通过国际航标组织（IALA）共同制定了国际规则和标准，以规范安全措施、制定数据交换标准，并界定了"良好表现"的标准。通过此事，荷兰一家小公司认识到，通过协作，即使是小公司也可以有较大的影响力。在 Openivef 的官方网站（http://openivef.org）上，我们可以找到该领域几位主要参与者的照片以及本书作者年轻时的照片，当时他们正在商议船舶交通安全系统必须遵守的交换格式。

　　类似的例子随处可见。例如，欧洲空中航行安全组织（EUROCONTROL）建立了空中交通的标准。德国的弗劳恩霍夫协会①提出了 MP3 标准。欧盟负责制定整个欧洲的法律、规则和条例。欧洲中央银行和金融市场管理机构影响着银行行业各组织内部的许多事务，等等。

　　作为产品负责人，需要有效地应对这样的外部治理，并尽力影响这些治理，以便为自己最重要的人——你的客户——提供价值。

25.4　组织治理涵盖许多要素

　　治理是一个广泛的话题，它与许多元素有关。举例来说，在风险管理、文档、技术、架构、安全和隐私等方面制定的规则、流程和协议都是组织治理的一部分。这些治理大多是内部定义的，因此可以更改，但剩下的外部治理比较难以更改。

　　图 25.1 展示了组织治理的各种要素。虽然并非所有要素都适合你的组织，但如果你在小型、中型公司或大型企业工作，大多数都是适用的。

　　除了图中展示的各种要素，还有很多其他要素。考虑到把它们全部列出来可能要几十页的篇幅，并且其中一些与产品负责人并不直接相关，所以这里只列出一部分。

---

① 译注：1949 年创立，是德国最大的应用科研巨头。云集了 3 万多名顶尖的科学家和工程师，服务于全球 3 000 多家企业，年度完成的项目超过 1 万个，专利超过 6 000 项。年度经费超过 21 亿欧元。

在我们的"专业 Scrum 产品负责人高阶课程"中，"治理"这一章
我们经常采用一系列练习的形式进行教学，其中一个练习是首先将所有
治理元素分成两组：内部治理与外部治理。接下来把它们关联到不同的
Scrum 角色，包括产品负责人、Scrum Master、开发人员以及除 Scrum 团
队之外的角色，如图 25.2 所示。

图 25.1　治理的要素

图 25.2　"专业 Scrum 产品负责人高阶课程"中的练习

在这个练习中，参与者开始讨论治理要素的含义。例如，风险管理、财务和预算、变更管理等元素通常与多个角色相关，其中通常包括产品负责人。这个练习的主要目的是讨论这些元素代表的含义。下面来探讨两个例子。

第1个例子，风险管理与产品负责人有关。产品负责人的职责是识别产品的优势、劣势、威胁和机会，以及根据价值和风险对产品待办事项列表进行排序。产品负责人还需要评估与管理市场、产品及行业中的风险。风险管理也可能涉及技术或解决方案的风险。开发人员负责识别和评估潜在的安全性、稳定性和性能风险。然后是与过程、文化、人员和工作方式相关的风险。至于那些可能阻碍Scrum团队实现冲刺目标的风险（障碍）或那些危及专业Scrum应用的风险，需要由Scrum Master来处理。当然，在银行等大型公司中，风险管理还有一些特殊的视角。这些公司通常设有风险管理职能部门，专门负责识别、评估、沟通和管理公司级别的风险，例如那些可能影响银行运营许可的风险。

让我们来看第2个例子：产品文档。产品文档的处理方式可能完全取决于具体的团队和公司。一些公司（尤其是小型初创公司）可能根本没有关于文档的治理规定。另一些组织则为文档制定了标准，包括技术文档、用户文档、架构文档、代码内文档、市场营销文档、销售文档、运营文档等。因为产品文档涉及产品独特的价值主张、解决客户问题和关键特性，所以产品负责人可能会在这方面发挥作用。技术或架构文档通常由开发人员负责。关于工作方式、文化和价值观的文档，则可能由Scrum Master处理。而且，在Scrum团队之外，可能还有其他许多形式的文档。在某些情况下，还有需要遵循的行业标准。例如，制药公司必须在药品中标明适应症或功能主治、用法用量等。另一些公司则可能需要追踪文档、过程或系统中的变更。

在这些例子中，你会注意到治理的各个元素可以用多种方式来解释。定义治理和你的想法有一定的自由度。这就是治理的关键，在很大程度上由你和公司来定义，它描述了谁负责以及谁有权做出决策，以及如何处理这些决策。所以，如果治理主要由我们来定义，那么显然我们也是可以更改它的。

25.5 有效应对治理

若想改变现有治理或实施新的治理，首先需要明确治理或治理元素在当前背景下的定义。你可能发现，大多数流程、规则和条例都属于内部治理，但其中一些可能超出了自己的控制或影响范围，比如制定了行业标准的法规。

过去 20 年，我们经常听到有人说"我们这儿的运作方式就是这样的"或"我们一直都是这么做的"。虽然这可能是事实，而且这些方法确实可能已经沿用了很长时间，但这并不总意味着它就得保持不变。组织内部定义的大多数治理都是内部治理。所以，如果有什么阻碍你成为高效的"合作者"型产品负责人，不妨试着改变一下。当然，并不是每一场战斗都值得投入，但如果你真的相信改变某个治理能让自己更好地实现价值最大化，或许值得为此付出努力。

对于内部定义的大部分治理元素，采用"合作者"姿态的产品负责人可以联合 Scrum Master 和开发人员。虽然刚开始推行 Scrum 时往往不是这样的，但最好能够信任产品负责人，让他们全权处理产品愿景、战略、路线图、决策和预算。产品负责人对投资回报和长期产品成功的主导权能够推动更快的决策和增强主人翁意识，因此应该主动承担责任。同理，过程改进和过程管理是 Scrum Master 应该处理的元素。一对一辅导是一门手艺，尽管不是所有 Scrum Master 都能成为杰出的个人教练，但优秀的 Scrum Master 能够成为一名卓越的教练。我们需要定义治理元素的含义，然后确定谁来负责。开发人员可以处理许多事务，他们不仅会写代码，而且还具备产品开发的种种技能。团队的自管理在一定的边界内进行，通过治理来明确边界，让团队从中培养自主性，进一步获得成长。

当然，有些事情可能超出你的控制范围。例如，虽然你可能会对组织文化和内部审计等做出贡献，但并不能直接掌控它们。也许本章列出的一些元素和你完全无关，但多了解一些总是好的。虽然产品负责人的工作已经很繁重，但在大多数组织中，预算管理和合同管理这两个治理方面通常并没有得到足够的重视，而这两方面偏偏又对产品负责人非常重要。因此，后续章节将针对这些主题为你提供更多指导和启发。

第 26 章

敏捷方式下的产品预算编制

"抱歉，我们的预算过程还不够灵活或敏捷，预算最高也只有达到
我们去年预测的那么多。" 你在公司遇到过类似情况吗？你有没有经历
过预算、预测、目标或计划一经设定就不可更改的情况？当一个产品没
能达到预算、目标或预测时，可能是因为产品负责人：

- 制定了一个糟糕的计划；

- 制定了一个好的计划，但未能成功执行；

- 制定了一个糟糕的计划，并且还执行失败了。

当然，未能实现目标可能还有很多其他原因。市场变化、客户需求
变化、国际危机和不断变化的环境等外部因素都可能影响计划和预算。
也许计划、预算或预测已经是当时能制定的最佳方案。我们可以理解公
司及其领导层的处境，变化的环境是很难搞定的。也许投资建立在那些
预算和计划上，也许组织需要一些计划和预测作为招聘、市场营销费用、
采购工具或更改基础设施的依据。无论如何，公司都必须支付员工的工
资并作为一个可持续经营的企业运转。因此，对预算和目标进行预测并
在财务方面实现对齐，是专业产品管理的重要环节。

有些产品负责人会过分强调不确定性。我们经常听到产品负责人说：

"我们不知道产品发布时间，因为我们采用的是敏捷方法。"或者"我们无法估计预算，因为我们不确定客户何时签署合同。"虽然这些话看似符合敏捷思维，但敏捷的要点并不是完全不做计划。如此一来，就产生了一个重要的问题：如何把传统的长期计划和敏捷世界结合起来？哪些类型的预算和预测方法既能满足财务合规性和控制性的需要，又能保持敏捷性并适应不断变化的环境？

26.1 三重地平线

在大多数大型组织或企业，人们都习惯了编制年度预算。这些预算通常以年度为周期进行编制，在当前年度为下一年度做出预测。对组织中有些部分来说，这种做法非常合理。如果公司预计下一年继续使用同一栋办公楼，则这些办公成本（包括可能的通货膨胀）是可以预测的且可能一整年都不变。但员工工资就比较复杂，因为可能有员工离职，也可能有新员工加入，还有一些员工会升职加薪。尽管可以根据一些信息做出预测，但预算不能定死，因为人力资源的变化有时会对预算产生显著的影响。

然后是对产品和服务的预测。这部分预算最难预测，因为公司无法确定会有多少新加入的客户和流失的客户，以及新产品能带来多少额外的收入。虽然也可以根据过去的业绩、市场增长率、当前市场份额、销售目标和其他因素来做估计，但这部分预算无法做到百分之百的确定。

编制预算的一个问题是，公司倾向于为团队或项目分配固定的预算，但不明确投资的回报期。这种做法可能导致公司偏向于短期发展而忽视长期的战略性发展。这不一定是坏事。在复杂领域中，很难准确实现长期目标。因此，我们应该为了验证长期目标而设定短期目标，而不只限于抓住眼前的机遇。

在《增长炼金术：企业启动和持续增长之秘诀》[1]中，三位作者介绍了一个三视界框架。该框架为公司提供了一种结构，用于在兼顾当前业绩的情况下评估潜在的增长机会。三视界框架基于对维持公司长期增长的因素进行研究。虽然这个框架最初用于评估增长潜力，但也适用于对具有不同投资回报期的预算进行分类。运用三视界框架进行思考有助于在追求短期目标的同时兼顾长期发展的重要性。

三视界框架可以按照以下方式与预算策略相结合。

- 第一视界：日常业务。这一视界涉及公司或产品当前的业务。投资于第一个视界的目的是支持日常业务。在这个视界投入的预算确保产品能够持续运作，保持良好表现，并为现有客户及用户创造价值。这个类别下的产品和服务通常是组织的主要收入来源，为公司带来最多的利润和现金流。

- 第二视界：持续创新。正如第Ⅳ部分"实验者"所讨论的那样，持续创新是在现有产品和服务基础上进行的。对第二视界的投资可能是为了吸引竞争对手的客户选择你的产品。第二视界的投资还可能包括技术升级或大规模改造，以维持良好的投入产出比。在第二视界上获得资助的通常是产品待办事项列表中的大型待办事项。

- 第三视界：颠覆性创新。第三视界投资的是大胆的、关注未来的增长构想。这种类型的创新采用全新的方法或进入全新的领域。例如，改变商业模式或为新市场开发全新产品就是典型的第三视界项目。这些项目的投资回报周期通常比较长，因为是对未来的重大投资，所以它们有望成为未来的主要收入来源。

在决定如何分配产品预算时，可以考虑这三个视界，它们将帮助你平衡短期投资、中期投资和长期投资。许多产品负责人会陷入过于关注其中某个视界的陷阱，例如，把大部分预算都分配到第一视界或第三视界。

---

[1] Mehrdad Baghai, Stephen Coley, and David White, *The Alchemy of Growth: Practical Insights for Building the Enduring Enterprise,* Perseus Books, 1999. 中译本由经济科学出版社出版。

运用这些视界，并随时间进行检视和调整，有助于在产品、公司和潜在客户的不同需求之间平衡预算的具体分配。

26.2 就像产品待办事项一样管理预算

我们经常遇到的一个问题是，财务和控制部门需要提前编制一年甚至一年半的预算和财务预算。虽然这可能是出于法规要求，但在很多情况下，完成预算编制后仍然有机会进行调整。如果公司要求提前进行财务预测和编制预算，那么最好遵循这一要求，提前一年或一年半做出预测。

然而，不要把预算定死，而是要将其用作预测。每个季度定期检视和调整预算。这样做既可以让财务部门满足法规和合规标准的要求，又能更灵活地使用预算。从这个意义上讲，预算编制类似于对产品待办事项列表的管理。

- 接下来几个冲刺的目标是明确的，大致确定了要交付哪些产品待办事项（但不是硬性规定）。它们可以与维护和改进（第一视界）、产品的重大变更（第二视界）或实验和战略目标（第三视界）联系起来。

- 对于下一个季度的目标、目的和高层次概念，可以做更宽泛的计划。可以设置一些较大的目标（和目的）、重要的想法（或主题），以及需要构建的大型特性。这些目标、想法和特性同样可以与第一、第二或第三视界的投资联系起来。这些想法的潜在成本和收益只能做粗略的估计。举例来说，预算可能在 10 万美元到 15 万美元之间。

- 对剩下几个季度的预测主要包括重大的颠覆性创新、主题、目标或对未来的宏大构想，其中可能包含目前看起来有价值的一些想法。虽然你可能有很多想法，但最好只选出几个潜在的选项。尽量不要创建一长串特性列表，因为人们对此会有不切实际的期望，认为这些全都要交付。因此，应该将这些想法保持在高度抽象的层面上，例如，"我们将致力于人工智能、物联网、云技术、自然语言处理和 / 或 API 管理等领域。我们尚未确定哪些领域需要优先考虑，但为了保持竞争力，至少需要开发其中的一部分领域。"

确保每个层次上都清晰地表达了已知的不确定性。短期预测保持准确可靠有助于为你的长期的概要规划建立信用。你可能想知道如何决定在每个视界上投入多少预算。和其他任何顾问一样，我们只能给出一个答案："这很难说，具体情况要具体分析。"在与客户、干系人和 Scrum 团队的合作中，你肯定能找到答案。

至于如何决定预算的分配，可以考虑产品的生命周期、当前价值和未实现的价值、公司战略或客户的需求和愿望等因素，但总的来说，影响创新速度的以下两个主要方面决定着如何有效地使用预算。

- 客户采纳：例如，尽管洗衣机和冰箱同期推出且都使用了相同的电机技术，但人们并没有像购买冰箱那样果断地购买洗衣机。[①] 市场只能以一定的速度接纳变化或新产品。有时，只是为了确保市场对产品的接受度，需要在第一或第二视界进行投资。比如，谷歌光纤网络为缺乏相关基础设施的用户提供搜索和广告功能，通过投资基础设施（光纤网络），谷歌增强了其核心业务（搜索和广告）的市场覆盖率。

- 技术 S 曲线：这个理论表明，当技术进入成熟阶段后，越来越容易被新兴的技术所取代。换言之，所有技术最终都会被超越。一旦接近这一阶段，就需要对第二视界或第三视界的技术加大投入。

---

① 有一个有趣的事实：人们接纳冰箱的速度几乎是洗衣机的两倍。洗衣机之所以普及比较缓慢，部分原因是客户需要先改管道。有时，公司必须专注于基础设施建设，才能推动其主打产品取得成功。

TomTom 个人导航设备（PND）的原始版本最先在微软的移动操作系统上运行，后续版本转向 Linux 系统，几年后，又换到安卓系统。这一系列操作系统的更换不仅降低了开发成本，还给消费者带来了更新鲜的产品体验。但需要解决的问题始终不变，仍然是让用户更容易抵达目的地。这些都属于第二视界的投资，即对现有产品的持续维护。用于导航的移动应用则是第三视界投资的例子，因为在当时，它们的性能和用户体验都比个人导航设备差，但这种情况很快发生了翻天覆地的变化。

克里斯

客户和 / 或用户对产品性能的感知会随着时间的推移而发生变化，如图 26.1 所示。在这里，性能可以指代产品的速度和质量，也可以指代客户满意度或产品有效解决客户问题的能力。

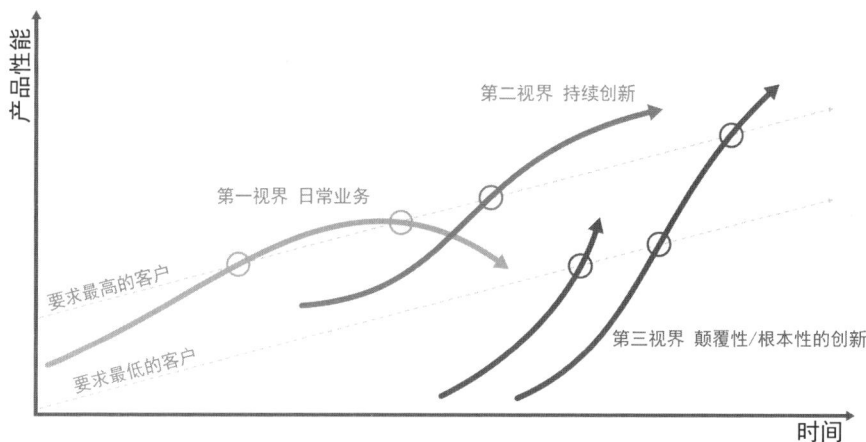

图 26.1   创新者的困境，基于克莱顿·克里斯坦森博士的研究

从图中可以看到，随着时间的推移，大部分产品的性能都会下降。举个例子，想想你的第一部手机或笔记本电脑。刚买到手的时候，它可能是最顶尖的，但如今它可能已经过时了。随着时间的推移，对于良好

的性能，你的看法发生了变化。你的客户也如此。对于要求不高的用户来说，你的产品可能依然"足够好"，但要求高的用户会开始寻求更好的替代品。最终，即使是最不挑剔的客户，也可能抛弃你的产品。

为了防止这种情况发生，我们需要对第二视界进行投资，以更新产品，引入新技术，添加新特性，等等。在第二视界的投资有助于让产品在一段时间内保持活力并延长其生命周期。

代表第三视界的曲线反映了我们投资的颠覆性或根本性创新。你会注意到，这些投资中的一部分并没有产生足够的收益或明显的性能提升。比如图中第一条代表第三视界的线，它很快就断了。这通常会引发公司内部的"抗体"效应，即公司使用最挑剔的客户作为度量所有创新的标准。就像我们血液中的抗体会寻找并消灭它们认为有威胁的病原体一样，企业内部的"抗体"会寻找那些根本性的创新想法，然后通过缩减资金、嘲笑或直接破坏的方式来阻挠和打击它们。

如果我们希望第三视界的项目取得成功，就需要对它们加以保护，不能按照常规流程来处理。如果按照最挑剔的客户的评判标准来评估，它们根本无法在预算分配中幸存下来。颠覆性和根本性的创新有很高的失败率。它们通常因为未能触及足够大的市场细分、未能解决客户愿意为之付费的重大问题或未能为公司创造利益而落败。然而，如果这些创新真的成功了，它们的影响通常远远超过预期。

汽车行业是一个很好的例子，该行业一直在向传统的燃油发动机持续投入大量资金——这些技术虽然精湛，但已经过了它们的技术高峰（属于第一视界和第二视界）。电动发动机则是第三视界的创新。虽然电动发动机目前还不能完全替代燃油发动机，但其发展势头迅猛，一旦发展成熟，就会在市场上占据主导地位。在移动电话、移动操作系统、过程自动化软件和航空业等多个领域，我们都可以观察到这种变革——这是一个普遍存在的现象。

在考虑第三视界的预算时，可以看看新进入市场的对手在你这个市场中的目标。比如，在与一家为学校开发管理软件的大公司合作时，我们注意到一些新进入教育市场的企业研发了许多小产品(比如虚拟黑板、花名册共享和作业管理等),这些产品与公司的旗舰产品有一定的相关性,但不像旗舰产品那样完整。这些小产品属于典型的第二视界特性。公司并没有试图追赶这些竞争对手,而是建立一个平台,让这些产品能够在上面运行。

26.3 预算的策略和市场视角

我们想分享的最后一个视角是从产品策略和目标市场的角度分配预算。正如前文所述,在对产品投入预算时,可以从多个方面进行考虑。另一个角度是根据目标市场来分配预算。

这些目标市场或目标受众可以划分为 4 个主要群体:现有客户、竞争对手的客户、潜在客户和新市场。表 26.1 展示了如何从策略和目标市场的视角来处理预算分配问题。稍后,我们将更详细地阐述各个类别。

表 26.1　产品预算策略画布

	现有客户	竞争对手的客户	潜在客户	新市场
新商业策略	%	%	%	%
新产品	%	%	%	%
增强产品性能	%	%	%	%
新技术	%	%	%	%

让我们探讨一下将预算分配到这些市场后可能会对产品产生哪些影响。

- 为服务现有客户而分配预算:现有客户是那些已经用你的产品解决了问题的人。你能够接触这群现有客户,并能识别出他们的额外需求和需要解决的问题。为更好地服务现有客户而分配预算时,我们通常注意到这些公司采用的是亲近客户策略,偏爱长期的客户关系。对于你的产品,这意味着在保持客户满意度、交叉销售和捆绑销售产品与服务以及降低客户流失率等方面投入资金。例如，空客和波音就在这方面投入了大量的预算。

- **为吸引竞争对手的客户而分配预算**：竞争对手的客户也找到了问题的解决方案，只不过不是要你说服这些客户换用你的产品，关键在于转换成本。为吸引竞争对手的客户而投入资金的公司通常会降低转换门槛、提供免费试用和注册奖励、加大营销和广告力度以及积极的销售人员。这就是 iOS 应用商店里有"从安卓转换"应用和 Google Play 商店里有"从 iOS 转换"应用的原因。双方都在简化转换过程上投入了资金。

- **为吸引潜在客户而分配预算**：潜在客户是那些还没有找到解决方案的人。他们可能意识到了问题，也在寻找解决方案，不过他们可能也根本没有意识到问题。如果想将预算用于这个目标群体，那么大部分预算将被用于引导客户了解产品、对比产品、产品和公司品牌推广以及优化客户购买流程。举例来说，Booking.com 和亚马逊这样的公司都倾尽全力为此简化了购买过程。

- **为进军新市场而分配预算**：进入一个全新的市场或服务于全新的目标受众。瞄准新的但与已有业务相似的问题，可以帮助你进入新的市场。例如，某公司提供港口和海港的海上安全系统。这是一个饱和的市场，大多数客户都有自己的解决方案。公司发现远程操作石油钻井平台的保护系统面临非常类似的问题之后，便决定进入这个新的市场。

需要探索的第二个维度是产品策略，它与三维视界框架相关。我们将第三视界分为两部分：创建新产品和制定新的商业策略。同时，第二视界可以细分为持续更新技术和持续更新产品功能。针对不同策略的预算分配，可以按照下面几种方式进行评估。

- **维持现状**：与第一视界有关。这一类别包括对产品进行的所有小改动、改进、缺陷修复和维护活动。

- **新技术**：向产品中添加新技术或使用新技术替换现有技术与第二

视界相关。例如，通过为软件产品添加新的前端技术，可以为客户和用户创造全新的体验。我们曾经将 Silverlight 前端替换为 HTML5 和 JavaScript 前端，虽然没有改变多少功能，但这样做之后产品能够在跨平台的现代设备上运行。

- **产品增强**：在同一产品中增加新功能、开发新功能区域或解决新的客户问题和需求也是第二视界的一部分。产品增强可以保持产品对客户和用户的持续吸引力，从而维持产品的价值。

- **新产品**：开发和推出新产品与第三视界紧密相关。新产品的不确定性很高，尽管我们付出了很多努力来最大化成功的可能性，但仍然无法确保产品的成功。引入新产品不仅可能吸引并留住现有的客户，还可能吸引竞争对手的客户、潜在客户以及新的市场。我们开发过几款与我们的核心产品相辅相成的新产品，这些新产品不仅吸引了现有客户继续使用，也吸引了竞争对手和潜在客户转向我们的产品。

- **新商业策略**：产品策略的最后一个视角是推出新的商业策略，这属于第三视界。例如，推出新的商业策略——比如从固定费用的订阅模式转变为按使用付费的模式——可能为产品带来新的机遇。以世界新闻公司（World News）为例，作为现有的面向消费者个人（B2C）新闻产品的补充或替代，增加面向企业用户（B2B）的新闻产品可能是个值得探索的新商业策略。

在 Excel 或 PowerPoint 中创建一个简单的预算策略表，可能有助于识别哪里需要投入预算（表 26.1）。建议与客户和干系人讨论你的想法和选项，公开说明你计划如何使用预算及其背后的原因。探讨不同的视角，就产品愿景和策略以及预算策略对后续步骤的影响达成共识。例如，如果让干系人来决定预算的分配，你的组织会发生哪些变化？

如果你问管理层预算怎么分配，他们可能会说应该投资于新的商业策略和开拓新的市场。如果你问面向客户的团队，比如客户支持、客户管理或运营团队，他们可能建议投资于目前的产品、工具和为现有客户提供的解决方案。作为产品负责人,你需要协调这两种不同的观点并使之对齐。
这样做还有助于明确不值得投入预算的领域。

案例研究:一笔好交易

出场人物: 克马尔、戴夫、桑德拉、诺亚和珊妮丝

"就这样,达成了一笔好交易。"克马尔在演示结束后如此总结道。戴夫看起来很满意,因为那些数字确实令人印象深刻。

"我们从上次的重塑品牌项目中吸取了什么教训?"桑德拉问道。

"一切都考虑到了。代理机构会为所有改动和延误负责,我们和他们商定了一个固定价格合同,他们占不到我们的便宜。"

"我们有理由认为他们想占我们的便宜吗?"诺亚问。

"没有吧。不然我们为什么要找他们?"戴夫回答说。

"如果我提的问题很蠢,请见谅,毕竟我是新来的。"诺亚继续说,"但从合同来看,感觉咱们像是在防着他们。"

另外几个人眨了眨眼睛,说:"似乎所有风险都应该由他们承担。"

桑德拉点头表示认同:"我也有同样的担忧,如果我们识别的风险全部成真,这个项目甚至可能让他们破产。"

戴夫现在看起来不那么高兴了:"他们要是破产了,我们的项目怎么办?重塑品牌项目中途出现这样的问题,后果我们可承担不起。这属于'小钱仔细,大钱挥霍'。"

在那之后,尽管克马尔表示反对,但公司最终还是没有与这家代理机构签约。"也许交易的好坏不能单靠价格来衡量。"珊妮丝对诺亚说。

"确实,"诺亚想,"也许相互信任的重要性高于金钱。"她思忖着应该在哪些方面信任供应商以及哪些方面不应该。合约价格应该怎么"固定"?她们和供应商应该在合约中留下多少操作空间?

第 27 章

合同中体现对产品所有权和团队合作的支持

你可能有过疑惑："合同的概念与敏捷工作方式是否兼容？"你可能也在思考关注合同有没有必要。产品负责人有必要关注合同。实际上，"创业家"型产品负责人往往需要更频繁地处理合同相关事务。尽管产品负责人并不经常直接创建合同，也不太可能负责管理合同的详细内容，但他们经常因为以下几个原因接触到合同。

- 产品负责人负责按合同为客户开发和交付产品或项目。
- 产品负责人需要向第三方交付产品或服务，并遵循服务等级协议、体验等级协议或其他形式的合同。
- 产品负责人从第三方采购自己产品或服务中需要的组件。
- 产品负责人的产品本质上是一个合同，或者其产品由一系列条款、规则和协议构成。例如，管理保险产品的产品负责人通常负责定义和/或管理保险产品政策。他们在确定合同范围方面起着重要作用。

产品负责人或产品经理不太可能把大部分时间都用在合同的拟定和管理上。通常，负责合同拟定和管理的是法律部门和/或采购部门的事，他们才是这方面的专家。

Scrum 团队中也有各种专业人士，比如用户体验（UX）、编码、架构、安全、测试和设计等领域的专业人士。这些专业人士可能也是销售、营销、业务或运营方面的专业人士。就像 Scrum 团队的专业人士需要从产品负责人那里获得愿景、策略和目标等方面的指导，法律团队同样需要指导。作为产品负责人，参与合同的拟定是有意义的，因为你能影响供应商合同的拟定。因此，我们认为你应该对合同有一些基本的了解。你不需要成为专业人士，但能够有效地与法律人员合作将对你非常有好处。

27.1 什么是合同

合同是一份法律文件，用来声明和解释两个不同实体之间的正式协议，这些实体可能是个人、团队或组织。合同往往是因为双方参与合作而产生的。无论是客户与供应商关系、合作伙伴关系，还是其他类型的合作，都涉及双方共同的努力。当个人、组织或其他各方开始合作时，就会形成相互依赖，因此参与合作的各方都希望有一种方式来记录和确认他们的承诺。合同的目的是在工作范围、双方的工作内容、付款条件和其他事宜上达成协议。合同有助于揭示隐藏的假设，能够识别和管理风险。归根结底，合同是为管理涉及各方的风险而采取的一种解决方案。

传统上，产品开发中使用的许多合同倾向于推动完成一个顺序性的开发周期。合同一般包含探索、定义、确定范围、产品开发、测试、交付和维护等环节。换言之，过去常用的许多合同更倾向于推动传统的瀑布式工作方式。在建筑项目中，这种方式可能表现不错，但在大部分复杂的项目中，这种方式会增加风险，并加大失败的可能性。那么，如何让合同更加敏捷呢？

不幸的是，并没有什么所谓的"敏捷合同"。因为合同有许多不同的类型，所以不存在什么统一的敏捷合同拟定方法。但是，可以在合同条款或主题中加入灵活性，或者说敏捷性。比如，相比关注顺序交付，我们更关注迭代交付。提前结束合同并不代表违约，反而是一种理想的情况，因为假设我们已经交付了价值。我们可以在合同中规定如何合作、实现透明度和获取反馈，以便更有效地应用经验，同时又更加敏捷。

通常，合同中包含表 27.1 中所列的元素。

表 27.1　合同中包含的各种要素

如何管理风险	担保
如何合作	责任
公开透明的内容	知识产权保护
提前终止合同的机制	付款方式
范围	时间线、截止日期、交付日期
如何交付工作	商定的预算

花些时间看看左侧，这些元素涉及合同双方的合作。它们涵盖双方如何协同工作的细节，Scrum 这样的框架可以作为这部分的基础。Scrum 框架专注于优化价值、最小化风险并通过有效合作来解决复杂的问题——所以，还有什么理由不用 Scrum 作为合作的基石呢？

至于右侧列出的元素，Scrum 框架就不一定能够提供很多帮助。虽然 Scrum 定义了最长一个月的冲刺（可以用来规划时间线）以及预算或许与 Scrum 团队的人力成本相关（也可以用 Scrum 的价值观来指导一些决策），但相比之下，Scrum 在这些元素上起到的帮助不如左侧的多。

汤姆·阿博加斯特、克雷·拉曼和巴斯·沃德写过一本书，书名为《敏捷合同入门》。阿博加斯特是一名律师（一旦涉及合同，律师的观点是很有价值的）。这只是该主题的入门书，所以建议你另外花时间阅读其他的书，更深入地了解合同的相关知识。我们认为书中有些内容最为重要，转述如下：

> 专业律师的知识体系完全不同。这种知识体系的改写始于他们以学生身份进入法学院。律师的职业责任和辩护责任牢牢地根植于律师的思维方式中。他们接受专业培训，力求在法律

允许的范围内最大限度地维护客户的利益并帮助他们避免可见或不可见的风险。但如何定义客户利益呢？客户可能只是简单地回答说，项目成功交付就是客户的利益。然而，专业律师却认为，成功在于在推进合同/项目至最终目标的同时最大程度地保护客户不至于暴露于任何形式的风险中。

······

《敏捷宣言》中，第三个价值观是"客户合作高于合同谈判"。审合同的律师第一次读到《敏捷宣言》的时候，他们会留意到这一点，并且也许会想："这很好，不过我的目的是确保我客户的利益得到恰当的保护，他们怎么想是他们的自由。但我敢打赌，一旦他们面临交付失败和法庭诉讼，就不会再说什么'客户合作高于合同谈判'。"律师的责任是在合同关系中考虑这种"难以想象的情况"，并提供一个合同语言框架来处理此类不愉快的结果。此外，律师尤其擅长于处理关系恶化和信任破裂的情况。

27.2 谁来承担风险

合同通常作为一种风险管理、限制和减少的手段，尤其是在没有获得预期结果（或之前达成的协议）时，它允许合同任意一方提前终止合同。为了管理这些风险，可选择三种主要的合同类型，如图 27.1 所示。

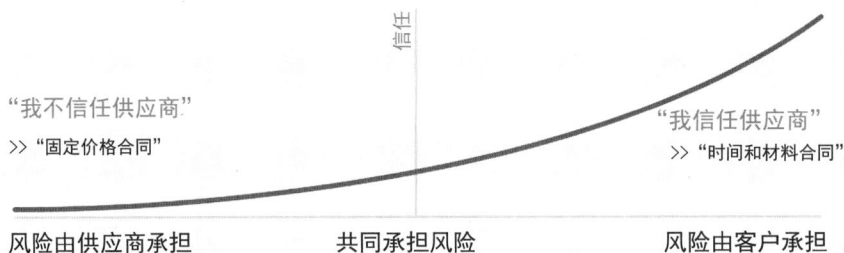

"我不信任供应商"
>> "固定价格合同"

"我信任供应商"
>> "时间和材料合同"

风险由供应商承担   共同承担风险   风险由客户承担

图 27.1　谁来承担风险

第一种是固定价格合同，它通常还包括固定时间和范围。针对客户和供应商关系使用这类合同时，所有风险都由供应商来承担。不论是客户改变主意、产品开发过程中遇到的障碍、技术上出了问题还是其他任何情况，风险都由供应商来承担。这实际上意味着供应商可能（大概率）会在报价中加入一个风险因子。如果与你合作的多个分包商对风险极为敏感，最终你可能需要支付一个非常高的价格。考虑到不是所有分包商都会面临实际风险，所以你可能会选择自行承担更多风险。

这就有了第二种合同，即工料合同（time-and-material，T&M，又称"工时及材料合同"）。当客户和供应商彼此十分信任时，通常会选用这种合同。客户信任供应商在面对预测中的不确定性时能有最佳表现，因为在这种合同里，这些不确定性会转化为客户需要承担的风险。这种合同形式通常适合标准化产品或服务或者当双方的信任程度足以支持这种合作方式时。

团队推行专业 Scrum 时，工料合同可能带来额外的挑战。这种合同往往按工时来支付，比如按小时或按天。如果你希望在团队中实施 Scrum 并高效合作，那么按工时付费的方式可能导致团队故意放缓工作速度。此外，在另一方眼中，用于持续改进和知识分享的时间可能不如用于创造输出的时间有价值。因此，作为替代，你或许可以考虑使用按冲刺计酬的工料合同的另一种形式。这种方式可以让供应商致力于在每个冲刺期间完成产品增量，而不是试图通过延长工时来增加收入。这种支付方式能让团队更专注于完成任务。

第三种变体介于固定价格合同和工料合同之间，即所谓的风险共担合同。在风险共担合同中，双方各自承担一些风险，这些风险通常与回报挂钩。这类合同通常将支付方式从一次性结清转变为分期付款。

27.3 两阶段合同

两阶段合同是控制风险的另一种方式。合同可以分为两个或甚至更多阶段。这可以帮助减少风险，或者在涉及大型新的项目（如启动新产品开发）时推迟风险承担。

针对创建计划、预测和合同，一个有趣的事实是，项目刚开始时通常并不是它们的最佳创建时机。此时，我们对它知之甚少，面临的风险通常也超过了项目末期。理想情况下，我们希望在项目末期再商定合同，因为那时我们确切知道项目需要什么。当然，这个想法不太现实，但同理，如果能采取更小的步骤，或者创建更短一些的合同阶段或更小一些的分阶段任务呢？这样不就能更有效地管理风险了吗？

图 27.2 中的不确定性锥指出，由于各种未知因素和不确定性，在项目初期做出的估算偏差可能是项目后期的 4 倍。在大多数情况下，我们作为客户，期望供应商承担低估项目复杂度和工作量的风险。然而，如果要求供应商承担所有风险，那么我们可能又不得不支付极高的"风险金"。因此，作为固定价格合同的一种替代方案，我们可以使用两阶段合同。

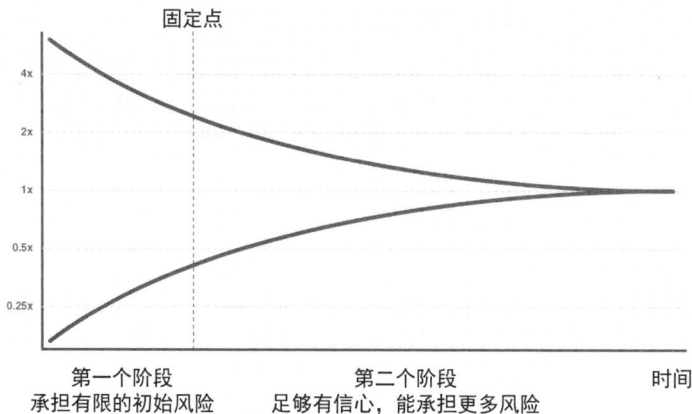

图 27.2　何时才能完全确定 [①]

[①] 来源：塞尔日·博蒙特，《敏捷合同》，XP Day 演讲。

在这种合同的第一个阶段，应该专注于创建第一个产品增量，以降低风险。我们也可以制定产品愿景和战略，确定一些产品目标，创建初步的产品待办事项列表或路线图，并进行一系列实验来降低技术风险（我们是否能构建它）、商业风险（客户是否需要它）和社会风险（这个团队是否能够合作创造有价值的东西）。

一旦项目进展到某个关键点（图 27.2 中的固定点），客户将建立起足够的信心，认为这个新产品或项目有望取得成功并带来足够的价值以维持企业的可持续运营。这时，客户可以选择继续资助该项目。随着风险的降低，采用其他形式的合同不会带来太多问题。这意味着，合同类型现在可以转向工料合同等形式，其中客户按照每个冲刺的完成情况付费，并愿意承担更多风险。

两阶段合同也可以反过来使用。假设有个不太"敏捷"的客户，他们希望你来承担所有风险。在这种情况下，也可以拟定一个两阶段合同。对于合同的第一个阶段，工作范围、时间表和成本是固定的。但在这个阶段，客户肯定会形成新的见解和需求，尤其是当你邀请他们参加冲刺评审会议并让他们亲自体验产品的增量开发时。不过，在第一个阶段，不允许对工作范围作出任何更改。要想变更工作范围，就必须进入第二个阶段。

因此，如果客户想把他们的新想法纳入项目范围，就只能转向工料合同的变体（即第二个阶段）。在第二个阶段，客户可以根据需要变更想法并增加新的特性（但理想情况下，在冲刺期间不应该这么做），拥有更多的灵活性。然而，客户一旦离开第一个阶段，就无法再采用固定价格合同，因为我们都知道固定价格、范围和截止日期的项目通常面临的问题，对吧？此外，一旦项目双方建立起足够的信任，客户很可能选择进入第二个阶段。

27.4　客户准备金合同

客户准备金合同是两阶段合同的另一种形式，如图 27.3 所示。在这种模式下，合同中要描述预期的工作范围或要达成的目标，并为此设定预算。合同中还包含两个"桶"，用于处理突发情况和未能预见的问题。其中，客户方负责管理用于应对范围变更的缓冲预算，而供应商则负责管理用于应对工作量估计不足和未预见的任务或活动的缓冲预算。

图 27.3　客户准备金合同

在合同执行期间，如果双方分配的预算"桶"没有用完，这部分资金就会转化为额外收益。更重要的好处是，当事情发展脱离预期时，合同双方不需要重新协商工作范围和价格。

虽然你可能没有听说过客户准备金合同，但这种合同形式实际上非常普遍，而且你应该也见过，相当于装修房屋时预留一部分资金以备不时之需。

27.5　"不劳而获"

产品负责人的责任是最大化产品的价值。对于最大化产品的价值，一种方法是在产品"足够好"的时候停止投入。至于具体何时停止，由产品负责人决定，并且这个决策与边际收益递减规律紧密相关。该规律表明，从某一时刻开始，更多的投入并不会带来相应的增值。换句话说，到了某一阶段，我们投入的金钱将多于能获得的价值回报。作为产品负责人，这种情况是我们要避免的。

但我们该怎么办呢？我们已经签订了关于整个项目的合同，怎么能在项目中途叫停呢？通常情况下，合同是为了执行整个项目（即 100% 的项目内容）而签订的。此外，供应商还需要寻找下一个项目并重新分配人员和物资。对供应商而言，可能必须从这个项目获得收入。

为了有效地处理这种情况，可以应用"不劳而获"（money for nothing）的概念（图 27.4），也就是说如果合同提前终止，供应商将获得一定比例的剩余预算作为补偿。这对客户也是有益的，因为他们不需要支付原计划项目中最后一部分的全部预算，所以能剩下一部分资金。客户节省了部分预算，而供应商也可以"不劳而获"，拿到补偿金，双赢！

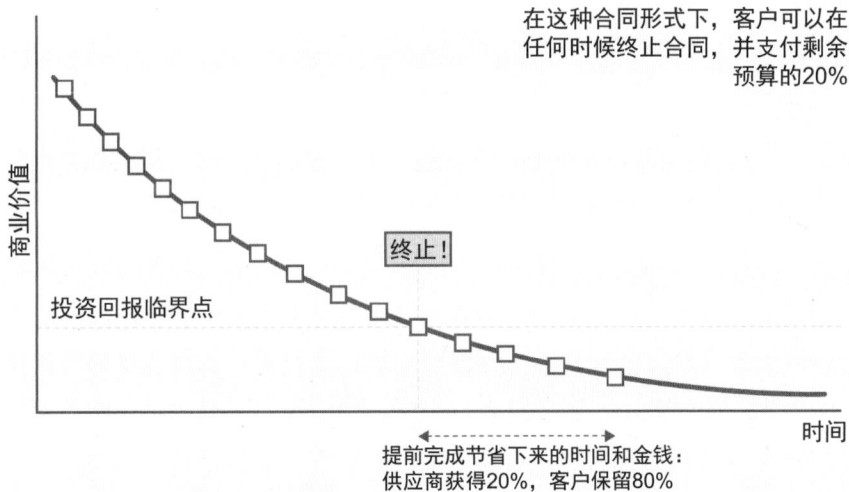

图 27.4　"不劳而获"

27.6 "变更免费"

　　固定价格、范围和时间的合同可能会给客户和供应商带来问题，因为产品开发过程中通常会出现新的见解、愿望和需求。为了让客户改变主意、要求新增特性、更改工作顺序而改变项目范围，可以采用"变更免费"（change for free）的概念（图 27.5）。我们认为，以敏捷方式开发的任何项目，肯定都要用到这个概念。

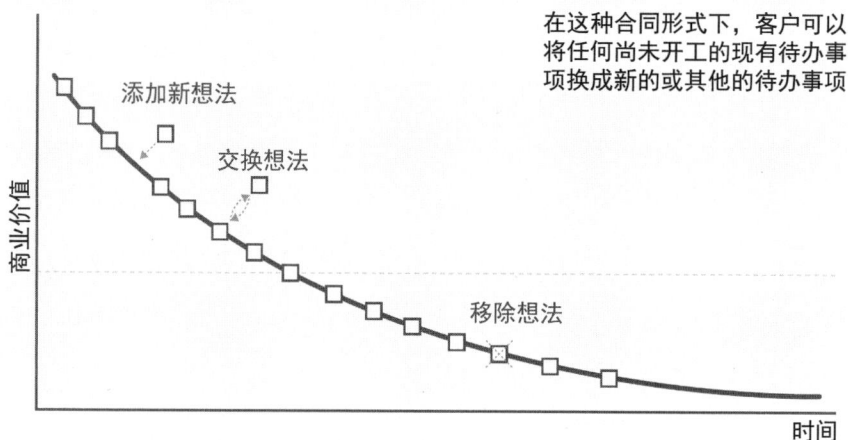

图 27.5　"变更免费"

　　"变更免费"这个原则在确保开发工作总体产能不变的情况下，允许合同各方交换价值等同的工作内容。这就意味着，如果客户愿意从下一个迭代或冲刺的工作安排中去除某些工作内容，就可以引入同等工作量的新需求或特性。从这个意义上来说，它类似于开发人员在冲刺计划会议中为当前冲刺拉取待办事项，提供了灵活性。

27.7　敏捷合同的要素

前面介绍的几种合同变体、技术和原则应该能帮助你以更好的方式拥抱变化和提升敏捷性。除了采用不同形式的合同，还可以添加一些补充条款或条文来描述如何以敏捷方式展开合作。图 27.6 展示了在拟定支持敏捷工作方式的合同时可以考虑的各种要素。

描述目标和成果，而非交付物	描述目标驱动的非功能性需求	考虑对员工、客户和用户进行培训	描述开发过程以及何时进行检视和调整	促进低实施成本的变更
频繁交付已完成的增量	将"完成的定义"与合同分开	描述各自的责任和角色	考虑测试和质量保证的自动化	描述升级程序和协作
描述如何公正客观地检视工作和成果	描述干系人协作将如何进行	关注开发全程中的团队稳定性	描述如何升级和终止合同	

●●● 以及许多其他要素

图 27.6　敏捷合同的要素

图 27.6 没有给出具体的合同条款或条文。产品负责人需要阐述自己希望在合同中包含哪些内容，然后在法务部门的同事帮助下把这些需求转化为在法庭上有法律效力的条款。当然，敏捷协作的主要目的就是避免走到诉诸法庭这一步。

如果想提前了解或者寻找一些范例，有许多可以参考的书籍和文章，比如《敏捷合同：用 Scrum 创建和管理成功项目》[①]。还可以在接下来的节选内容中找到一个例子、一些值得思考的点和一些启发。[②]

（1）客户和供应商共同制定可交付物的验收标准，如下所示：

　　a. 交付物通过了所有新定义的自动和手动验收测试用例，这些用例是在最新迭代开始前确定的。

　　b. 交付物没有回归问题，通过了先前所有的自动和手动验收测试；

　　c. 交付物满足了迭代开始前制定的"完成的定义"。

（2）验收测试由客户和供应商的验收团队共同制定，并在每个迭代期间逐步完善。客户方需要包括潜在用户。验收团队将在每个迭代结束时，也就是在冲刺评审会议上，审核验收结果。

（3）客户在收到最终交付物后，将有一个迭代的时间（称为"评估期"或"半迭代"），在半天工作时间内评估交付物或其部分是否存在不足。

（4）如果客户在评估期结束前发现交付物或其任何部分有重大缺陷（即"不一致"）并以书面形式通知供应商，供应商就应该在下一个迭代周期内尽快在实际可行的范围内纠正这些问题。客户收到修正后的交付物或其部分后，有权花一个额外的半迭代期（称为"验证期"）进行确认，确保之前的问题已经得到解决。

（5）客户应协助供应商确认和修正发现的所有不一致的地方，以保障其合理和实际的要求得到满足。

① 参见 Andreas Opelt, Boris Gloger, Wolfgang Pfarl, and Ralf Mittermayr, *Agile Contracts: Creating and Managing Successful Projects with Scrum*, Wiley, 2013。
② 参见 Tom Arbogast, Craig Larman, and Bas Vodde, *Agile Contracts Primer*, 2012, http://www.agilecontracts. 这份入门指南衍生自《大规模精益与敏捷开发实践》。

第VI部分

合作者：小结

关键学习与洞察

第VI部分就到此结束了，本部分的主题是"合作者"姿态。通过这个部分的阐述，你明白了治理对产品负责人或产品经理与其他人员及团体进行有效合作的能力通常有重要的影响。你了解到治理涉及许多不同的元素，包括文档管理、发布管理、质量控制、预算编制、事故处理以及合同管理，等等。简而言之，治理包含一系列规定组织中如何开展和控制各项工作的规则和标准。在理解治理的基础上，你进一步了解了更加敏捷的预算编制方法，它能帮助产品经理或产品负责人更加高效地采取"合作者"姿态。随后，你探索了敏捷组织中的合同管理改进实践和理念，这些理念和实践能够增强灵活性、敏捷性、对价值的关注度以及各方之间的协作。

归根结底，成功的产品并不只是产品负责人或产品经理个人的成果，是由一个积极合作、有共同愿景、彼此开放透明的团队共同打造的。因此，产品负责人和产品经理需要发展成为优秀的合作者，这不仅涉及与产品团队的协作，还包括与客户、用户、各种干系人和外部合作伙伴的有效合作。深入理解并应用本部分所讨论的敏捷治理实践，能帮助你更有效地采用"合作者"姿态。

小测试回顾

如果在第VI部分的开头处完成了小测试，请将你的答案与下表中的答案进行对照。在了解"合作者"姿态之后，你是会修改自己的答案，还是会赞同下面的答案？

测试题	赞同	不赞同
1. 并不存在什么所谓的"敏捷合同"。	☑	
2. 合同最初设置的固定价格、范围和时间是无法更改的。		☑
3. 治理是既定的现实，我们只能接受。关于这个问题，没有任何讨论的余地。		☑
4. 所有治理决策都是在 Scrum 团队的影响范围之外做出的决策。		☑
5. 合同可以以促进敏捷行为和灵活性的方式来拟定。	☑	
6. 财务部门的干系人不喜欢带有涌现或变化特性的待办事项列表。他们想要一个接下来 4 个季度固定不变的计划。		☑
7. 可以从市场和产品战略的视角来审视预算。	☑	

延伸阅读

在这一部分中，你学习了关于"合作者"姿态的内容。很多主题、工具、技巧和概念都有助于强化这一姿态。如果想提升自己的"合作者"姿态，可以尝试下面这几个有趣的练习。

第 1 步：想象自己是卧底本公司的一名间谍，你的任务是在每天尽可能多地搞破坏。尝试破坏产品、干扰干系人和团队等。如果没有被发现这些事是你干的，你将获得额外加分。把所有的破坏行为记录在电子便签上。

第 2 步：现在，把第 1 步中所有的破坏行动分成两组。第一组包括你在日常工作中可能会做的破坏性行为，这些行为可能是无意的。第二组是你在日常工作中不会采取的行动。

第 3 步：找出一些明智的方法来阻止这些负面行为，并开始采取更高效的工作方式。

　　此外，你还可以通过阅读以下资料来进一步了解"协作者"姿态：唐·麦格里尔和拉尔夫·乔查姆合著的《产品负责人专业化修炼：利用 Scrum 获得商业竞争优势》（英文版由 Addison-Wesley 出版于 2018 年）、安德烈亚斯·奥佩尔特、鲍里斯·格洛格尔、沃尔夫冈·普法尔和拉尔夫·米特梅尔合著《敏捷合同：用 Scrum 创建和管理成功项目》（英文版由 Wiley 出版于 2013 年）、杰里米·霍普和罗宾·弗雷泽合著的《超越预算：管理者如何跳出年度绩效评估的陷阱》（英文版由哈佛商学院出版社出版于 2003 年）以及《实施超越预算》（中译本由清华大学出版社出版于 2017 年）。

第VII部分

影响者

影响者

发自内心的"不"，胜于为取悦甚至是为避免麻烦而违心说出的"是"。

——圣雄甘地

小测试

为了给第Ⅶ部分做个铺垫，请通过勾选下表中的"赞同"或"不赞同"来回答下表中的每一个判断题。答案将在第Ⅶ部分的小结中给出。

测试题	赞同	不赞同
1. 干系人管理是产品负责人的核心责任之一。然而，并非所有干系人都是平等的，或者说，不需要对所有干系人都有同等的关注和影响力。		
2. 有多种技术可以帮助产品负责人更有效地管理干系人，比如干系人图谱和干系人雷达，以及 DISC 和 MBTI 等模型。		
3. 谈判的目的在于达成共识，通常涉及互惠互利。		
4. 在进行干系人管理以及与他们的沟通中，优化自己传递的信息最重要。		
5. 谈判和外交的关键是理解合作伙伴的思维方式，并使其在观念上与你保持一致，在这个过程中，积极倾听至关重要。		
6. 在与干系人进行谈判时（例如，谈判的主题可能是某个特性），你想要尽快达成共识并取得他们的同意。		
7. 为了有效地最大化价值，产品负责人应根据不同情况灵活运用不同的姿态，与不同类型的干系人合作（例如，可以采用情境领导力模型）。		

第 28 章

复杂环境中的干系人管理

28.1 影响者

在最初设定和命名产品负责人的不同姿态时，我们对"影响者"这个姿态的命名颇有一些犹豫。起初，我们将其命名为"政治家"，因为产品负责人需要在公司内外有一定的影响力，能主导产品或服务朝着正确的方向发展。在此过程中，他们往往会遇到办公室政治问题，这是我们认为"政治家"这个名称比较合适的原因。然而，我们收到的反馈表明，很多人并不喜欢被称为政治家。大多数产品人都表示自己不愿意涉足办公室政治。很明显，在多数人看来，"政治家"这个词是一个贬义词。因此，我们更关注影响他人的能力并最终确定了"影响者"这个更合适的称呼。

影响力就像原力，既有光明面，也有黑暗面，使用它的人很容易受到诱惑。

克里斯

并非所有"影响者"类型的产品负责人都一样。当产品负责人采取"影响者"姿态时，我们可以观察到下面这些积极的结果和好处。

- 优秀的影响者能够把各方力量团结起来，对组织效能产生积极的影响。在强大愿景的激励下，影响者能够获得人们的支持，并将他们团结起来。影响者能够激发能量，推动变革，他们善于鼓舞人心并将人们团结起来，朝着共同的目标努力。

- 他们能让干系人、客户、用户和团队达成更好的一致性和相互支持，使其共同致力于实现共同的愿景、战略和方法。这些团队和干系人会为产品的成功积极地做出贡献和支持。

- 有了出色的影响者，有望减少争论、决策延误、政治游戏、权力斗争和其他让人内耗的负面行为，这些行为通常会拖慢开发过程。

在运用影响力时，需要进行一些权衡。一些"影响者"型产品负责人采用理性方法来施加影响，他们专注于事实、数据和逻辑，用逻辑推理来说服干系人。他们可能会论证选择的合理性、利益交换、讨价还价或者直接陈述自己的信念。这种影响力应用方式可能很有效，但前提是与其他人的关系要到位。良好的关系和相互信任尤为重要。进行社交活动、利用现有的良好关系、咨询他人以及甚至构建联盟，都可以帮助影响者抛出更有说服力的观点。

还有一些"影响者"类型的产品负责人会采取不同的方法。他们可能利用个人的或公司的价值观来影响人。这些价值观可能是 Scrum 的价值观、组织中的其他信仰体系或者被影响者的个人信念。假设公司的核心价值观之一是"在质量上决不妥协"，则意味着公司始终专注于高质量的产品和服务。如果这是贵公司的价值观，那么你可以使用这一点来反驳任何干系人的强有力论点，因为质量是不容妥协的。如果人们在质量上做出让步，就会与公司的核心价值观背道而驰。从这个意义上来说，产品负责人就像一个榜样，通过展示开放、专注、承诺、勇气与尊重等价值观和行为来影响他人。

当然，通过情感来影响他人也是一种方式。尽管这乍一看可能不是个明智的策略，但我们发现，在某些情况下，适当地表达愤怒实际上是有帮助的，尤其是从那些因为合理原因感到愤怒或失望的关键干系人那里获得反馈。有时，产品负责人表达自己的愤怒或失望情绪——当然，还要保持对他人的尊重——可能对解决问题有帮助。

出色的"影响者"类型的产品负责人拥有下面这些特质。

- 始终保持诚实：一些优秀的产品负责人和产品经理擅长始终保持开放、诚实和透明。诚实有时会让人感到不安，因为他们的真实面貌和犯下的错误会暴露无遗，可能招致其他人的批评或排斥。然而，诚实是一种品格，是信誉和信任的基石，是获得他人的信任和尊重的基础。

- 富有同理心：同理心是理解他人苦难并愿意采取行动来施以援手的品质。尽管很多人认为同理心是弱点，但真正的同情心实际上是一种能够将知识转化为智慧的特质。杰出的领导者利用同理心来理解下属的需求，并确定下一步的行动。

- 灵活且善于倾听："影响者"类型的产品负责人的灵活性使其能够理解政治中的互惠互利，了解公司内部各种不同的利益，并且能够从中找到共同点。优秀的影响者会仔细倾听所有干系人的利益、目标和愿景。他们不仅听取所有的论点，还会努力从不同的视角学习，了解怎么做才能让所有相关方达成共识。这些技能使其能够正视挫折和批评并从中吸取教训，然后继续前进。

- 有功同享，有过自己扛：优秀的领导者会多担责任，少占功劳。阿诺德·H. 格拉索[1] 认为，这是杰出领导者的核心品质。出色的产品负责人会在成功时赞扬团队和干系人，在产品失败时勇于承担责任。归根结底，负责是重中之重。

- 出色的人际关系网构建者：这些影响者不仅了解干系人的情况，而且还会主动制定策略，寻求干系人的支持并向他们寻求争取事业上的支持。例如，他们不仅依靠冲刺评审会议来规划未来，还

---

[1] 译注：Arnold H. Glasow，企业家，专栏作家，代表作有《最重要的事，只有一件》。

会主动与关键干系人沟通，以免发生意外。

- 能够改变他人的认知：出色的"影响者"类型的产品负责人似乎有能力改变其他人的认知。举例来说，如果某个干系人对产品的发展方向不满意，他们可以通过询问"如果我们不这样做，可能会出现什么问题？"来引导干系人，使其倾向于支持自己的观点。或者，如果干系人对产品负责人的策略持保留态度，"影响者"类型的产品负责人可能会问："如果采用这种策略，我们能收获哪些额外的好处？"

- 擅长于说"不"：出色的"影响者"类型的产品负责人有一个品质可能是他们敢于说"不"。有效处理因拒绝而引起的不满情绪并保护其他人的自尊心不受伤害，是使其脱颖而出的关键。

永远不要使用操纵、恐吓、逃避和威胁等技巧来影响其他人。在惊悚片里，只有反派才会这么做。在现实生活中，这样做还会产生不良影响，与产品所有权的理念背道而驰。

在本章的剩余部分中，我们将探索如何识别干系人，了解如何创建一个干系人管理策略、研究干系人的各种类型以及如何有效、得体地说"不"。

让我们先从最基本的问题开始：什么是干系人？

28.2 干系人的定义

每个产品负责人和产品经理肯定都需要和干系人打交道，这意味着要对干系人进行管理。毕竟，产品负责人要与其他人共同为目标用户／客户提供产品。作为产品负责人，你需要与组织内外不同类型的干系人打交道。如此说来，什么是干系人？干系人都有谁？应该如何与他们打交道？这正是我们接下来要探讨的问题。

干系人有许多不同的定义，这些定义中有很多重叠。让我们先从一个简单的定义说起。如果从专业 Scrum 的角度定义干系人，那么除 Scrum 团队以外的所有人都可能是干系人。

干系人的定义之所以在专业 Scrum 中如此简单，是因为 Scrum 框架只定义了三种职责或角色：产品负责人、Scrum Master 和开发人员。该框架中没有定义其他任何角色或职责，这意味着每个人要么是 Scrum 团队成员，要么就是干系人——即 Scrum 团队之外的人。为了强调 Scrum 团队的团结，专业 Scrum 理论上并没有将干系人定义为一个独立的职责或角色。然而在实践中，我们经常发现产品负责人会把他们的 Scrum 团队视为干系人。在我们看来，这样做不合理，因为他们都在一个 Scrum 团队中，是一起的。诚然，在 Scrum 团队中可能需要建立信任。然而，在 Scrum 团队内部建立信任可能是一个挑战，不要为 Scrum 团队制定干系人图谱和沟通策略，而应该致力于通过合作来建立信任，共同打造卓越的产品。

对于干系人的定义，还有其他更全面的版本。另一种定义干系人的方法可以参阅舒尔曼和维尔马克的著作《掌握拒绝的艺术》[1]：

干系人是指与组织及其产品和 / 或服务有直接或间接利益关系的个人、团体、公司或机构。他们可以是组织内部或外部的。

这样的定义意味着，作为产品负责人，你必须斡旋于形形色色的干系人之间。从开发到市场营销，从财务到供应链，从法律到运营，从销售到管理，可能有许多人和你的产品或服务有利害关系。其中一些干系人很容易识别，例如（潜在的）客户和用户，他们对产品或服务有明确的兴趣（毕竟他们可能购买和 / 或使用你的产品）。另一些可能包括你的同事或其他部门的经理，他们可能从销售、成本、市场、开发或管理的角度关注产品。你的同事可能参与了产品的构建、交付、市场推广或服务等工作。

除了这些干系人，还有一些因为难以识别而容易被忽视的干系人群体。这些群体可能和你的产品或服务没有明显的利益关系，或者关系不大。例如，政府机构、社会组织或新闻媒体可能就属于这种类型。当然，

① Robbin Schuurman and Willem Vermaak, *Master the Art of No: Effective Stakeholder Management for Product Owners and Product Managers*，自出版于 2020 年。

这在很大程度上取决于你的具体情况。另一个例子可能是其他业务单元或部门的经理，虽然他们和你的产品没有明显的利益关系，但他们对产品有意见，并且会突然跑出来干涉你。还有一类干系人是无端地认为自己是干系人的人，你可能甚至都不知道他们的存在。这些"意外"的干系人可能为你带来风险，或至少让你感到不爽。为了避免被这些"意外"的干系人群体吓到，你需要仔细想想可能还有哪些不同（特殊）的干系人和干系人群体。

密切关注周围的环境，定期检视干系人，寻找和识别新的干系人及其群体。要在组织内外寻找干系人，他们可能和你的产品或服务有或多或少、直接或间接的利益关系。

28.3　干系人的分类

识别和分类干系人有时可能是个挑战。诚然，有些干系人显而易见，但并非所有干系人都那么容易识别。在第 29 章中，我们将探索不同的干系人识别和分组技术。一个初步的分类方法是把他们分成 4 组，分别是用户、提供者、治理干系人和影响者。

- 用户：购买和 / 或使用产品来解决问题、挑战或满足其需求的人。这些人与你要么有直接的利益关系，要么有间接的利益关系。对于 B2C 产品来说，这个群体可能非常庞大。

  注意，一个人可能既是用户又是购买者，正如第Ⅱ部分"客户代表"中讨论的那样。用户和购买者通常有不同的需求和愿望。

- 提供者（provider）：帮助你创建产品或服务或帮助你将产品交付给用户的人。没有提供者，就没有产品。但产品交付可能有多种方式。提供者可能是外部的供应商、销售商或合作伙伴，也可能包括内部团队、其他部门以及 Scrum 团队（当然，最后这个 Scrum 团队不是干系人）。

- 治理干系人：第Ⅵ部分"合作者"中讨论过治理。治理干系人通常并不帮助你交付价值，甚至可能阻碍你交付价值或让价值交付延后。这些干系人和产品通常有间接利益关系，他们既不参与产品的创建，也不会使用产品，但他们想要确保产品符合各种标准，比如法律、安全或架构要求。

- 影响者：不要把这类干系人和产品负责人的"影响者"姿态混淆了。"影响者"型干系人是那些想要对产品或服务产生影响的人。他们的影响对产品的创建、开发、交付或分发没有直接帮助。影响者可能包括董事会成员、管理层、会计师、政府、政治家和竞争对手等。

对大多数产品负责人来说，识别干系人并不难，因为他们能轻松列出自己经常合作的重要干系人。然而，我们经常发现产品负责人想不起那些不参与日常业务的干系人。表 28.1 列出了 31 种类型的干系人供你参考，表中还列出了不同类型的干系人可能为组织带来的种种好处。

表 28.1　31 种干系人

干系人的类型	与组织的利益关系 / 给组织带来的好处
客户和用户	收入来源，产品的使用和反馈
供应商	提供原材料、产品和服务
非客户	潜在的收入来源和产品使用者
利益组织	对组织的影响力和支持
员工	提供时间、专业知识和劳动力
公共组织	获得社会认可和公众支持
前员工	维持良好的社会关系和支持网络
科学家	提供新的见解、知识和技术验证
股东	资金支持和投资回报
创新思维者	带来创新和新思路

（续表）

干系人的类型	与组织的利益关系 / 给组织带来的好处
工作委员会	提供内部支持和合作基础
顾问 / 咨询师	提供专业知识和行业基准
客户委员会	建立外部的支持和合作网络
监督机构	确保产品或服务的质量控制和合规性
监事会 / 董事会	对组织的监督和战略指导
工会	代表员工利益和权益
政府	规范制定和基础设施支持
非政府组织	社会支持和公共利益倡导
合作伙伴	拓展业务网络和市场机会
社交媒体用户	时代潮流感知和正面宣传
政治家	影响力和社会支持
大学	研究合作和人才培养
管理层	组织的领导和战略决策
分析师	财务评估和市场见解
竞争对手	提供市场挑战和创新动力
会计师	财务透明度和合规性验证
媒体	正面舆论形象和事实传播
分销伙伴	扩大市场覆盖范围和分销网络
新人才	未来的人力资源和潜力
科学协会	科学研究认证和知识验证
设计师	产品的视觉识别和设计风格

案例研究：CFO 的耳目

WORLD NEWS

出场人物：诺亚、赛科和桑德拉

诺亚沮丧地走出世界新闻公司的会议室。她觉得董事会对自己的提案越来越挑剔了。她在推进分阶段审批流程和获得投资审批上屡屡受挫，但她也明白，这一次申请的资金数额非常大。

在回到团队工作区的路上，她发现有些团队成员还在忙着开发新应用的原型。看到团队仍然坚信自己当初设定的远大目标（北极星）并为之努力工作，她又感到很欣慰。

"怎么样？"团队成员满怀希望地看着她。

她沉默了片刻，因为她没有什么进展能分享给团队。

"嗯，我不知道，伙伴们。"诺亚回答道，"今天没有取得我们想要的进展。我今晚要好好想想，明天早上再和大家讨论。"

Scrum Master 赛科陪着她走到自行车棚，开口说："我听说我们的 CFO 不太买账。"

诺亚回答说："是的。我不会放弃的，但我真的说服不了他。"

赛科停下脚步说："你试过和桑德拉谈谈吗？告诉她是我让你找她的。"他骑上自行车，又说："记住，明天又是崭新的一天。"

第二天，诺亚找到桑德拉并向她求助。桑德拉很乐意帮忙，她们一起研究电子表格和模型，计算投资回报率。世界新闻这家公司自己有一套工作方式，诺亚很感激桑德拉的帮助，让她对这些数字有了更深的理解。

三周后的预算会议上，诺亚正准备开始演示，无意中听到 CFO 对桑德拉说："又是诺亚。让我们看看她是不是又把数字搞得一团糟。"

令诺亚惊讶的是，她听到桑德拉为她辩护："数字不会有问题，我们俩一起计算的。"

CFO 有些惊讶，身子靠后坐下，说："好吧，好吧，那我们看看这次能不能通过她的提案。"诺亚打开投影仪，开始了演示。

28.4 收集干系人的相关信息和洞察

如果想与干系人有效交流并管理他们，那么了解他们的背景就非常重要。例如，除了了解干系人的姓名、部门和工作职责，还应该了解他们的个人信息，比如他们的兴趣、动机、目标和性格。在制定干系人管理策略之前，花些时间探索他们的驱动因素。需要考虑或研究的因素很多，下面是一些例子。

- 干系人认为哪些目标是重要的？他们的个人目标是什么？他们的业务目标又是什么？这些目标如何与产品愿景、策略和目标保持一致？
- 干系人每天起床上班的动机是什么？他们想要为公司、员工以及产品或服务做出哪些贡献？
- 干系人最担心什么？让他们说说自己的担忧通常能有效揭示他们的动机。
- 干系人和产品、服务、工作或团队有多深的利益关系？对于你的计划，他们是支持还是反对？他们有哪些需求？
- 他们的影响力如何？其影响力是强还是弱？他们在组织中的权力或者地位如何？
- 这些干系人是什么样的人？他们的性格如何？他们偏好哪种沟通风格？
- 这些干系人的关键影响人物有哪些？这些人听谁的？他们背后的其他干系人有哪些兴趣和目标？这些人及其目标和兴趣是如何影响这些干系人的？

个人目标、商业目标和需求是强大的动力，能够影响干系人的行为。他们的个人目标不一定与商业目标相一致，而且他们不一定会公开说出自己的目标。但无论如何，花时间与他们建立关系并了解他们的目标往往是值得的。

此外，了解哪些人能赢得关键干系人的尊重和倾听，这也很关键，因为他们可以代表你与干系人进行沟通。如果不需要亲自影响和动员所有干系人，无疑可以帮助你节约很多时间，尽管如此，你还是应该做好亲力亲为的准备。

28.5 干系人的影响力

识别出干系人并尽可能全面地了解其目标、目的和性格后，还需要明白如何与他们互动。首先，需要确定每个干系人可能拥有的权力或影响力及其与产品的利益关系。

干系人会有各种各样的愿望、要求和问题，而且差异可能很大，经常存在冲突。一个干系人看来很重要的愿望，另一个干系人可能觉得毫无价值。因此，理解不同类型的干系人以及如何与他们互动，是有效管理干系人的关键。

干系人的权力和利益关系之间的平衡决定着你是要积极与他们合作还是可以采取更间接的方法。

影响力可以分为正式影响力和非正式影响力两种。一些干系人因其正式的职务而拥有并能施展其影响力，比如管理层或董事会成员。在很多组织，产品负责人必须听从并与这些能利用正式影响力的干系人打交道。除了正式的领导者，还有一些人能够通过非正式的方式施加影响。他们在同事中获得的地位或声誉赋予其对组织的影响力。比如，那些虽然不在管理岗位但在组织中能办成许多事的人。这些拥有非正式影响力的干系人也是你需要了解的。举例来说，人力资源部门和高管的行政助理就是这样的干系人。他们虽然并不亲自执掌大权，却能在很大程度上影响管理层的议程。

28.6 干系人的利益

干系人的利益并不在于他们对你的产品感兴趣、好奇或积极参与，而是期望通过产品获得的收益。不同的干系人对产品或服务有不同程度（数量）的利益关系，因而可以划分成不同的群体。

- 有些干系人的利益和产品的成功正相关，比如客户或用户，所以他们通常希望产品取得成功。这类干系人对产品的成功非常关心。
- 一些干系人的利益和产品的成功负相关，他们不希望产品取得成功。例如，某些部门可能因产品或服务的推出而变得多余或者失去其原有的职责和工作。如果产品自动化了某些流程，就可能导致整个部门都变得多余。
- 一些干系人可能和你的团队成员有利益关系，但关系不大，比如 Scrum 团队成员的职能经理或你自己的经理（如果有的话）。
- 另一组干系人和个人或部门有利益关系，但和产品本身没有直接的利益关系，例如，某位运营经理可能希望维持其部门的良好绩效，避免增加额外的工作、成本或对团队的压力。
- 当然，还有和产品负责人有利益关系的干系人。他们可能并不直接从你的产品获益或受到影响，但可能是价值生产链的一部分，例如供应商、合作伙伴、政府机构或社会机构。

理解干系人的不同利益、目标和意图，有助于你与他们建立更好的关系并更有效地进行管理。这也让你能够从正确的角度向正确的干系人传递恰当的信息。这在制定干系人沟通策略时尤为重要。

28.7 发现干系人的利益关系和影响力

　　你现在可能在想：听上去不错，但我怎么知道干系人的利益关系和影响力如何呢？这是一个好问题！坦率地说……这是一个未知数。特别是在新产品开发或探索阶段开始时，我们很难准确了解干系人的利益关系和影响力。但是，你可能很快就能了解他们真实的动机、兴趣和权力。

　　要主动提问题。25.4 节"收集干系人的相关信息和洞察"列出的问题可以作为一个好的开始。专注于与干系人建立关系，这通常是进一步了解他们的最佳途径。尝试更深入地理解他们和他们的目标。

　　也可以和组织中了解干系人的其他人交谈，比如在公司的老员工，或者你想了解的干系人的同事、经理或直接下属。多交谈、多倾听和多观察，都可以帮助你了解干系人。

第 29 章

干系人的分类和分组工具

　　这一章将介绍有效管理干系人并提高其参与度的实用工具与技巧。本质上，干系人管理的重点在于建立关系。如果能与干系人建立密切、稳定的联系和关系，那么无论是在顺境还是逆境，与他们的合作都会变得更加顺畅。虽然单凭工具和技巧还不足以解决所有问题，但本章所讨论的内容有望帮助你获得洞察、增加透明度并制定干系人管理策略和战术。

　　然而，工具和技巧本身并不能帮助你直接提高管理干系人的能力，你还需要自己努力。一些工具、技巧和策略可以在一定程度上提升干系人的参与度，但说到底，人际交往才是关键。了解干系人的背景之后，你就能够征求团队中其他成员的建议并获得他们的帮助，他们可能与特定干系人有不同的关系或沟通风格。你不必与每一位干系人面对面交流，也不需要和每个人关系融洽。你完全可以寻求其他人的协助。

　　首先明确哪些人是你的干系人。如果你已经识别出一些干系人，那么现在是时候整理并公开这些信息了。这可以使用多种工具和技术来实现，比如干系人图谱和干系人雷达，本章稍后将介绍这些工具。

29.1　干系人图谱

那些具有较大影响力的干系人可以显著影响产品的开发，不论他们的影响力是正式还是非正式的。作为产品负责人，弄清楚干系人的影响力及其利益关系有助于你更好地理解他们。通过在干系人图谱上将他们标注出来（图29.1），便可以对他们所属的领域有一个整体了解。有了这些洞察，你就可以决定如何与不同的干系人打交道，并制定合适的沟通策略。

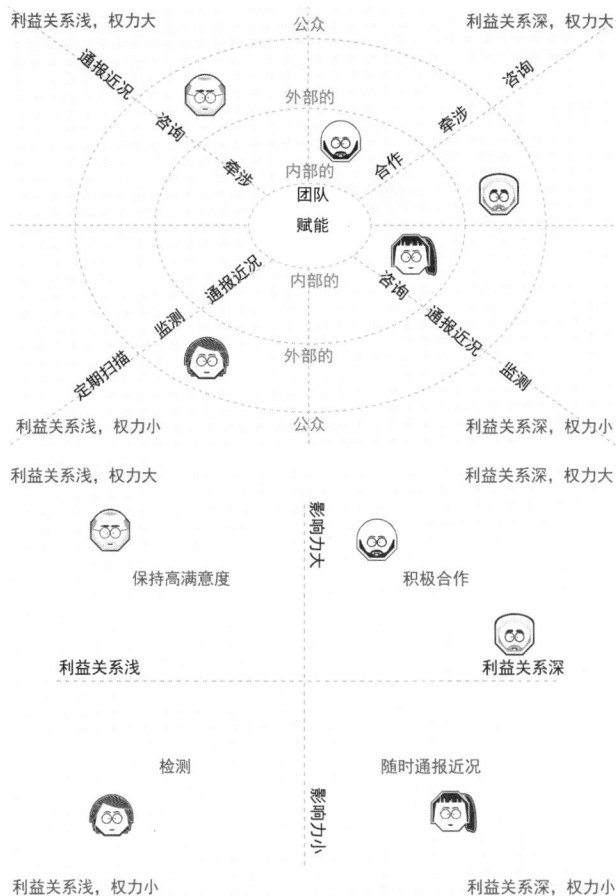

图 29.1　干系人图谱

干系人图谱可以帮助你将干系人分为以下几类：

- 和产品的利益关系不深且影响力较小的干系人；
- 和产品的利益关系不深但影响力较大的干系人；
- 和产品的利益关系较深但影响力较小的干系人；
- 和产品的利益关系较深且影响力较大的干系人。

29.1.1　利益关系不深且影响力较小的干系人

作为产品负责人，应该尽量少花时间在这类干系人身上。他们不太关注你的产品，几乎也不能从产品的成功中获益。同时，他们对你、你的团队或你的产品或服务的影响力也很小。因此，针对这类干系人，其主要的管理策略是进行监测。

但是，监测并不等同于忽视！你仍然需要关注这个群体，并定期评估是否有任何变化。这个群体中的人可能转化为其他类型的干系人群体。比如，他们会在组织内担任新的职位或负责新的工作从而对你的产品产生更大的影响力或更深的利益关系。当他们在干系人图谱上移到另一个区域时，可能会变得更加重要，同时，也要注意干系人的利益关系和参与度可能随着时间发生变化，特别是在接近新的市场发布、项目截止或里程碑或即将进行审计（例如，安全、风险、合规审计）的时候。

由于这个干系人群体和产品的利益关系不深且没有太大影响力，所以应该在他们身上减少时间投入。选择在干系人图谱其他区域干系人中用过的通信工具和渠道，以便节省时间并保持工作的高效和有效。

29.1.2　利益关系不深但影响力较大的干系人

作为产品负责人，你在这个群体上投入的时间也应该相对较少。他们和产品的利益关系较浅，无论是正面还是负面的。不过，他们拥有很大的影响力。凭借这种影响力，可能会对你、你的团队以及产品或服务产生显著影响。因此，管理这类干系人的策略是让他们的满意度保持在较高水平。

如果这组干系人对自己关心的成果感到满意，通常不会给你任何反馈，你也不会经常见到他们。他们关心的是产品或服务对其所在部门、团队或业务单元的影响。尽管产品可能在一定程度上影响到他们，但他们不太关心产品本身。对于产品的具体功能、特性和能力，他们的兴趣不大。然而，在出现问题时，这些干系人通常知道如何找到你。

为了有效管理这一类干系人，你需要及时向他们通报与其相关的关键绩效指标（KPI）。因此，不要向他们宣传产品有多出色或开发了哪些新特性，而要强调产品对他们的重要指标产生了哪些积极的影响。

举例来说，可以向首席财务官提供关于成本发展、总体拥有成本以及产品投资回报的深入分析；向市场总监展示营销活动的成效和品牌知名度的增长情况；向运营总监阐明你有哪些新的进展，例如提高效率、减少手动操作次数以及对运营的干扰。

许多产品负责人都觉得这种类型的干系人很难打交道。的确，这并非易事。为了有效管理这个群体，运用一些政治技巧来引导和他们的互动尤为重要。你要认识到，这群人可以帮助你更加高效并增强你的权威。如果让这些人满意，就相当于你为自己创造了更多的自主创新空间。这并不意味着你要迁就他们并重视他们的每一个需求。如果你这么做了，可能无法为客户、用户和组织提供最大的价值。你必须与他们建立紧密、稳定的关系。站在他们的角度考虑问题、理解他们的动机、了解他们的关注点、认清他们的目标和需求并了解他们的职责。掌握了这些洞察之后，你才能更有效地向他们传达信息、提供帮助、进行管理和施加影响。

29.1.3 利益关系深但影响力较小的干系人

这类干系人有时被称为"忠实粉丝"，当然，他们的态度不一定总是支持性的，也可能持有反面态度。但不管他们多么关注产品，都没有足够的影响力去干预或改变产品。

尽管这个群体希望你的产品成功、高质量、易用且有价值，但他们一般无法做出重要决策、干预你的计划或改变现状。因此，他们通常会借助正式流程、程序（比如上报或投诉）和 / 或会议使情况转到对他们有利的方向。对这个群体的干系人管理策略是主动更新近况。

你需要确保这些干系人及时了解产品或服务的任何新动向，并让他们适当地参与产品或服务的开发和交付。这个群体通常包括产品的用户、用户代表团或用户委员会，以及客户或客户咨询小组。

对于这类干系人，定期更新近况通常是有效的。你可以通过新闻通讯、博客、视频等方式与他们沟通，也可以让（部分）干系人参与冲刺评审会议、额外的产品演示、用户测试、培训和头脑风暴会议中。无论采用哪种沟通工具和渠道，都要主动与他们保持联系，并安排固定的交流时间。通过安排定期互动，你可以确保在自己和团队都有空的时候进行互动和反馈，以免自己的日程安排被这类干系人主导。

29.1.4　利益关系深且影响力较大的干系人

对于产品负责人来说，最后这类干系人显然是最重要的。这些干系人不仅非常关心产品的成功，而且还有很大的影响力，可以帮助你取得成功。因此，管理这个群体的策略是积极合作。

要让这些干系人时刻了解最新情况，让他们主动参与进来，并确保他们至少在战略层面上了解正在发生的事情。同时还要有一些具体的战术。和他们共同商定产品未来的发展方向，征求他们的意见以决定下一步行动计划，并让他们参与战略决策。例如，可以和这些干系人共同制定产品愿景、产品战略、产品路线图和产品待办事项列表的排序。与这些干系人共同决定哪些事项最重要。共同决定如何最大化价值、如何应对风险以及需要设定的目标和交付日期（或截止日期）。

与这些干系人建立稳定、紧密的关系对产品负责人的成功至关重要，对他们也不例外。赢得他们的信任和支持是关键。这个群体在组织中有较大的职权影响力。利用这种正式的影响力，他们能够让你做你想做的事情。努力让他们成为你的"大使"。在你遇到挑战和难以相处的干系人，以及有利益冲突或不利情况时，这个稳定、紧密的关系将派上很大的用场。你想要有效地拒绝其他干系人的要求吗？你希望自己的决定得到支持吗？你希望位高权重的干系人为自己"站台"吗？如果想的话，请让这类干系人成为你的大使。

由于这是最重要的干系人群体，你得花很多时间与他们交流。因此，你需要慎重考虑要把谁归入干系人图谱的这个区域。产品负责人常犯的一个错误是在这个区域放入太多干系人。关键干系人越多，你就会越忙。如果你确实有很多这一类型的干系人，那么请强迫自己选出其中最重要的三到五个人。请 Scrum Master 或敏捷教练帮助你做这个选择。同时，与这些关键干系人确认干系人图谱，听取他们的看法。与这三到五个关键干系人紧密合作，共同制定产品愿景和策略。让这一类型的其他干系人参加其他的活动，比如制定产品路线图或设置产品待办事项列表。

客户、消费者和产品的用户无疑是很重要的干系人。毕竟，产品是为解决他们的问题或满足他们的需求而构建的。但是，应该把客户和用户放在干系人图谱的哪个位置呢？正如我们在上一节所描述的，客户、消费者和用户通常被归入"利益关系深但影响力小"的区域。这乍一看可能有些奇怪，因为他们是产品的主要受益者。

但请想象一下，如果产品有 50 000 名客户或用户，那么你几乎不可能与每个人单独互动。通常的做法是仍然将客户和用户视为关键干系人，但对他们应用利益关系深但影响力小的干系人管理策略。也可以选取客户或用户中的一小部分，并采用诸如访谈、测试会话、焦点小组等方式，实现更多的互动。

在一些情况下（通常在 B2B 环境中），有少数客户属于利益关系深且影响力较小的群体。这种情况经常出现在那些拥有一个大客户和许多小客户的公司中。我们经常看到这样的情景：大客户拥有很大的影响力，而所有小客户都会受到大客户的影响并进行相应的调整。在这种情况下，大客户将被放在干系人图谱的"积极合作"区域。

在成为一名具有创业精神的产品负责人的过程中，你会发现自己有一些弱点。你可能欠缺市场营销、销售、定价或技术方面的知识，无法推动产品在各个领域全面发展。此时请记住：取人之长，补己之短。为此，你需要在干系人图谱的"积极合作"区域标记那些能够补上自己短板的干系人。

此外，图 29.2 展示了不同的策略。可以把干系人图谱画成圆形，将不同类型的干系人与相应的管理策略连接起来。通过对不同群体的干系人应用合适的策略，你将能够在干系人管理上变得更加高效，从而增强自己作为产品负责人或产品经理的权威。

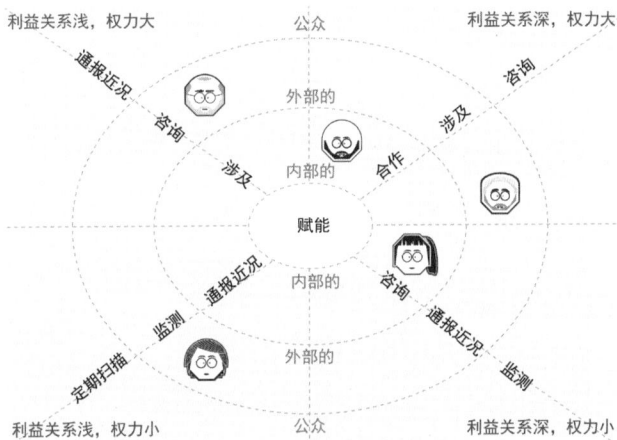

图 29.2　从不同视角看待干系人

29.2　干系人雷达

在识别和分类干系人方面，除了干系人图谱，还有一些其他的技术，比如干系人雷达。干系人图谱主要关注权力 / 影响力和利益关系，而干系人雷达则更关注干系人的参与或牵涉程度，以及他们的态度，如图 29.3 所示。

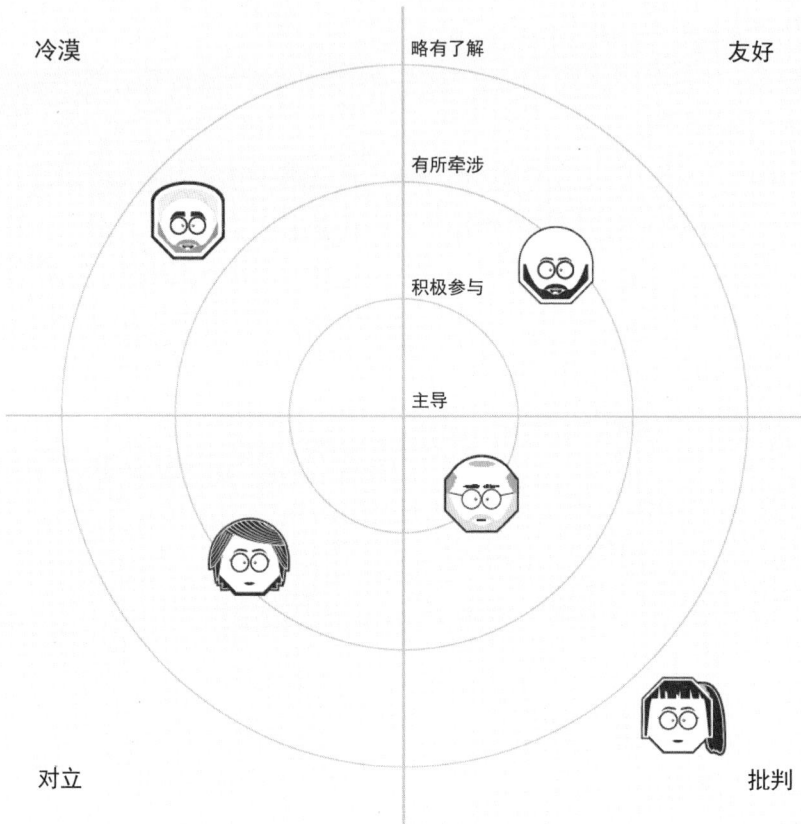

图 29.3　干系人雷达

参与程度或牵涉程度

如图 29.3 所示，干系人雷达由 4 个环组成，这些环表示干系人的参与程度或牵涉程度。有些干系人对产品或服务可能只是略有了解，类似于干系人地图中的"利益关系浅、影响力小"象限。对于这类干系人，需要进行监控，因为他们可能会转到另一环里。如果"略有了解"的干系人较多，那么你需要加以重视，因为他们可能会带来群聚效应 ①。

其他干系人在产品或服务上的参与度可能更高，举例来说，他们可能为你提供人员、时间、资金或材料。对于典型的面向消费者（B2C）产品，那么你可能会在这一环找到用户代表。供应链或分销商、市场营销、销售和运营等人员通常属于这一环，但如果是全新的产品，他们的参与度可能更高。

有些人对产品非常投入。他们可能通过参加演示或冲刺回顾等方式积极参与。他们可能在过程中帮助你，为你提供知识、反馈或时间。他们的影响力略低于中心环里的人。举例来说，赞助商、核心用户和依赖于你的产品或受产品影响的部门都在这一环。

最后，在干系人雷达的中心环，你会找到那些帮助你定义和确定产品或服务方向的人。对你的决策的尊重来自与这些干系人的紧密合作，而不只是因为你被任命为产品负责人。你必须弄清楚他们对产品的看法和态度。

> 为保证产品负责人取得成功，整个组织必须尊重他们的决定。
>
> ——《Scrum 指南》2020 版

29.3　态度

干系人雷达提供了看待干系人的第二个视角：他们对产品、你个人或你的团队的态度。这些态度通过雷达图的四个象限来表达。这些象限比干系人图谱中的象限更具主观性，因此可能需要通过征询团队成员和 / 或干系人的意见来衡量他们的态度。

---

① 译注：群聚效应 (critical mass) 是一个社会动力学的名词，指的是在一个社会系统里，某件事情的存在达到了一个足够的动量，使其能够自我维持并为往后的成长提供动力。简单以一个大城市为例：一个人停下来抬头望天，不会引起路人的注意。如果有三个人停下来抬头望天，可能会有多个人停下来看他们在做什么，但很快会继续各行其是。当街上抬头望天的人增加至 5 或 7 人时，越来越多的人可能也好奇，想知道这些人到底在做什么。这个令群体行为发生改变的数量，就是所谓的"临界量"或"转折点"。

总有一部分人对你的产品不怎么上心，他们可以归入"冷漠"群体。如果这个群体中的人处于能够影响产品方向的地位，可能就会对产品造成严重的不良影响。在大多数情况下，这些人来自其他团队或其他部门，他们对你的产品没有明确的兴趣或利益关系。你的团队中可能也有一些这样的人，他们缺乏动力。如果你采取"愿景家"或"协作者"的姿态，可能有助于激发他们的热情。在我们常见的复杂工作中，构建一个专注且有共同使命的团队是大有裨益的。

下一类群体的态度是"友好"。这些人是你的盟友、朋友甚至可能是你的粉丝。你可能已经辨认出哪些干系人是产品的粉丝或朋友。这些人支持你的产品，你大概已经在这个细分市场花费了大量时间。但是，你是否关注了那些真正参与工作的人？是关注了那些引领产品未来的人，还是只关注那些对产品略知一二的人？

然后是持"批判"态度的人。这个群体对你的产品持保留态度。他们还不确定是支持还是反对你的产品。不同于对你的产品漠不关心的人，持批判态度的这个群体实际上很在意产品，他们只是还没找到恰当的方式表达这种关心而已。因此，他们目前对新的想法、目标和待完成的工作持批判态度。这个群体的显著特点可能是经常提出棘手的问题，并找到事实和数据让你分析和回应。当这个群体处于外环（略有了解或有所牵涉）时，可能不会公开表达他们的疑虑。但随着他们变得更加活跃（积极参与或主导），他们会在整个干系人群体面前公开表示反对或向你提出棘手的问题。他们越接近雷达的中心，你就越需要采取行动，将他们转变为自己的支持者。另外，也可以让他们与支持自己的干系人搭档，以此来抵消他们可能对群体产生的负面影响。以下建议能帮助你更有效地与批判者合作：

- 检查批评是否成立（例如，是不是一个公正的观点），以及有没有不准确或歪曲事实的情况。
- 了解批判者：他们是谁？他们的动机和目标是什么？他们正在做什么？你们之间有共同点吗？

- 私下讨论。大多数问题都过于复杂，不宜在公共场合讨论。

- 如果可能，定期与批评者进行面对面的交流，持续沟通。

- 回应他们的批评。提前预见并准备好回应他们后期可能提出的批评。

- 相比批评者，要更冷静地回答（根据我的经验，这不难做到），但在必要时，要果断而坚定地陈述自己的观点、看法和积极成果。

- 尽快主动处理他们提出的问题。这可能包括主动的公关工作、圆桌讨论、咨询、报告、活动甚至在社交媒体上发帖。

最后一个是"反对"群体。尽管我们都梦想着组织和公司中没有政治斗争，所有人都团结并像一个大家庭一样拥有共同的热情和目标，但实际情况往往并非如此。作为产品负责人，我们很清楚，每个组织都有一些心怀不满的人。这可能是对产品、服务、资源、目标等方面的不满。也许你的产品从他们的产品中调走了资源和人员，也许你的产品改变了他们的工作方式，也许他们担心你的产品会让他们失去工作。与"反对"群体互动和合作可能不那么令人愉快，但你仍然需要和他们建立良好的关系。是什么让他们感到烦恼？你能做些什么来减轻他们的痛苦？哪些人或哪些事在影响他们？下面的建议可以帮助你更好地与持反对态度的干系人合作。

首先，不要忽视他们以及他们提出的问题。他们的问题不会自然而然地消失。了解反对意见并及时解决尤为重要。否则，反对意见会加剧，变得更难处理。如果需要帮助，可以向态度友善的干系人寻求支持。坦诚沟通，尝试着尽量了解并消除他们的担忧。

其次，关注商业利益和风险。反对通常源于对变化的误解和恐惧。向他们传达你的工作会带来哪些好处。把顾虑当作风险，并与反对者合作制定缓解策略。让友好者、反对者和批评者都参与这个过程。确保报告和更新提供足够的信息，并随时向支持者和反对者通报近况。再次强调，缺乏透明度、信息和理解往往是导致人们最初成为反对者的原因。

接下来，利用支持者的力量。你为一些干系人提供的利益可能会引起其他干系人的担忧。确保支持你的人了解这些顾虑，让他们帮助解决反对者所造成的障碍。

最后，找机会支持那些心存疑虑的干系人。理解干系人的担忧可以帮助你发现可能为他们带来好处的项目机会。帮助他们为后续项目建立商业论证，这不仅有助于保持良好的关系，而且还能促进你的业务发展。同时，这还可以彰显你在商业环境中纵览大局的能力。

近朱者赤，近墨者黑。

——孙子

干系人雷达可以用作干系人图谱的替代或补充。考虑人们的参与程度及其对你或产品的态度，有助于你有效制定有效的干系人管理策略。在实施一段时间的干系人管理策略之后，需要检查并调整干系人图谱和干系人雷达。你是否观察到干系人有改变其心态的迹象？你还可以尝试哪些其他策略、战术和干预手段？你是否能利用支持者的帮助和支持，更有效地与其他批评者和反对者合作？

最后，要敢于询问人们的想法、意见和观点。直接向干系人提出这样的问题可能非常有效："你好像不是很支持我们的产品，如果是这样，我能为此做些什么吗？"

29.4　干系人识别和分组备选技术

干系人图谱和干系人雷达只是创建透明度和洞察干系人领域的两种方式。其他还有很多干系人识别和分组方法。每种工具适用的情境不同，其中一些工具可以直接应用，还有一些则需要先进行调整。

关于工具，心理学家亚伯拉罕·马斯洛提出过一个有趣的观点："如果你手里只有锤子，那么眼里看到的一切都像是钉子。"

总之，为自己设计一个适用的干系人识别、分类和沟通框架非常重要，但同时也不能没有计划性。根据我们的经验，在调整干系人图谱时，考虑以下几个方面很有帮助。

- 影响力与动态性：干系人改变想法的频率有多高？如果一个非常有影响力的干系人经常改变主意，会怎样？在需要传统精益实践和新产品开发协同工作的环境中，根据影响力和动态性对干系人进行分类非常有用。例如，当一个以效率优化为目标的零售供应链公司开始发展全渠道策略以便更好地响应变化而优化时，这样的分类方式很有效。
- 影响力、权威和紧迫感：一些干系人虽然能够施加影响力来影响决策和方向，但他们没有紧迫感。另一些人可能有紧迫感，却不够权威。这种对干系人的分组方式可以使用维恩图来表示，帮助你确定哪些干系人的意见更值得重视。它甚至可以帮助你明确哪些人的要求是自己可以拒绝的。
- 非正式组织图：可以通过在一张纸上用圆圈代表干系人来创建一个非正式组织图。每个圆圈的大小表示干系人的影响力。你和干系人之间以及干系人之间的线条表示你与他们的关系（紧密、间接、无）以及他们彼此之间的关系。可以用颜色来表示关系状态（想想干系人雷达中的态度）。这张图表有助于找到间接的途径来与某些干系人合作或影响他们。

不要拘泥于特定的解决方案。在实践中尝试这些工具，做一些更改，做一些实验，找到最适合自己的。

第 30 章

干系人管理策略和战术实践

30.1 制定沟通策略

由于时间有限，你肯定希望自己的干系人管理能够高效进行。在干系人身上投入的时间应该因人而异。有些干系人非常重要，而另一些人可能不会提供有价值的洞见，只是白白浪费你的时间。一个有效的实践是为每个干系人和群体设计一个沟通策略。这个沟通策略应该是一个易于查阅的、简明的概述，说明你打算如何与各个干系人群体打交道。其中的元素通常包括干系人姓名、职务、信息需求、个人目标、要传达的信息、要发送的信息、沟通渠道、个性类型和你要实现的目标等。设计沟通策略有助于你高效地利用时间并与干系人进行有效互动。它还能为 Scrum 团队创建透明度，让他们了解你打算如何与各种干系人互动。

我们发现，围绕干系人的个性类型进行一些分析非常有价值。这有助于我们更好地了解各种干系人及其个性、目标、价值观和沟通风格、偏好。充分了解干系人之后，你就能够根据他们的偏好来调整自己的沟通方式。为此，首先要准备好干系人图谱，列出所有干系人的名字。然后，考虑使用一个模型或框架来识别不同的个性类型，比如 DISC（支配、影响、稳健和谨慎）模型、MBTI（迈尔斯 - 布里格斯性格分类法）或自己喜欢的其他任何框架。利用这些模型来识别干系人的个性类型和沟通偏好，这样一来，便可以为每个干系人制定量身定制的沟通策略（参见表 30.1）。记住，要把大部分时间花在关键干系人身上，并明确表示自己不会在哪些干系人身上花时间。

表 30.1　干系人管理策略示例

谁 （人物和角色）	戴夫 （首席执行官）	桑德拉 （合规官）	珊妮丝 （发行经理）	克马尔 （首席运营官）
需要什么 （信息需求）	财务关键绩效指标、机遇和风险	保障、确认、事实和数据	拥有权力——了解的信息比其他人更多	如何获得展示平台？如何提升销售额？
如何获得 （渠道 / 方式）	面对面会议和报告	每月更新和报告	个人邮件，对于发展动态的事先通知	面对面会议、共创和提供展示平台
信息内容	最新的数字、预算偏差和风险	风险、合规问题和审计结果概览	事实和数据、新特性、新计划	共同制定产品的愿景、战略和路线图
何时	每月	每月	每周	每两周
预期效果	保持满意	最低限度的关注	随时通报近况	密切管理
负责人	产品负责人	团队	团队	产品负责人

设计沟通策略时，请考虑以下因素。

- 干系人是谁？不同的受众和角色对沟通方式的影响很大。例如，高管人员需要的沟通方式与产品或服务的终端用户截然不同。
- 他们需要什么？为什么需要？这两个问题可以从两个角度来考虑："他们在寻求什么？"或"他们的更深层次的动机和需求是什么？为什么他们需要这些信息？"例如，合规官可能要求进行审计跟踪，但他真正的目的是确保我们不会发布可能损害组织声誉的产品。满足他们的需求比提供实际的报告更重要。

- 干系人的个性如何？他们更喜欢听到什么样的话语或看到什么样的行为？在与这样的干系人交流时，有哪些应该做或不该做的事情？

- 你想传达哪些信息？你打算与他们分享哪些信息？同时，考虑到他们的沟通风格，你是打算直截了当、寻求合作，还是采取严谨的态度？这涉及你要传达的信息内容及表达方式。

- 你将如何与他们沟通？你可以通过不同的渠道或方式与人沟通。通常，我们会以书面形式向一些干系人传达相同的信息，再口头向另一些人传达。报告、更新、数据表或仪表板都可以作为有效的沟通工具。不必每次都用 PPT 演示。有时，面对面交谈可能更有用。

- 你打算何时传递这些信息？大多数信息是定期交付的。安排好自己的时间表，并设置固定时间和干系人沟通，可能很有帮助。另外，还可以自动化一些沟通工作，并识别出那些能在干系人沟通中为自己提供帮助的人。

- 沟通的预期效果是什么？这取决于你想从沟通中得到什么以及干系人在干系人图谱上的位置。预期效果是让干系人留在当前的"影响力、利益关系"区域（例如，影响力大、利益关系浅）。这将极大地影响你可以使用的沟通渠道。

- 谁来负责传递信息？尽管产品负责人通常负责干系人管理，但这并不意味着你必须亲自完成所有工作。可以利用团队成员的帮助和支持，看看是否可以自动化一些沟通工作。尽可能简化自己的工作。

30.2　在实践中打磨干系人管理技巧

现在我们知道，干系人有许多不同的类型，并且可以使用不同的技术和方式对他们进行识别和分组。我们还讨论了如何设计一套干系人管理策略或沟通策略，以有条理的方式与干系人进行互动。现在，我们想分享一些关于干系人管理的建议，希望这些建议能帮助你避免我们和其他人都犯过的错误。

30.2.1 技巧 1：更频繁地对干系人说"不"

最大化产品价值涉及大量的抉择。很多研究都证明，专注于几件事并做好它们，远远胜于试图让很多事情齐头并进却都半途而废。这是一项艰巨的任务，在这个过程中，你不可能让每个人都满意。想一想你自己几乎每天都在用的产品。它们是集众多功能于一体，还是专精于某一件事呢？

作为产品负责人，你需要做出深思熟虑的决定，包括决定不去做某些事情和不开发某些特性。所以，开始更频繁地向干系人说"不"吧！表达拒绝的方式很多，你可以在《掌握拒绝的艺术》[①]一书中找到。我们从这本书中获得了一些灵感，并将其留到下一章中分享。或者，可以采用更委婉的方式，比如："我不是要拒绝，但如果要让我同意的话，需要满足这样的条件……"或"如果你能说出这个特性在商业论证中的附加价值，我可能会考虑帮助你。"

30.2.2 技巧 2：区别对待不同的干系人

产品负责人和产品经理通常都非常忙。他们手头上有很多工作，比如梳理会议、冲刺回顾、制定产品待办事项，当然还有与干系人合作，这些事情占用了他们大部分时间。如果你是一位经常忙得团团转的产品负责人，不妨看看这里的建议：不要对所有干系人一视同仁。换句话说，应该根据不同干系人的不同特点对他们进行区别对待。

我们应该始终尊重那些对我们的产品有影响、愿意合作并做出贡献的人。尊重是不可或缺的，毕竟，我们是在共同解决客户的问题。但尊重并不意味要对所有人一视同仁。作为产品负责人，了解干系人与产品利益关系的深浅以及权力的大小尤为重要。

---

① Robbin Schuurman and Willem Vermaak, *Master the Art of No: Effective Stakeholder Management for Product Owners and Product Managers*, 自出版于 2020 年。

不同干系人的重要性是有差异的。一些干系人是你的"同谋"，一些则对你的产品兴趣不大，也不太了解。明确哪些是重要的干系人以及哪些相对不那么重要。时间有限，因此应该明智地把它用在对产品最重要的贡献者、合作伙伴和影响者身上。

30.2.3 技巧 3：管理系统，而不是个人

作为产品负责人，提高效率和效果的另一种方法是避免单独管理每个干系人。一对一的会面和相约喝咖啡固然是建立关系和扩大影响力的良方，但这也会消耗大量时间。作为替代，可以通过群体沟通或发布可重复使用的更新来管理干系人。

例如，定期邀请用户小组参加演示会（不要和冲刺评审会议混为一谈）。在演示会上，你（或团队）可以向一大群人展示产品的新特性，甚至可以进行用户或系统培训。另外，可以邀请一部分人（例如，最重要的干系人）参加冲刺评审会议，参与策略和战术层面的讨论。在评审会议中，大家可以合作规划接下来计划如何最大化产品价值。另外，可以邀请用户、客户和其他人参加梳理会议，共同设计新特性、头脑风暴和进行市场验证。简而言之，如果能够有效地将不同的干系人召集在一起，就能帮助你节省时间。

30.2.4 技巧 4：别把客户忘了

在众多干系人之间周旋的时候，很容易忙到无暇顾及客户。通常，我们不愿意让客户看到产品的第一次迭代，总觉得需要增加更多功能后再展示给他们，以获得早期反馈。之所以害怕展示不完整的产品，是因为我们认为自己只有一次给客户留下好印象的机会。然而，在复杂的产品开发中，这样的假设并不适用。通过迭代和增量开发产品，我们可以快速创造多个"第一印象"。为了获得客户反馈，需要致力于尽早并频繁地发布。这并不意味着我们会偷工减料、鲁莽行事或没有明确的目标。发布不完整的产品有时可能令人尴尬，但如果你能在快速进步、学习并

改善产品的同时，获得客户的支持和反馈，那就不是坏事。不要害怕客户。让他们参与进来，获取反馈，把他们当作有价值的干系人。

30.2.5 技巧 5：立身作则，PO 范儿，增强个人的权威

许多实施 Scrum 框架的组织在去中心化的原则上遇到了困难，导致许多产品负责人和产品经理缺乏独自做决策的权威。常常有人期望他们扮演"记录员""代理人"或"业务代表"的角色。因此，许多产品负责人都抱怨自己没有决策权，或者几乎没有自由去做他们认为对产品有利的事情。但你猜怎么着？这种情况你是可以改变的。

许多扮演"记录员""代理人"和"业务代表"角色的产品负责人已经养成了习惯，会不断向干系人寻求许可或同意——比如，请求他们的许可以开发新特性、解决 bug、减少技术债。虽然让干系人参与进来本身并没有错，但如果想成为一名具有创业精神的产品负责人，必须停止扮演"记录员"的角色，开始扮演负责人！

本书中的许多工具、技术和概念都将帮助你朝着正确的方向前进。提高权威的另一个方法是表达自己的行动意图——例如，"我打算在下一个季度追求这个目标。"这种方式将改善你向干系人展示自己和产品的方式，以及你的行为模式。

通过扮演产品负责人的角色、承担责任、制定计划（你自己的计划），并展示你对产品和团队的热爱和关心，你的权威有望得到提升。换句话说，如果自己不制定计划，你就会成为别人计划中的一部分。

30.2.6 技巧 6：干系人的利益至上

了解干系人的利益关系有助于让他们时刻了解近况，并在与他们交流时节省时间。许多产品负责人都没有把"牢记干系人的利益关系"这件事放在心上。但为了与干系人有效沟通，你需要了解他们所看重的的利益。例如，如果你的一个干系人负责运营部门，他们可能就不太关心产品具体有哪些新特性，但可能会关注这些特性对全流程自动化处理

（straight through processing，STP，又称"直达处理"）指标、净推荐得分（NPS）或预期的流程效率提升有何影响。

30.2.7　技巧 7：让 Scrum Master 参与进来

有效管理干系人有时可能相当具有挑战性和复杂性，特别是与棘手的干系人打交道。尽管你要负责干系人管理，但这并不意味着你必须独自应对。当大量关于开发流程、工作方式、为何采用 Scrum 等方面的问题涌向你的时候，Scrum Master 可以为你提供帮助。

很多干系人（尤其是高管层）习惯了掌握控制权，这对他们很重要，因为他们通常负责运营整个或部分业务。在敏捷环境中，掌握控制权同样重要。但在敏捷环境中，我们实现控制的方式却有所不同。我们通常采用与传统方式不同的实践、工具和技术。例如，在敏捷环境中，指导委员会通常不是必需的。但是，你不能在没有替代机制的情况下就把这种控制方式移除。因此，要让 Scrum Master 支持你和干系人，在增加敏捷性的同时，共同寻找其他保持控制权的方法。

30.2.8　技巧 8：不要成为 Scrum 团队和干系人之间的传声筒

许多产品负责人扮演着信使、代理人、门户的角色，成为开发人员和干系人之间的瓶颈。许多组织的工作方式都禁止开发人员与干系人、客户和用户交谈，任何通信都需要通过产品负责人来传递给团队。这种方法效率低下且效果不佳。引入这种工作方式的理由往往是"保护团队免受干系人的干扰""确保冲刺中不会增加额外的工作"或者是组织认为"开发人员不擅长与客户交流"。

优秀的产品负责人并不赞同这种观点。他们会确保干系人、客户、用户和开发人员之间能够直接沟通。他们鼓励开发人员收取和采纳客户反馈，并确保开发人员通过合作更好地理解客户和用户。明确的协议对所有参与方都有帮助。确保人们了解产品愿景、产品目标和下一步计划。如果目标明确且界限清晰，就可以实现高水平的自我管理并把许多决策委托给其他人。如果事情进展不顺利怎么办？就算情况再糟糕，最多也只是搞砸一个冲刺。这不算什么，毕竟后面有的是冲刺。

此外，信息的透明度也很重要。产品墙、Scrum 板、看板（Kanban board）、项目组合墙或大部屋（obeya room）等信息发射源是非常有用的沟通工具。正确使用这些工具能帮助你、团队和干系人共享知识与信息。所以，不要把这些信息藏在电子文件里。最好把它们贴在墙上，让所有人都能看到。

第 31 章

如何在各个层面上影响干系人

31.1 成为一只琴鸟

体重秤是跟踪体重的好工具，但如果你想改变它的读数，仍然需要努力锻炼。沟通也是如此。有影响力的人，出色的沟通技能是其共性，这可以通过练习来提高。

虽然我们的核心工作是构建客户和用户喜爱的优秀产品，但实际工作中更多的却是与人打交道。为了与不同类型的人合作并对他们产生有效的影响，我们必须具备出色的沟通技巧。

案例研究：企鹅、鹰、孔雀和猫头鹰

WORLD NEWS

出场人物：诺亚、克马尔、戴夫、珊妮丝和桑德拉

首席财务官批准了诺亚关于变革的商业论证，两周后，所有关键决策者都聚集到董事会会议室。

"这会很酷的！苹果和特斯拉的团队一定会对我们的创新方案赞叹不已！"克马尔兴奋地说。虽然诺亚对此表示怀疑，但看到他满怀激情地展示他们对改变报纸业务的最新想法，仍然感到有些振

奋。诺亚意识到自己坐得太靠前了，因为在整个演示过程中，她都听得极为认真。她迫使自己靠向椅背，观察其他参会者的反应。戴夫看起来很烦躁。"这占用了他太多时间。"诺亚想。她在心里倒计时，等待戴夫打断滔滔不绝的克马尔并决定是批准还是否决这个方案。

还没等戴夫打断，珊妮丝率先发声："抱歉，打断一下。"她说，"你知道的，我很支持这个计划，但这个变革确实太大了。我们真的可以在这里对此做出决定吗？这将影响到公司里的每个人，我想听听其他员工对此怎么说。"

诺亚心想，这是珊妮丝的典型做法，她总是很关心所有人，但不幸的是，整个过程也因此而被拖慢。

"这是个好建议，珊妮丝。你能帮我们组织一个代表团体吗？"克马尔回应道。

珊妮丝还没说话，桑德拉就插了进来："我们已经有了处理这类项目的流程，能不能遵守这个流程呢？谢谢。"

诺亚叹了口气，闭上眼睛，会议室的争论声在她耳边仿佛变成了鸟儿的啁啾声。戴夫就像一只大鹰，他想要纵览全局，然后果断出击；珊妮丝像一只照顾着群体并确保没有任何人被落下的企鹅；桑德拉注重事实和数据，就像聪明的猫头鹰；而克马尔则像一只炫耀自己羽毛的孔雀。诺亚在想："我会是哪种鸟呢？"她觉得自己像一只琴鸟。[①]

在这一章中，你将了解到如何与不同类型的人沟通以及不同层次的沟通方法。除了这里介绍的基础知识，我们建议你查阅沟通方面的专业资料，以便更深入地学习。

---

① 译注：琴鸟几乎能模仿所有声音，根据记录，它们模仿过的声音包括磨坊哨声、电锯、汽车引擎和警报、火警、步枪声、相机快门、狗吠、婴儿哭声、音乐、手机铃声，甚至人类的说话声，等等。

31.2 沟通过程

在与其他人沟通时，我们常常会把注意力放在自己想要传达的信息上。有许多构建信息的方式，它们可以让信息变得生动、条理清晰、逻辑严密而且简洁。例如，在"愿景者"姿态那一部分中，我们学习了 3×3 故事叙述框架，它有助于在传达愿景时格式化信息。当然，还有其他很多方法可以让信息结构合理、逻辑清晰且简洁。

但对产品负责人来说，撰写和格式化信息通常并不是最大的难题。有效的沟通并不只在于格式化和分享信息，它还涉及更多层次。因此，我们接下来将探索沟通的过程以及沟通的 4 个层次。

人与人之间的沟通听起来相当简单，它本质上就是一个发送者向一个或多个接收者发送信息。但是，尽管这种简单的信息交换是沟通的本质，但有效做到这一点仍然很难。

无效的沟通可能由许多不同的原因导致。这不仅与发送者、信息本身以及接收者有关，还涉及更多因素。组织中阻碍有效沟通的一些常见挑战如下：

- 文化差异；

- 态度、情绪和缺乏动力；

- 倾听技巧；

- 书面沟通的质量；

- 语言障碍和行话；

- 组织层级；

- 信息表达不清晰；

- 不信任、怀疑和恐惧；

- 使用不恰当的沟通渠道和工具。

导致无效沟通的原因还有很多，如何解决这些问题呢？首先，我们需要明白沟通由不同的组成部分和参与者构成：发送者和接收者以及信息和沟通渠道。图 31.1 展示了一个简化版的沟通模型。

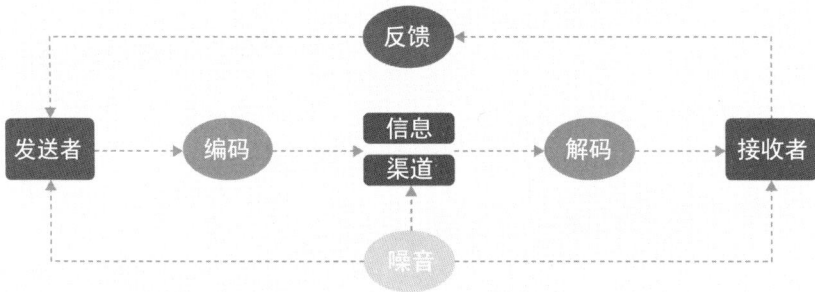

图 31.1　简化版沟通模型

其次，在发送者向接收者传递信息时，需要考虑一些额外的要素。信息将通过一个渠道进行传递，比如口头的一对一沟通、电子邮件、报告或备忘录等，因此，选择合适的沟通渠道、媒介或工具对信息传递来说非常关键。例如，如果你需要传递的信息是无法实现某个目标、无法达成某个截止日期或无法交付某个特性，那么最好选择面对面沟通或者至少要通过电话沟通。如果你想告知人们关于项目进展良好的消息，那么可以考虑使用电子邮件、报告或其他书面形式的更新。用心考虑哪种渠道能最有效地传达特定信息，因为有些渠道比其他渠道更容易受到噪声的影响。一封重要的电子邮件可能会淹没在快被挤爆的收件箱里。而在紧凑日程安排中召开的快速更新会议既不会帮助人们记住信息，也不利于人们记住会议中传达的信息。因此，第 30 章讨论的干系人沟通策略中，渠道被列为重要因素。

在通过选择的渠道分享信息之前，发送者需要对信息进行编码。也就是说，发送者要以一种自己觉得合理的方式描述和格式化信息。发送者必须意识到，他们正在用自己的"语言"来传递信息。这里的"语言"可能包括商业、技术或行业的专用术语，特定的表达方式，对话题的个人看法，或者就是一般的语言障碍。在发送信息之前，请尽可能地去除行话。努力用简单的方式来表达自己的信息，让接收者更容易理解。可以考虑请团队成员或干系人先检查一下你的信息。

编码信息的方式以及接收者解码信息的能力，极大地影响着沟通的有效性。在信息发送或分享出去后，接收者需要解码信息。也就是说，接收者需要解读信息的含义，明确其意图，并尝试判断其对自己的影响。如果想简化这个过程，可以考虑在信息中加入几点：描述或说明你希望人们如何处理这些信息、想要达成什么目标以及对他们会有哪些影响。

就像通信系统一样，任何渠道都有某种形式的噪声，因而信噪比很重要。一个典型的例子是在阅读文档或书籍时，你有时候不得不回头重新阅读某段内容，想着："没读懂，让我再看一遍。"因此，在撰写文档时需要深思熟虑，尽量避免。

这只是冰山一角。这部分的沟通只涉及沟通的第一层——信息。另外还有三个层次需要考虑。为什么接收者愿意花那么多时间在你身上？是什么促使他们快速回复、在紧凑的日程中腾出时间并不在最后一刻取消会议？答案是你与他们的关系。

31.3 沟通的四个层次

除了信息，还有沟通的过程、你与另一个人的关系以及你（或他们）的情绪状态。信息是沟通中最明显和具体的部分，而其他三个层次则是决定沟通成功与否最大的影响因素。图 31.2 展示了沟通的四个层次。为了传递正确的信息，需要考虑其他三个层次。

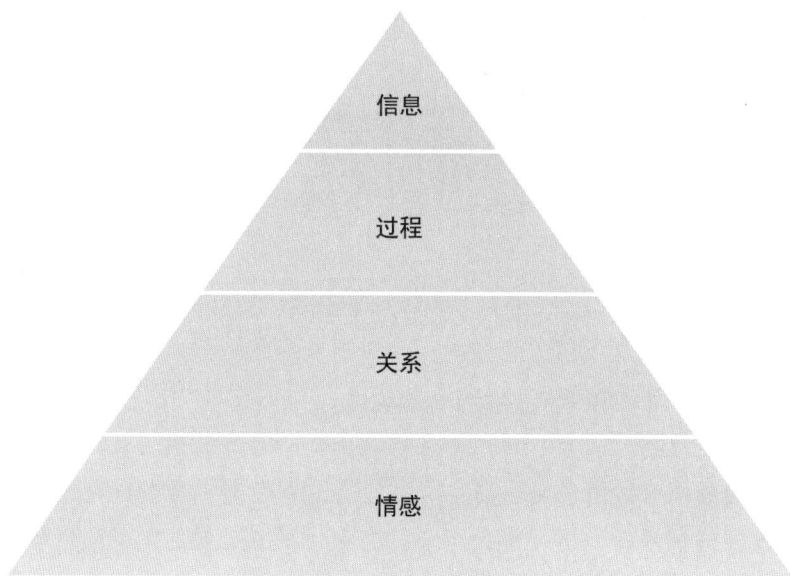

图 31.2　沟通的 4 个层次

传递信息的方式非常重要，这涉及语气、语调、非语言交流以及与对方的联系。如果你的沟通方式过于生硬和直白，对方肯定会受到影响。他们可能觉得你专横和唐突，这甚至可能对你产生不满甚至敌意。因此，要注意自己的非语言交流和语调。

在沟通前，先问问自己：你的情绪如何？你是平静的、激动的还是沮丧的？理解自己的情绪状态。如果感到非常激动和挫败，那么你可能无法有效地沟通。如果情绪稳定，则可以继续下一步。

　　问问自己，是否表现出了同理心？是否花时间与他们建立了良好的关系？你是否在认真地倾听对方并真正理解了他们所说的话？

　　对话过程是什么样的？是不是从一开始就直接进入了争辩的阶段？是否在有条理地对话且双方都有机会说话和倾听？

　　最后，思考一下你真正想要传递的信息。你的信息内容能否吸引对方？你是说了很多行话，还是使用了双方都能理解的通俗语言？

　　当人们在有效沟通上遇到困难时，往往会首先考虑信息的内容是否需要改进。但在很多情况下，沟通不畅的真正原因并不在于信息本身，而是在于其他更深层次的因素。因此，对这些因素进行反思，并且审视自己在建立关系这一层次上付出了多少努力。我们通常都没有花足够的时间来与干系人建立高质量的关系。

31.4　与干系人建立关系

　　对于建立良好的关系，包括产品负责人在内的许多人可谓五味杂陈，一言难尽。想在工作之外建立友谊？这当然没问题。但想要构建一个职业人际网络？这对你来说可能有些复杂，因为建立关系网往往被视为一种肤浅甚至别有用心的事情，对吧？在工作中与其他人打好关系？这似乎有点不公平。

　　但即使类型不同，关系仍然是关系。初出茅庐的产品负责人或产品经理往往认为应该平等对待每个人。从某种意义上说，这是对的。你需要给每个人同样的尊重，正如我们在第 28 章中解释的那样。但我们同样提到，你应该以不同的方式对待不同的干系人。他们也可能对你采取同样的态度。人们没有足够的时间、精力和信任来同等地对待每个人。尽管他们不太可能对陌生人态度恶劣，但他们大概率会更友善地对待自己亲近的人。因此，花时间去建立良好的关系、友谊、人脉网络和工作联系，这是值得的。

　　杰基·巴瓦罗和盖尔·麦克道尔[1]认为，良好的工作关系能让一切都变得顺风顺水。信任团队成员的话，便不至于让自己花太多时间证明自己的决策。合作伙伴更愿意帮助你或共同承担风险。导师会抽时间给你提供建议，而招聘主管也更愿意邀请你加入他们的团队。

　　在工作中建立良好的关系其实并不复杂。这并不意味着你必须与同事成为最好的朋友，只需要达到能够高效合作的程度并在态度上对同事表现得友好与尊重。如果你已经在与一些人合作，但感觉和他们的关系一般，那么不妨邀请他们喝杯咖啡，以更好地了解对方。如果想扩展自己的人脉，可以考虑加入兴趣小组、专业技能小组或工作小组这样的团体。如果想在组织之外与更多志同道合的产品专业人士建立联系，那么加入产品负责人社区或线下活动小组也是个不错的选择。如果想和管理层建立更好的关系，那么可以参考下面的建议。

31.4.1　提升信誉

　　对于产品负责人和产品经理来说，在管理层干系人和客户那里建立信誉是重中之重。如果他们信任你的判断，往往就更愿意接受你的想法、观点、决策和影响。

　　干系人需要对你的能力有足够的信心，他们要确信，你之所以向他们提出的要求，是因为你有充分的理由。确信你了解自己的工作，并总是以最大化他们的利益作为出发点。

　　通过建立信誉，你的自主性也会得到提升。努力开发好的产品并成功推出好的产品有助于建立你的声誉，然而，做好工作并不是唯一重要的事情，你还需要赢得人们的信任，例如通过践行自己的承诺（并确保他们知道你言出必行）、展现适度的自信、解释决策背后的逻辑以及从来不揽功推过。

---

[1]　参见 Jackie Bavaro and Gayle McDowell, *Cracking the PM Career: The Skills, Frameworks, and Practices to Become a Great Product Manager*, CareerCup, 英文版出版于 2021 年。

31.4.2　主导有关产品和团队的决策

管理层经常抱怨产品负责人在主导决策上做得不够好。许多产品人会频繁地请求许可或同意，而且也不善于引导对话以快速有效地达成高质量的决策。

一个更好的策略是主动承担决策的责任。优秀的产品负责人要积极主动，他们会识别出哪些决策需要自己来主导。他们不会拖延决策，也不盼着别人替他们做决定。作为产品负责人，应该在决策过程中发挥积极作用，形成并传达自己的观点。

31.4.3　了解其他视角并推动实现共同目标

倾听专家、客户和干系人的意见。收集论据、选择和研究成果。在必要时可以独立开展研究。然后，引导讨论并推动实际的进展。了解其他人的认知和想法很重要。如果他们比你更了解某个话题，可能就不会完全信任你的决策。因此，确保团队有归属感并愿意为共同的目标和目的而努力。

31.4.4　持续推进

做决策时，浪费大量时间在所有干系人中寻求共识通常比做出错误的决定并向前推进更糟糕。这种常见的陷阱被称为"分析瘫痪"（analysis paralysis），当你陷入过度思考和分析而无法做出决定时，就会陷入这种陷阱。正如我们在第 V 部分中所讨论的那样，产品管理是一个信息不完备的游戏。许多决策需要在信息不完备的情况下做出。优秀的产品负责人能够展现出良好的判断力，迅速做出灵活多变的决策。他们明白，悬而未决和推迟决策会给团队带来压力。

31.4.5　做足功课之后再上报决策

一个不可避免的情形是，有时需要上报某些问题，以确保问题或决策能够迅速得到解决。然而，在上报给上司之前，请确保自己已经做足了下面这些准备工作：

- 明确需要做出的决策；
- 确定各种选择的利弊、优缺点以及可能出现冲突的目标；
- 在诸多干系人之间就最重要的目标达成一致；
- 在首次上报之前，确保你已经尽自己所能采取了行动。

当你需要上报决策时，重点应该是询问哪个目标最重要，而不是向公司领导、高管或客户询问应该选择哪种解决方案。你上报的对象通常更清楚目标的优先级，但他们往往不是细节方面的专家，甚至完全不了解具体实施细节。干系人能提供更多背景信息，这些信息有望帮助你做出更好的决策。

31.4.6 在合适的时机分享自己的想法

产品人总是有很多好的想法，比如解决客户问题的创意、新产品功能的构想以及提高产品价值的点子。如果在正确的时机分享，这些好的想法可以产生巨大的积极效果。但如果在不恰当的时机分享，这些想法可能会被视为干扰。

因此，要特别注意公司的规划周期。最好在新的季度或年度目标、目标和指标设定之前提出新的想法。想一想产品处于生命周期中的哪个阶段，以便在合适的时机提出合适的想法。在目标刚刚确定之后，就提出全新的、宏大的想法往往会让人心生厌烦而非激情。

31.4.7 通过早期合作获得认可

你可能听说过"非我所创"（not invented here，NIH）综合征。NIH综合征描述了这样一种现象：相比从外面购入的东西，人们对自己创造的东西更有感觉。我们在许多组织中看到过这种综合征，尽管市场上有现成的标准解决方案，但他们仍然选择自主开发软件、工具和流程。诚然，那些标准化工具可能和公司的工作方式不完全相符，但这真的是个大问题吗？公司的工作方式难道不能稍作调整，以匹配行业标准吗？这样做是不是更简单、成本更低，甚至可能更有效？

如果你想启动新项目或朝着不同的方向发展，那么利用这个概念将为你带来优势。让干系人参与新产品、服务、流程和计划的发现、创造、构思、设计和开发过程，以此来构建更牢固的关系。例如，召开早期启动会议，因为人们喜欢在项目初期就参与进来，并为开辟新方向出一份力。组织会议时，要确保能够获得自己预期的反馈。组织头脑风暴会议，让人们自由地发表想法，即使你最后不采用这些想法，也没关系。当然，也要让其他人因他们的贡献而得到你的认可。如果你能让他们觉得这些想法是他们自己提出的，那么你通常能由此增强对他们的影响力。我们都是人，本能地想要感到自己的重要性和影响力。利用这样的心理，给人们创造机会，让他们感到自己很重要且有价值。

31.4.8　建立跨团队和跨部门的信任

大型组织通常划分为不同的小组、部门和团队。在很多情况下，这些小组是围绕着像产品、销售、市场、支持、运营、IT 和工程等筒仓建立的。筒仓里的员工经常觉得自己最了解业务。当产品团队表现出精英主义和对其他部门的轻视时，不信任就会开始滋生。作为产品负责人，如果你只关注对自己产品和团队最有利的决策，会加剧不信任感。必须要以大局为重，考虑到整个组织。

理解公司除了自己的产品和团队还有其他目标、目的、计划和利益，随着职业生涯的发展，这个认知对你而言，变得越来越重要。需要学习、理解并能够站在公司层面上评估不同的利益。需要获得管理团队和部门经理或总监的信任。对于向高层汇报的部门领导，要和他们建立信任关系，这是与公司中的重要人物建立长期关系的有效途径。建立信任需要时间，但这些时间是值得的。尝试了解他们的利益关系、目标和顾虑。如果你能够做到这一点，他们就会开始将你视为盟友，更加信任你的想法。询问他们最看重哪些目标。了解他们与其他产品负责人在既往合作经历中产生的顾虑。同时，也要分享你的团队正在努力实现哪些目标和目的。

31.4.9 花时间建立关系

在名单上列出能给自己带来正能量的同事，找机会与他们展开合作，无论是正式合作（比如参加跨部门委员会）还是非正式合作（比如向他们寻求建议）。在这个过程中，你需要清楚他们的哪些特质吸引着你与他们共事并向他们表达这一点。可以尝试每天和不同的人喝咖啡，持续一个月，说不定你就能更好地了解他们为什么热爱自己的工作了。

尽管在办公桌前吃午餐并避免与外界交流听起来很诱人，但更好的选择是到餐厅吃午餐。这样可以让你更加了解自己的同事，并与他们建立私交。边吃饭边聊天，通常涉及各种话题（除了工作），是与同事建立联系的良机。随着时间的推移，午休时建立的友谊往往会发展成信任关系。

避免参与办公室政治和八卦。办公室八卦可能对工作、管理层和公司产生消极情绪与不满，因此，尽量避免这类行为，努力成为寻求发展个人职业机会的正能量。

大多数拥有良好企业文化的组织会安排工作中的活动和工作外的聚会。这些活动为你提供了机会，让你结识日常工作中不经常接触到的同事，并在工作之余外与他们建立更深入的关系。如果活动安排在工作时间，那么通常是必须参加的。工作时间之外的聚会虽然不强制要求你参加，但如果想在公司里结交朋友，参与这些活动就非常关键。虽然不必每次都参加，但偶尔露面是个不错的选择。

抽出一些时间了解自己周围的人。每天花五分钟问问同事最近过得怎么样。可以就工作或其他话题进行一次轻松的交谈。这将帮助你与他们建立联系并赢得他们的信任。

31.4.10 针对听众调整自己的沟通风格

纵然我们不能总是顺着别人说话，也不能总是任由他们予取予求，但我们可以使用他们偏好的方式来传达信息。我们可以采用他们喜欢的沟通方式来得体地表达自己的观点。

　　可以使用各种模型、测试、评估和理论来捕捉和解读人们的性格、偏好的沟通方式和工作风格。像 DISC（支配、影响、稳健和谨慎）、MBTI（迈尔斯 - 布里格斯性格分类法）、五大性格特质（Big Five）、管理驱动力（Management Drive）、洞察发现（Insights Discovery）和里尔玫瑰（Leary's Rose）等模型都能帮助我们更好地了解自己和他人。尽管有些研究认为这些模型和测试存在缺陷，效果有限，但也有一些研究认为它们是有效的。因此，乔治·E. P. 博克斯的名言在这里非常适用："所有的模型都是错误的，但其中有些是有用的。"无论你是否喜欢这些模型，是否认为它们有价值，都请耐心读完下面的内容。

　　我们经常发现，人们有自己偏好的沟通风格。这种偏好可能随着时间和情境的不同而有所改变。换句话说，我们不能简单地把人们归入某一类。如果花一段时间观察他们在工作环境中（比如会议等特定场合）的行为，你可能会发现一些规律。了解这些规律，也就是他们偏好的沟通方式，可以帮助你和他们建立更好的人际关系，提升沟通技巧和干系人管理能力。

　　我们虽然对模型没有偏爱，但这里决定使用 DISC 模型来解释这个概念。为什么呢？主要是因为 DISC 模型相对简单，只描述了四种风格。但它的缺点也在于此——它只描述了四种风格，因此相比其他一些模型，它的准确性可能较低。

　　那么，我们如何在实践中使用 DISC 这样的模型呢？首先，DISC 模型中的每一种沟通风格——支配、影响、稳健和谨慎——都有某些特征或特点，这些特征或特点体现在一个人的行为、他的言语以及他喜欢听的话中。可以通过这些特征来了解他们的个性。

　　其次，通过在实践中观察干系人，并将他们的行为、他们说的话和他们喜欢听的话与 Disk 模型进行比较，你或许能够把他们归入 DISC 类型之一。但请记住，你需要在一段时间内持续地观察这些行为，并结合他们的工作环境进行考虑。

对干系人的个性及其偏好的沟通方式有了更多了解，你就可以利用这些信息，针对听众的偏好来调整沟通方式。

1. 支配型：老鹰

一些人偏好支配型沟通风格。他们不想深入了解所有细节，而是更倾向于看到整体大局。他们能迅速找出需要解决的挑战，并倾向于直接切入主题。

这种类型的干系人通常专注于工作完成和成果交付。因此，他们可能比较直来直往。他们喜欢听到具体的行动计划、利弊分析和解决方案，他们想知道哪些决策需要由自己来做。

这种风格通常受到组织高层的干系人所青睐。产品负责人在与这种风格的干系人沟通时，经常会遇到挑战，因为他们本能地认为产品开发不确定、复杂。在产品开发中，往往不存在简单的路径或简单的决策。

在与偏好这种沟通风格的干系人打交道时，需要事先做好准备。向他们提出需要由他们来做的决策。效果不错的一个方法是向支配型的干系人展示不同的选项、利弊分析和解决方案，然后让他们从中做出决定。

2. 影响类型：孔雀

一些干系人喜欢参与探索过程。他们虽然重视结果，但更喜欢合作，不喜欢受到忽视。可以把这些人比作孔雀。他们喜欢成为舞台上的焦点，参与探索过程，并展示他们漂亮的羽毛。

建议让这类干系人参与工作坊、头脑风暴、愿景制定会议和产品演示中，利用他们的活力来吸引更多的支持者。虽然深入细节在一定程度上有效，但如果活动中没有新颖和令人兴奋的元素，这些干系人可能会感到无聊或失去兴趣。不同于喜欢对方直接为自己提供明确的选项来做出决策的老鹰型干系人，孔雀型干系人更喜欢深度参与。

既然孔雀型干系人喜欢展示自己，不妨让他们上台展示工作坊的成果，或者在冲刺评审会议上展示冲刺的成果。有时候，你需要暂时退居幕后，让这些干系人有机会站在聚光灯下大放异彩，如此一来，你就可以更好地扮演服务型领导者，推动产品的成功。

老子曰："太上，不知有之；其次，亲而誉之；其次，畏之；其次，侮之。信不足焉，有不信焉。悠兮其贵言。功成事遂，百姓皆谓'我自然'。"

3. 稳健型：企鹅

企鹅非常有趣，它们总是成群结队地出现。它们还会一起追捕猎物。它们倾向于以最小的努力寻找最有营养的食物，以求获得最大的收益。

你可能会在组织中遇到一些偏好稳定型沟通风格的干系人。这些干系人喜欢听别人讲细节，自己也会挖掘细节，特别是在做复杂决策的时候。他们明白，复杂决策需要在多个层面上获得支持，而且团队的共同认知可能会影响很多决策和结果，所以他们不喜欢在别人的催促下匆忙做出决策。

压力和截止日期通常会给这些干系人造成不利的影响，因为他们更重视的不是结果，而是人。他们注重在团队中达成共识，重视个体、意见和团队合作。一个有效的应对策略是采取冷静的态度，承认自己并非无所不知，同时向他们表示自己需要帮助。你需要确保企鹅型干系人支持你，并且不要让他们觉得有人在催促自己。在改进产品时，不要一下子做出剧烈改变，而是要把它分成一系列小的步骤。

4. 谨慎型：猫头鹰

第 4 种类型的干系人并不在意能不能达成共识。这些干系人只想通过正确的方式，使用正确的流程做出正确的决策。谨慎型干系人通常遵循逻辑思维模式，相对不太关心别人的感受。[①]

对这类干系人来说，细节、选项、事实和数据以及得到过验证的解决方案非常重要。就像企鹅型的人注重细节和循序渐进一样，猫头鹰型的人必须掌握详细的信息才能做出决策。他们不一定非得参与决策过程或有决策权，但他们会要求你遵循规则，否则他们就会介入。

与喜欢这种沟通风格的干系人交流时，必须做好充分的准备。不仅

---

① 如果你是《星际迷航》的粉丝，那么可以把这类人想象成电影中的瓦肯人。

需要确保提供的事实和数据准确无误，而且也应该以客观公正的方式收集这些信息。因为这类干系人很可能自己来做一些研究，所以确保以正确的方式进行研究尤其重要。他们一般会在会议前做好充分准备，因为他们倾向于保持独立和客观。

4 种类型干系人小结

优秀的沟通者会根据听众的特点调整沟通方式。例如，在面对日程紧凑且想要看到进展的老鹰型干系人时，提出召开全员大会显然是个坏点子。对于猫头鹰型干系人来说，最糟糕的事情是提出一些花里胡哨的新想法，却几乎没有数据或证据作为支撑。在与企鹅型干系人交谈时，忽略情感和人际关系显然是不明智的。了解干系人偏好的沟通方式可以帮助你更有效地传达信息，更好地控制沟通过程。

我们无意冒犯任何人，选取这些动物来描述只是借来打一下比喻。不过，这些比喻可能无法让所有读者产生共鸣。例如，在西方国家，猫头鹰通常被视为智慧的象征，因为它是希腊女神雅典娜的使者。在其他神话传说中，猫头鹰有时被视为愚蠢的象征，或者代表通过非法手段获得的财富。在使用这些动物作为比喻时，千万不要当面把别人称为"孔雀"！

第 32 章

掌握拒绝的艺术，最大化产品的价值

干系人管理看似严肃，但我们认为这件事可以像玩游戏一样笑着来做。当前这一回合输赢无所谓，因为后面还有很多个回合。但要注意，不要让干系人管理变成一场政治博弈。它不是一种用来妨碍他人或只追求个人利益的手段。哪些策略能让你以最有效的方式与对手合作，能在最大化产品价值的同时与他们建立良好的关系呢？

出色地履行产品负责人的职责与有效拒绝的能力密不可分。干系人、客户、用户或团队的要求有时很难拒绝，因此对任何产品负责人来说，这项技能都是无价之宝。虽然拒绝他人有时会让你感到害怕和纠结，但它能为你和你周围的人带来许多积极的结果和好处，比如：

- 同事会认识到你承担了产品负责人的责任；
- 清晰度和透明度会增加；
- 产品的价值得以最大化；
- 让你自己、干系人和 Scrum 团队更加专注；
- 为关键对话创造了机会；
- 增强了你作为产品负责人的权威；
- 有机会做更多自己乐意做的事情。

沃伦·巴菲特有一句名言："我们需要学会审慎地说'好'和果决地说'不'。"本章将帮助你掌握拒绝的艺术。尽管说"不"可以带来诸多益处，但在实践中，许多人仍然很难把它说出口。为什么拒绝这么难？我们为什么会感到害怕？是什么驱使我们更频繁地说"是"而非"不"？如何有效地说"不"？我们将在本章中探讨这些问题并提供一些建议，帮助你更有效地说"不"。

史蒂夫·乔布说："人们总认为专注意味着你需要对手上的事情说'好'，但实际上并非如此。它实际意味着对成百上千个好点子说'不'，你必须精挑细选。事实上，我既为我们做到的而骄傲，也为我们放弃的而骄傲。创新是对成百上千件事说'不'。"

32.1 说"不"为什么这么难

许多人很难开口对干系人说"不"。绝大多数人都将说"不"与否决或负面结果联系在一起。此外，许多人认为说"不"会导致冲突。我们发现有以下五大因素阻碍着人们说"不"。

- **害怕冲突**：许多人都有这样的心理障碍。许多人认为冲突是可怕的、不可预测的、不受欢迎的。冲突可能带来负面后果，比如愤怒、失望和被抛弃。大多数人会尝试避免这些负面情绪，尤其是在工作场所。自从人类开始直立行走并狩猎大型动物以来，人们就意识到集体行动更有效率。向他人开口说"不"可能导致冲突，而冲突可能导致被孤立。人们天生就想成为某个集体的一部分，渴望有归属感。因此，他们会尽可能地避免冲突。结果便是人们不会频繁地说"不"。

- **害怕让人失望**：这种担忧与第一种有些相似，它们都源于人们对归属感的需求。许多人认为说"不"会让他人失望而被集体排斥，因此他们会尽量不说"不"。然而，如果产品负责人之前从未说过"不"，那么他一旦拒绝其他人，其他人就会对他感到极度失望。

- 因等级制度产生的恐惧：从小学开始，我们就学会了尊重权威，听老师的话，完成作业。"按上司的指示行事"这种观念在很多企业中根深蒂固，即使公司领导并不总是比产品人员更了解产品、市场和客户。面对决定自己能不能加薪的人，开口说"不"可能会给自己带来很大的心理压力。你可能不想冒险而失去加薪、奖金、晋升或其他利益的机会。但是，说"不"真的会带来如此糟糕的后果吗？请记住，坚定个人的立场有时候胜于唯命是听。

- 文化上不支持说"不"：在一些团队、组织和文化中，说"不"可能被认为是坏事。这种情况可能综合了之前几种模式（避免冲突、因等级制度产生的恐惧、担心让他人失望）。作为产品负责人，你需要了解并尊重不同文化及企业中的明确和潜在的行为规范。开口说"不"的时候，需要非常小心谨慎，甚至可能需要暂时搁置自己的文化背景，以有效地处理当前的情况和文化。

- 说"不"意味着打破自己的习惯：即使没有上述各方面的担忧，开口说"不"仍然很困难，因为它意味着打破了之前一直说"好"的习惯。在许多情况下，说"好"比说"不"容易得多。虽然这么做在短期内可以让人喘一口气，但长期来看可能有负面影响。产品负责人可以有意识地打破说"好"的习惯，但必须确保每一次说"不"都有理有据。

32.2　有效拒绝的 5 个步骤

向干系人说"不"的方式有很多种。在我们的专业 Scrum 产品负责人培训课程中，我们总是和学员开玩笑说至少有 50 种不同的方式说"不"。《掌握拒绝的艺术》[①] 收录了所有这些方式。不过，在对干系人说"不"

[①] 参见 Robbin Schuurman and Willem Vermaak, *Master the Art of No: Effective Stakeholder Management for Product Owners and Product Managers*，自出版于 2020 年。

之前，你需要确定应该对谁说，并找出拒绝他们的最佳方式。以下步骤可以帮助你做到这一点。

第 1 步：确定对象

有效拒绝的第 1 步是确定你要对谁说"不"。想一想你创建的干系人地图或干系人雷达。考虑一下你的沟通策略。考虑这位干系人的利益关系和影响力。记住，并非所有干系人都是平等的，这可能决定着你如何回应他们的问题或请求。

第 2 步：确定具体要求

有效拒绝的第 2 步是确定干系人的具体要求。他们是想要一个新特性吗？是想要修复产品中的重大 bug 吗？是出了什么内部问题吗？这个问题是由客户驱动的，还是由法律和合规要求驱动的？透彻地理解干系人的要求。提出一些问题来进一步澄清，直到你完全理解这些要求背后的原因。了解他们的预期、要解决的问题或他们希望获得的价值。

第 3 步：意图

在这一步中，需要根据前两步收集的信息来确定自己的意图。你是打算说"是"，还是说"不"？考虑这个要求的潜在价值、好处和结果。将它的价值与产品路线图或产品待办事项列表上的其他事项的价值进行对比。想一想它是否有助于实现产品愿景和战略。需要考虑的因素很多，如果需要一些时间来做出决定，就直接让对方稍等一段时间。要先考虑清楚，再明确地说"是"或"不"。第 3 步的核心在于做出清醒的决定。我们需要学会果决地说"不"和审慎地说"好"。

> 克里斯　有两个客户同时要求我们开发不同的特性集的情况，但我们无法在规定的时间框架内满足他们。经过调查，我们发现其中一位客户依赖我们的产品来满足一个外部截止日期，如果达成目标，将带来巨大的成功。另一个客户不太

信任我们的产品，想测试我们的交付能力。于是，我们优先实现了第一个客户的要求，同时拜托他们邀请第二个客户参加他们的产品发布活动。我们为第二位客户买了机票，确保他们亲眼见证其他人使用我们的产品所取得的成功。

第 4 步：说"不"

你决定说"不"了吗？太好了！找出当前最合适的说"不"的方式。在表达拒绝时，要考虑到价值、客户、用户、时机、影响等因素。

第 5 步：倾听和被倾听

尽管我们经常希望用"不"来终结讨论，但事情的发展往往没有这么顺利。当人们听到"不"时，通常认为这是讨论的开始或延续。他们可能会提出新的理由，要求你重新考虑。所以，在这最后一步中，要确保对方明白你的拒绝是认真的，以及你为什么要拒绝对方。同时，你可以表达自己很理解对方对这个决定表示失望。

你可以这样表达："我明白你看到了进入那个市场的机会，但产品愿景针对的是不同的细分市场。我知道这个决定会在一段时间内对你的工作流程造成影响，我们能做些什么来缓和这个过渡吗？"

产品负责人在说"不"的时候遇到强烈反对的原因有时是他们只传达了决策的结果，也就是"不"。如果你在传达决定的同时，还能够阐述你的愿景、考量、论点以及决策的可接受后果，最好站在干系人的角度来考虑，那么你的决策将更容易被接受。所以，要确认干系人是否理解（甚至可能接受）了你的答案。他们的反应如何？你想要立刻就此进行讨论，还是留到以后再说？

有些讨论似乎永无止境。如果你发现自己陷入了这样的讨论，可以这么说："我注意到我们一直在车辚辚地重复着同样的论点。你还有什么没提到的信息？从你目前分享的信息来看，我仍然会坚持我的决定。"

这样做为新信息提供了机会，但如果讨论仍然像坏掉的唱片一样不断重复，你也可以通过这种方式结束讨论。①

32.3 绝地控心术

电影《星球大战》中有一个经典的场景，欧比旺挥挥手说："这些不是你们要找的机器人。"然后，帝国冲锋队就给他们放行了。虽然让产品负责人挥挥手说"这些不是你们要找的特性"似乎行不通，但也许我们可以稍微改变一下干系人的现实感知。

假设你正在试图说服你的干系人按照某种顺序开发产品，但他们有不同的想法。你们已经来回讨论了一段时间。现在，你可以采取下面的方法之一：

- 假设你的干系人倾向于积极的结果，问："如果这样做，还有哪些方面会得到改善？"
- 如果你的干系人倾向于消极的结果，就提问："如果这样做，我们可能会遇到什么问题？"

这两种方法都把干系人放在主导地位。他们的大脑会自动创建神经回路来支持你的想法，并找出他们的方法有哪些问题。

然后，你就可以重新表述和总结，强化这个想法，直到他们回答"确实如此"为止。当然，让他们处于主导位置也意味着讨论可能会走偏。

---

① 年轻人可能不清楚这个比喻的意思。它指的是讨论陷入了无休止的循环。

第 33 章

与干系人、客户和用户谈判

　　谈判既简单又有趣，我们超喜欢谈判的——别当真！开个玩笑而已。实际上，尽管确实存在喜欢谈判的人，但大多数人对此并不热衷。谈判是希望达到有利结果的人或团体之间的对话，通常发生在处理合约、提议、报价、问题或冲突时，而且还有以积极结果解决这些问题的明确需求。谈判是不同实体之间的互动过程，通常有妥协，以在共同关注的问题上达成一致，同时尽可能优化各自的利益。这种有益的结果对所有参与方可能都有利，也可能只对一方或部分参与方有利。为了增加达成协议、避免冲突、与其他方建立关系并获得利益，谈判者需要深入理解谈判过程和其他谈判对象。

　　"你的儿子在我们手上。给我们一百万美元，否则他就完蛋了。"幸运的是，除了在电影里，这只是前 FBI 人质谈判专家克里斯·沃斯职业生涯中经常听到的一句话。沃斯在 FBI 工作超过 20 年后转入咨询和培训行业，并成为一名作家。他的著作《掌控谈话：解决问题的关键技能》是所有产品负责人或产品经理的必读书目。在这本书中，沃斯分享了他作为 FBI 人质谈判专家以及在商业领域中众多有效的谈判技巧、实践、技术和案例。本章总结了对产品负责人和产品经理最有价值的一些谈判技巧、工具和方法。

33.1 镜像技术

你已经很熟悉镜像技术了，它广泛应用于非语言沟通中。大多数人都被教导过，要在对话中模仿对方的非语言沟通行为。例如，如果对方的身体向前倾，你也要向前倾；如果对方向后靠，你也要向后靠。随着远程工作逐渐普及，我们正在摸索着如何在视频通话中模仿对方。比较推荐的做法是模仿对方的话语，例如，重复对方话语中的最后一部分，后面再加个问号。这样做的目的是向对方表示"请再多说几句"，而不是直白地提出这个问题。

举个例子，假设一个不容易接受拒绝的干系人找到你。她问："嘿，你能确保交付这两个特性吗？"你可以说："交付这两个特性吗？""是的，"干系人回答道，"这些特性对我们的客户非常重要。"通过重复对方话语的一部分，尤其是最后一部分，你可以引导他们进一步阐述他们的想法并提供更多的解释。

镜像技术主要用于为对话双方创造一个舒适的场域，同时帮助你更深入地了解对方所看重的利益。在谈判环境中运用的技术等同于影响力、权力和筹码。在使用镜像技术时，需要记住以下几个重点。

- 开始谈判之前，做好充分的准备，以应对和适应意外情况。意外随时可能发生。优秀的谈判者会主动寻找并揭示可能发生的意外。
- 不要对对方有任何预设或者看法。把你（认为自己）了解的事情视为需要验证的假设。
- 谈判的目的不是攻城略地，而是作为一个探索的过程，其目标是尽可能深入且充分了解，进而判断合作是否对双方有价值。
- 通过把注意力集中在对方身上，以此来压制自己脑海里的声音、疑虑和恐惧。专注于了解对方，专注于他们所说的话。
- 放缓谈判的节奏。最大的陷阱是急于结束谈判。如果你表现得想要快速完成交易或达成协议，对方可能就会利用这一点来让你就范。这样做甚至还可能损害已经建立的信任。

- 保持微笑。心态越积极，人的思维越敏捷，越能够更有效地解决问题和协作。保持积极态度能让你的思维和对方的思维都灵活起来。

情绪识别

你的对手可能和你一样，也觉得谈判很可怕。在谈判环境中，我们可能会经历各种情绪起伏，包括不安、恐惧、愤怒和喜悦。

同理心指的是理解他人的感受和心态。谈判过程中的同理心和我们作为产品人所需要的客户同理心一样重要。战术性同理心不仅包括理解对方的感受和心态，还包括洞察这些感受背后的原因。通过仔细观察对方的面部表情、手势和语调，你的大脑将逐渐与他们的大脑对齐。这个概念被称为"神经共振"（neural resonance），可以帮助你更快地理解对方的想法和感受。

在更清晰地理解对方的想法和情绪之后，我们可以应用"情绪标签"（emotion labeling）这种技术，即通过指出对方的情绪来进行确认。第一步是察觉对方的情绪。第二步是把这个情绪说出来并打上情绪标签。情绪标签通常以"看起来……""听上去……"等话语作为开头，可以采取陈述或提问的形式。

情绪存在于两个层面：可见的行为表现和不可见的内心感受。行为更容易识别，能让人看到和听到。然而，潜在的内心感受，比如动机、思想和情感，就无法使人看见或听见。这些感受需要通过言外之意来理解。要了解这些潜在感受，需要进行交流、仔细观察并通过情感标签来确认。潜在情绪标签有助于缓解负面情绪，同时强化积极情绪。情绪标签可以帮助缓和局面，因为它承认对方的感受，而不是由着这样的情绪加剧冲突。

在与其他人一起工作的时候，牢记一点：希望得到倾听、欣赏和理解，这是我们人类共同的天性。情绪标签可能帮助你加强正面的看法和维持互动关系。

33.2 让对方说"好"

我们已经讨论过产品负责人如何向干系人说"不"，但万一你才是提出请求的一方呢？此时如何让对方回答"好"呢？强迫对方接受显然行不通，在大多数情况下，这么做只会激怒对方。

尽管这个观点算不上广为人知，但在谈判中，"不"往往意味着开始，而不是结束。因此，在谈判中，应该尽早让对方说出"不"作为答复。谈判早期的"不"将帮助你确定他们不想要什么。明确这一点将为发现他们真实的想法铺平道路。对方所说的"不"可能有下面这些不同的含义：

* 我还没准备好对你说同意；
* 你让我感到不舒服了；
* 我不理解；
* 我负担不起；
* 我需要更多信息；
* 我更愿意和别的人谈。

就像有不同类型的"不"一样，"好"也有不同的类型，示例如下。

* 虚伪的"好"：虚伪的"好"意味着对方实际上想说"不"，但口头上却说了"好"，因为这样做比较简单。在许多公司、组织和团队文化中，说"不"并不常见，有些人习惯了这样说"好"以此来含蓄地表达"不"。
* 确认性的"好"：确认性的"好"相对无害。它通常是对非此即彼这一类问题的快速反应，出自人类的本能。这种类型的"好"往往没有经过深思熟虑，虽然表达了肯定，但实际上并没有推动共识决策的达成。
* 承诺性的"好"：承诺性的"好"才是真正的成交。这种类型的"好"通常意味着协议、交易的达成或合同的签署。然而，这些

不同类型的"好"听起来很相似，所以你需要学会辨别其背后真正的含义。

一个明确的"不"比一个仓促敷衍的"好"更有帮助。例如，在和一个干系人讨论重要事项时，不要这样问："你有几分钟时间聊聊吗？"而是要这样问："现在谈话是不是有点不合适？"对方可能会回答说："是的，现在不合适。"然后给你一个合适的时间或请你先离开。也可能会回答说："没有啊，现在就很好"，并且专心跟你讨论。

"不"这个词能带来许多积极的结果，无论是对干系人说"不"，还是在谈判中被告知"不"。它能提供以下帮助：揭露真正的问题，以免你做出错误的决定；放慢进程，让你有时间去分析决策和协议；帮助你感到安全、稳定和舒适；推动每个人的工作取得进展。

当人们有说"不"的自由时，他们会感到安全、稳定并有掌控感，因此，尝试引导对方尽早说出"不"。如果一个干系人或客户对你不理不睬，不妨提出一个明确而简洁的问题让对方倾向于说"不"，并且表现得自己似乎马上准备走人，例如，这样提问"你已经放弃这个项目了吗？"通常就很有效。

33.3　如何判断"是"的真伪

你已经了解到，催促对方答应你的请求并不是一个好的策略。在谈判中，有一个简单的词可以改变局面："没错！"这两个词表示对方认为你的观点是正确的，并且他们完全支持你。在谈判中听到"没错"，意味着你已经取得了突破。"你是对的"或"听起来不错"等类似的表达并不是你想要的突破性词汇。"你是对的"意味着对方认为你是正确的，但并不意味他们认为这个解决方案或协议是适合他们的。"听起来不错"也是同样的道理。它们都不是达成协议的信号。

要让对方说出"没错"，一个有帮助的做法包括经常总结对方所说的内容，并将问题或担忧与解决方案联系起来，同时通过镜像方式模仿对方，复述对方的话并识别他们的情绪。在谈判过程中，结合运用这些技巧是引导他们说出"没错"并进而得到真正的"好"的最佳方式。

33.4 让他们转念一想

公平公正是谈判中最强大的词语之一。想要成为一个出色的谈判者，就需要在公平公正方面建立声誉。在处理棘手的谈判、交易、合同或协议时，你需要说服对方让他相信你的提议是公平公正的，而且如果交易失败，对他们也将是一种损失。为了提高在公平公正方面的声誉，可以采取以下几个措施。

- 锚定情绪：先从战术性的同理心开始。观察对手，识别并标注情绪和恐惧。然后，将情绪用作锚点，把他们的思维框架定位在潜在的损失上。如果人们感到自己即将错过重大机遇，就会启动人类天生的"损失厌恶"机制，立刻采取行动来避免这种损失。通过将情绪锚定在潜在的损失上，你可以让他们转念。

- 先让对方出价：在讨论具体金额或日期时，率先开口通常不是个好主意，让对方先提出他们对时间或金额的预期。如果你先开口，可能会陷入"赢家的诅咒"或"买家的悔恨"中。然而，你需要准备应对对方的首次报价。如果对方态度强硬而且开价远低于或远高于你的预期，说明他们可能在试图扭曲你的认知。因此，初次报价务必要小心谨慎。

- 设定一个范围：在谈判金额或日期时，给出一个大致的范围，并提供可信的参考信息来支持自己的观点。例如，如果客户询问项目的时间线，你就可以提到之前为另一个客户开发类似应用花了6个月到9个月的时间，或者提到像 XYZ 这样的顶尖公司为产品负责人职位支付的薪水在12.5万美元到17.5万美元之间。通过提供一个范围以及可靠的参考数据，你可以有效地传达自己的观点，同时避免对方产生戒备的心理。

- 转向非货币条款：当你在谈判新合同、工作机会或加薪时，提出对你来说不太重要但对他们可能有价值的东西，可以使你的提议听起来更合理。或者，如果客户或潜在新雇主的报价较低，你可以要求对你（相比对他们来说）更重要的非货币元素。在讨论非货币元素时，可以加上一些具体的例子，例如"培训预算或提供写作和公开演讲的时间及支持"。

- 讨论数字时使用非整数：大多数公司已经发现，相比 99.95 美元的产品，标价 100 美元的产品往往转化率更低。以零结尾的数字似乎更像是一个占位符。然而，看似随意提出的一个不太规整的金额——例如 8 673 美元——听起来却像是经过深思熟虑的计算结果。

- 提供好处，让他们惊喜：先设置一个极端的金额或日期锚点，对方会拒绝离谱的低价或截止日期，随后你再给他们一个意外的好处。这种做法可以使对方感到惊喜，从而更容易接受你的其他提议。

相比为了获得收益而甘愿冒更大的风险，人们往往会为了避免损失而甘愿冒更大的风险。运用这些技巧可以帮助对方意识到，不采取行动的话，可能会导致损失。

33.5　创造控制的错觉

在我们的职业生涯中，经常听到的一句话是"人们不喜欢变化。"但我们认为，事实并不完全是这样。人们可能不喜欢一次性面对太多变化或者不喜欢经常性的巨大变化。我们不认为人们本质上反对变化。然而，人们的确不喜欢"被"改变，就像许多人不喜欢别人教自己做事一样。在谈判中要牢记这一点。干系人、客户或用户也不喜欢有人来教自己做事，不愿意别人对自己指指点点。人们更倾向于掌控自己的选择和命运。

在谈判中，可以通过使用"校准问题"（calibrated question）来创造这种控制的错觉。校准问题是一种很实用的问题形式，有助于引导对方认识到自己存在的问题，这种方式比直接说出这些问题更好。校准问题有许多不同的类型。下面这些例子可以派上用场：

- 为什么这件事对你很重要？
- 我怎么做才能帮助我们改善这个问题？
- 你希望我怎么做？
- 是什么让我们陷入了这种情况？
- 我们怎样才能解决这个问题？
- 我们在这里想要达成什么目标？
- 我应该如何做到那一点？

校准问题的强大之处在于，它们让对方有掌控感。但实际上，提出这些问题的你才是真正主导对话的人。

33.6 保证执行

在谈判中，你的目标是推动对方做出决策。比如，你可能想推动客户决定与你合作，或是让一个干系人撤回他们的特性请求，或是推动截止日期的更改决定。

在谈判中，需要动态地、灵活地设计每一个环节，以确保达成共识和实施决策。下面这些口头和非口头沟通技巧与工具可以帮助你改变对方对现实的感知。

- 7-38-55 规则：心理学家阿尔伯特·梅拉宾的这个规则指出，在交流中，只有 7% 的信息是来自话语本身，38% 来自语调，55% 来自讲话者的身体语言和面部表情。如果你认真倾听并观察对方，就能发现对方在言辞、语调和身体语言上是否保持一致。若三者不一致，可能意味着对方在虚张声势或撒谎。

- 三法则（the rule of three）：三法则很简单，它指的是在同一场对话中让对方三次对同一事情表示赞同。当对方首次表示赞同时，你就初步确认了他们的立场。接下来，你可以复述或总结他们之前说过的话，让他们用"没错"回应，这是第二次同意。第三次，可以针对实施细节或后续行动提出一个校准性的"怎样……"或"……是什么"问题，例如，"你认为最棘手的挑战是什么？"

- 匹诺曹效应（the Pinocchio effect）：哈佛商学院的迪帕克·马尔霍特拉教授及其联合署名人发现，试图歪曲事实的人往往话多，尤其是相比坦诚的人。此外，这些人还倾向于更频繁地使用第三人称代词（他、她、它、有人、他们）。

33.7　讨价还价

在对协议或涨薪进行谈判时，可能会在具体数字上展开激烈的讨价还价。遇到这种情况时，可以考虑转而关注一些影响最终金额的非货币因素。举例来说，你可以说："让我们暂时把金额放到一边，还有哪些因素能让它成为一笔好的交易呢？"或者你可以说："除了现有的条件，你还能提供什么让这笔交易对我来说更加公平？"

如果谈判陷入僵局，以至于你不得不在数字上讨价还价，则可以尝试改变策略，让对方摆脱他们固有的思维模式。你可能对目标、标准和数字有自己的心理预期，但千万不要表现得过于迫切。要记住，谈判桌对面的人不是你需要解决的问题，未达成的交易才是你真正要解决的问题。在谈判数字时，阿克曼模型（Ackerman model）可能会有帮助，它描述了一个 6 步过程。

第 1 步，设定目标价。

第 2 步，将首次报价定为目标价的 65%。

第 3 步，规划三次递减的加价幅度，分别达到目标价格的 85%、95% 和 100%。

第 4 步，在提出更高的报价之前，运用同理心和不同的拒绝方式让对方在你提高报价前还价。

第 5 步，在计算最终金额时，使用精确的、不规整的数字，比如 37 893 美元而不是 38 000 美元，这能让数字显得更加有说服力。

第 6 步，在最终报价中加入一个对方可能不太需要的非金钱条款，以表明你已经做出了最大的让步。

在进行有关数字和日期的谈判之前，用心准备阿克曼模型。思路清晰的谈判策略有助于你达成一笔好的交易，并且避免在谈判中被对方压得太紧以至于做出对自己不利的决定。

33.8 发现黑天鹅

黑天鹅理论（black swan theory）指的是我们人类在遇到不可预测的事件时往往倾向于寻找简单的解释。该理论源自《黑天鹅：如何应对不可预知的未来》[①]，它之所以得名，是因为在发现澳洲大陆及其本土的黑天鹅之前，人们普遍认为所有天鹅都是白色的。黑天鹅的出现对人们而言是个惊喜，但这并不是这个故事重要的原因。故事表明人类从观察和经验中学习的局限性。一个简单的观察就可能推翻我们长期以来的普遍认知。一只黑天鹅就足以改变一切。

回到谈判这个话题上。如前所述，当人们开始害怕错失交易时，他们通常会改变行为、采取行动或接受交易。因此，在谈判过程中制造的恐惧感将成为杠杆，帮助你在谈判中取得优势。这种杠杆可以分为三种类型：正面的、负面的和规范性的。

- 正面杠杆：掌握正面杠杆意味着你可以扣留或提供对方想要的东西。如果对方说："我想要……"，而你可以提供他们想要的东西，那么你就拥有正面杠杆。

- 负面杠杆：掌握负面杠杆意味着你有能力让对方遭受损失。一个负面杠杆的例子是："如果你不在 Y 截止日期之前交付 X 特性，

---

① 参见 Nassim Nicholas Taleb, *The Black Swan: The Impact of the Highly Improbable, Random House*, 英文版由兰登书屋出版于 2007 年。

我将终止与贵公司的合同并让你的声誉受损。”负面杠杆之所以
有效，是因为它利用了人们对损失的厌恶。但是，要谨慎使用负
面杠杆——因为你可能需要真的去兑现这种威胁。这就像核威慑
一样，一旦使用就可能带来巨大的压力和难以挽回的后果，破坏
双方的关系和信任。因此，这种杠杆通常不推荐使用。

- **规范性杠杆**：使用规范性杠杆意味着利用对方的规范、价值观和
  标准来支持你自己的立场。要做到这一点，你需要深入了解对方
  的观点，并将其作为自己的杠杆。举个例子，如果你指出对方的
  规范、价值观和信仰与其实际行为不一致，你就具备了使用规范
  性杠杆的条件。这种杠杆的关键在于它触及人们不愿成为伪君子
  的内心，而不是激起了对损失的厌恶。为了掌握规范性杠杆，你
  需要深入了解对方的信念、规范和价值观，这就要求你认真倾听
  并积极提问，学会用对方的语言来沟通。

杠杆和黑天鹅之间有什么联系呢？当人们首次发现黑天鹅时，他们
的观念发生了剧变，因为以前大家都认为只有白天鹅。在谈判中，观点
的剧变通常会带来突破性的结果。一旦你发现黑天鹅，就可以通过揭示
和镜像化黑天鹅，利用这些发现为自己争取利益。

为了揭示黑天鹅，你应该根据自己对对方的了解来引导过程，但不
要让它们影响自己的客观判断。时刻牢记，总有一些事情是你不知道的。
每次谈判都是一个新的开始，因此要保持开放、灵活和高适应性。谈判
更像是一个发现的过程，而不仅仅是争胜负或争辩。有效的发现有助于
你赢得谈判。学会在适当的时候将话题从具体的交易或合同中转移，了
解对方的信仰和世界观。跳出谈判桌的局限，深入了解对方的情感和生
活。你通常能在这里发现黑天鹅。人们都希望自己得到倾听和理解，因
而更容易与理解自己的人建立联系。如果对方感觉自己和你有共同的信
念、价值观、激情和世界观，那么他们更有可能做出妥协。要尝试找到
你和对方的共同点。

第Ⅶ部分

影响者：小结

关键学习与洞察

　　第Ⅶ部分就到此结束了，在这一部分中，你探索了"影响者"姿态。你了解了哪些潜在的干系人对产品有影响，并学习了如何运用工具对干系人进行识别、分类和分组，这些工具和实践能帮助你洞察干系人。你探索了如何通过理解干系人的目标、兴趣、动机、个性等信息和洞察来成为他们的影响者和合作者。你学习了如何运用这些对干系人的洞察来制定合适的干系人管理和沟通策略。了解沟通的方式和不同沟通层次有助于你与干系人建立牢靠的关系。归根结底，干系人管理的重点是发展关系。适当调整自己的语调、声音、信息、沟通风格、策略和技巧，将有助于你更有效地建立关系。

　　成功的产品不只是由产品负责人或产品经理创造出来的，也不只是由我们在第Ⅵ部分提到的优秀团队创造出来的。它们是在一个大家齐心协力、为实现同一个愿景而努力的生态系统中共创出来的。因此，产品负责人和产品经理不仅应该在产品团队内部成为一名高效的合作者，还需要在团队外部成为一名有力的影响者。优秀的影响者更懂得如何先理解他人，再让别人来理解自己。这个过程涉及深入理解干系人的需求、目标和愿望，并需要持续的努力去合作、参与和发展关系。在本部分的最后几章中，你学习了如何掌握拒绝的艺术，探索了一些实用的谈判策略和技巧。为了打造出能在市场上获得成功的产品，作为产品负责人或产品经理的你需要成为一名有能量的影响者。

小测试回顾

如果在第Ⅶ部分的开头处完成了小测试，请将你的答案与下表中的答案进行对照。在了解"影响者"姿态之后，你是否会修改自己的答案？你还是会赞同下面的答案？

测试题	赞同	不赞同
1. 干系人管理是产品负责人的核心责任之一。然而，并非所有干系人都是平等的，或者说，不是需要对所有干系人有同等的关注和影响力。	☑	
2. 有多种技术可以帮助产品负责人更有效地管理干系人，比如干系人图谱和干系人雷达，以及 DISC 和 MBTI 等模型。	☑	
3. 谈判的目的在于达成共识，通常涉及互惠互利。		☑
4. 在管理干系人管理以及与他们的沟通中，优化自己传递的信息最重要。		☑
5. 谈判和外交关键在于理解合作伙伴的思维方式，并使其在观点上与你保持一致，在这个过程中，积极倾听至关重要。	☑	
6. 在与干系人进行谈判时（例如，谈判的主题可能是某个特性），你想要尽快达成共识并取得他们的同意。		☑
7. 为了有效地最大化价值，产品负责人应根据不同情况灵活运用不同的姿态，与不同类型的干系人合作（例如，可以采用情境领导模式）。	☑	

延伸阅读

在这一部分中，你学习了关于"影响者"姿态的内容。诸多主题、工具、技术和概念都将帮助你强化这个姿态。如果想提高自己作为影响者的能力，可以考虑花更多时间与干系人建立关系，深入了解他们的性格、兴趣和目标。

　　如果你在建立关系上遇到了困难，可以先花时间明确干系人领域。制作一张干系人地图或干系人雷达图，然后制定一套干系人管理策略。根据这个策略与干系人开始互动，至少每个季度检查和调整一次策略。

　　此外，还可以通过阅读以下资料来进一步了解"影响者"姿态：克里斯·沃斯所著的《掌控谈话：解决问题的关键技能》（英文版由 Harper Business 出版于 2016 年）、罗杰·费舍尔和威廉·尤里所著的《谈判力》（英文版由 Simon & Schuster 出版于 2011 年）、罗宾·舒尔曼和威廉·维尔马克所著的《掌握拒绝的艺术：产品负责人和产品经理的干系人有效管理》（英文版自出版于 2020 年）。

产品负责人的六种姿态

产品负责人的理想姿态

本书带领大家了解了产品负责人应该具备的六种理想姿态。成为一个卓越的产品负责人，是一段奇妙且永无止境的探索之旅。虽然本书介绍的工具、实践方法、技巧和概念有望在这段旅程中助你一臂之力，但你仍然需要付出不懈的努力。仅仅参加两天的课程或读完这本书并不能让你一跃成为一名伟大的产品领袖。持续精进个人、产品团队和公司的知识和技能，对打造爆款产品至关重要。

感谢阅读这本书并从中学习产品负责人的各种姿态。只要保持学习和成长，在合适的场合运用恰当的姿态将成为你的本能。为此，请记住下面六句话，它们将帮助你在日常工作中快速确定自己的最佳姿态：

- 愿景家：重要的不是我们目前在哪里，而是我们想去哪里。
- 客户代表：客户和 / 或用户想要解决什么问题？
- 实验者：为了验证这个想法，我们能够采用哪一个最简单的实验？
- 决策者：关注数据并推动进展。
- 合作者：让大家齐心协力地完成任务。
- 影响者：如何让人们为了最大化产品利益而积极采取行动？

本书旨在通过以上六种理想姿态来启发产品负责人，使其能够适应各种情境。作为产品领域的从业者，我们需要在与客户、用户、干系人、高管和开发团队的互动中，以及在流程、工具、技术和沟通中表现出灵活多变的能力。掌握不同的姿态不仅能让我们成为更优秀的产品领袖，更重要的是，还能让我们成为更出色的产品人——总是能够使产品实现最大化的价值。

利用产品墙提高透明度

成为产品负责人并不意味着只是当个二传手，只是从其他人那里接收输入信息。你的身份不简单，你不是一个负责路线图和待办事项清单的文员。你是产品背后的战略大脑，推动产品取得进展是你的职责，你需要做出决策来为产品和更广泛的组织目标做出贡献，需要基于客户、市场、行业和产品洞察做出决策，需要持续沟通产品愿景、不断审视和调整策略，还需要让已知的信息和未知的信息保持透明。

透明是一种强大的资产，但它不等同于可见性。透明指的是信息、流程和决策是可见、开放、可访问、易于理解、可检视，因而可以及时进行调整的。在产品管理和产品开发中，透明至关重要。为了打造出色的产品，信息必须对所有相关人员透明，无论是对关键客户、干系人还是开发产品的人。有许多方法可以提高透明度，例如使用产品墙。本书介绍的很多工具、技巧和实践方法（例如产品愿景、产品目标、产品路线图和用户画像）都能与产品墙相得益彰。因此，欢迎广大产品人随时翻阅本书，以确定哪些概念可以用在自己的产品墙上。

产品墙，或称大部屋（obeya room）[①]，是组织内部用于促进透明文化的一种工具。它将所有与产品相关的信息集中公布于一处，信息包括市场研究、客户洞察、技术趋势、产品愿景、产品策略、目标和关键成果、价值衡量、产品指标、用户画像等。任何想深入了解产品的人都可以在

---

① obeya（来自日语大部屋，意为"大房间"）起源于丰田公司。Obeya被比作船舶的舰桥、作战室，甚至是大脑。

产品墙上找到自己想要的信息。

将所有产品（管理）信息汇集于一处（无论是在实体办公室还是在虚拟的产品墙上）有助于做出更好的决策、更轻松地实现多方合作。干系人可以通过产品墙来检视信息，了解产品的健康状况和进展，并帮助你采取行动。利用数据、分析、洞察和证据，可以做出更好的决策并加强透明度和沟通。透明度能带来许多优势，维护一个透明的产品墙也不例外。关键在于，不要试图一蹴而就，完美的产品墙是不可能一次到位的。就像我们在大多数工作中所做的那样，要循序渐进。从小处着手，找一块办公室墙面或虚拟墙，往上面贴一些东西，然后进行检视。随着了解的增加和认知的提升，不断添加更多元素到墙上。检视，并调整。

案例研究：尾声

出场人物：诺亚和小男孩

"那是什么，奶奶？"小男孩好奇地睁大双眼，紧盯着墙上的大装饰框。

"小家伙，那是《关于一切显要且值得纪念的历史》①的复制品，"诺亚回答道。

男孩不解地看着老妇人。

"那是世界上第一份印刷报纸，距今已经有400多年的历史了。"诺亚解释道，"这是我从世界新闻公司退休时收到的礼物。我非常珍视它。"

小男孩的好奇心还没有得到满足。"当时的人们是怎么用的呢？"他问。

"当然是阅读啦。"诺亚回答，"但从本质上说，他们读报纸是为了拓展自己的知识，了解周围的世界，能让自己更明智地过好一生。"

---

① 译注：原文为 "Relation aller Fürnemmen und gedenckwürdigen Historien"。

"但为什么它是印在纸上的，奶奶？"好奇的小男孩继续发问。

诺亚想了想，然后回答道："因为那时候还没有数字新闻。虽然现在这个世界发生了许多变化，但人们面对的问题实际上没有太大变化。"

她指着这份老报纸标题上的字样，解释道："为了做有意义的事情，人们需要获取信息。我们传递信息的方式可能随着时间改变，但对新闻和知识的需求永远不会改变。"

这番解释似乎满足了小男孩的好奇心，因为他的目光已经移到装饰框底座上的小牌子上。"这里写着你曾经是《世界新闻》的CEO，奶奶。你之前一直是CEO吗？"

诺亚看着他，微笑着说："我确实一直都在像CEO一样做事。"

Velocity is not a mandatory metric

#stopbadagile

Just using new terminology does not make someone agile

#stopbadagile

Managing individual capacity at 100% will not lead to agility

#stopbadagile

Agile coaches do not manage executives and stakeholders

Copying someone else's structure stops agility

#stopbadagile

Popularity doesn't make a framework fit for purpose

#stopbadagile

The Sprint Retrospective does not come after the Sprint Review

#stopbadagile

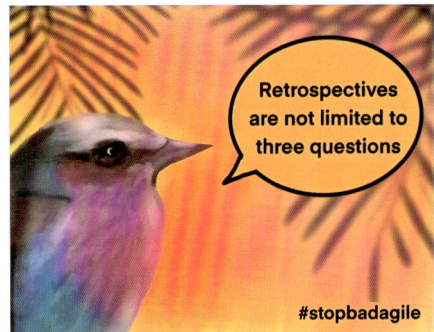

Retrospectives are not limited to three questions

#stopbadagile

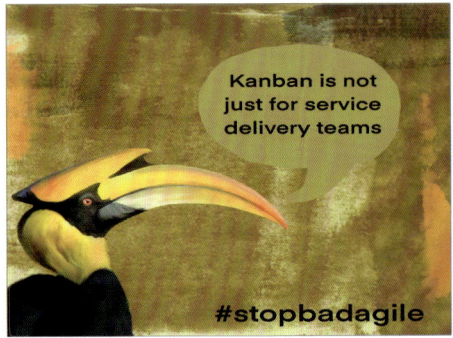

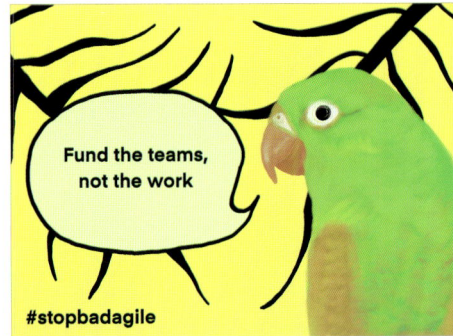

The only way to go fast is to *go well.*

Robert C. Martin (Uncle Bob)
Agile trainer and author

Scrum is not training wheels for agile

#stopbadagile

When we go into that new project, we believe in it all the way. We have confidence in our ability to do it right.

Walt Disney

"agile assessment" tools asking things like "are the teams doing a daily meeting?" or "are they using the mandated tool?" aren't assessing anything of value

#stopbadagile

Design and programming are human activities; forget that and all is lost.

Bjarne Stroustrup
Computer scientist

OKRs do not have to be tied to quarterly planning

#stopbadagile

We don't need an accurate document. We need a shared understanding.

Jeff Patton
Agile trainer

OKRs are aspirational. It is not mandatory that they be met

#stopbadagile

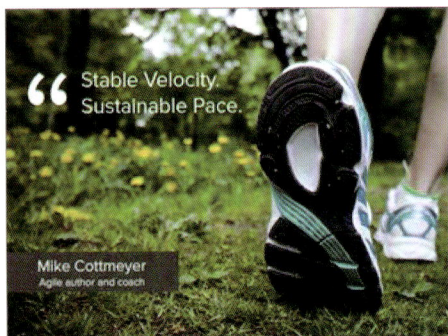
Stable Velocity. Sustainable Pace.

Mike Cottmeyer
Agile author and coach

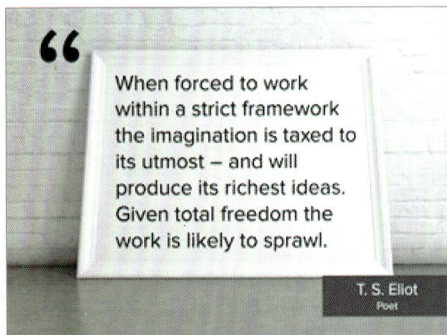
When forced to work within a strict framework the imagination is taxed to its utmost — and will produce its richest ideas. Given total freedom the work is likely to sprawl.

T. S. Eliot
Poet

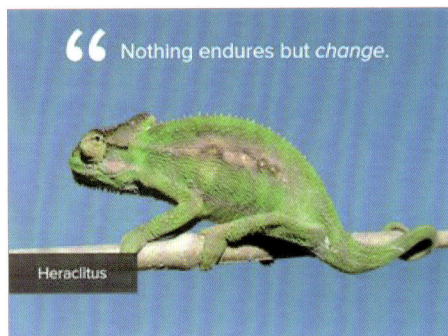
Nothing endures but *change*.

Heraclitus

Adopt the attitude that continuous planning is a good thing — In every iteration, expect your plans to change (albeit in small ways if your planning is effective). Don't fall into the trap of thinking that the plan is infallible.

Ian Spence and Kurt Bittner
Agile authors

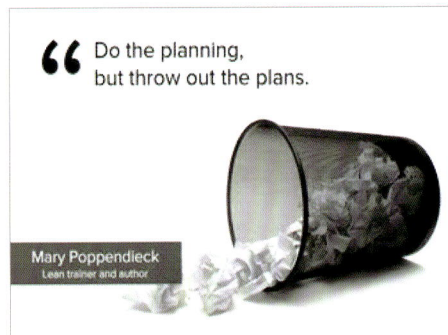
Do the planning, but throw out the plans.

Mary Poppendieck
Lean trainer and author

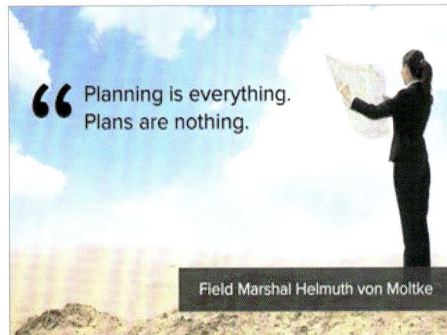
Planning is everything. Plans are nothing.

Field Marshal Helmuth von Moltke

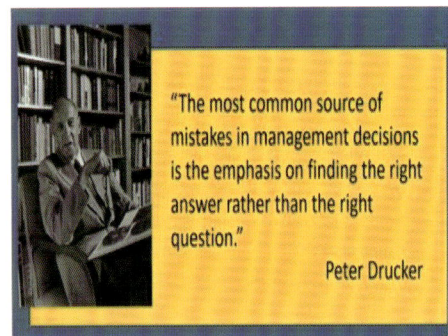
"The most common source of mistakes in management decisions is the emphasis on finding the right answer rather than the right question."

Peter Drucker

It is a capital mistake to theorize before one has data.

Sherlock Holmes
Scandal in Bohemia

> Remove any feature, process, or effort that does not contribute directly to the learning you seek.

Eric Ries
Author, *The Lean Startup*

> A market is never saturated with a good product, but it is very quickly saturated with a bad one.

Henry Ford

> A wrong decision is better than no decision.

Tony Soprano

> Right and wrong cease to be useful concepts when you're talking about software development.

Kent Beck
XP trainer and author

? Yes No Maybe

> The important thing is not your process. The important thing is your process for *improving your process.*

Henrik Kniberg
Agile trainer and author

GOOD BETTER

> As ScrumMasters, we should all value being great over being good.

Geoff Watts
Scrum trainer and author

> As a software development consultant, I've never encountered a successful software company (although my sample size is limited) in which the team and project leaders were not technically savvy.

Jim Highsmith
Agile author

> The secret of getting ahead is *getting started*. The secret of getting started is breaking your complex overwhelming tasks into small manageable tasks, and then start on the first one.

Anonymous

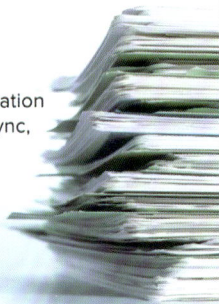
"Remember: it's not the documentation that needs to be in sync, but the people.

George Dinwiddie
Agile coach and trainer

"Software is the most malleable product. Companies need to use this characteristics to their competitive advantage, and sticking to traditional waterfall development negates this advantage.

Jim Highsmith
Agile author

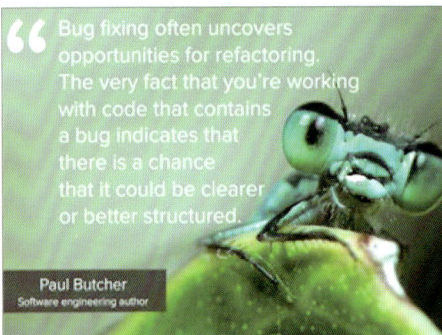
"Bug fixing often uncovers opportunities for refactoring. The very fact that you're working with code that contains a bug indicates that there is a chance that it could be clearer or better structured.

Paul Butcher
Software engineering author

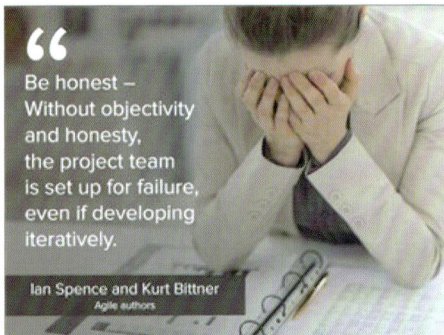
"Be honest – Without objectivity and honesty, the project team is set up for failure, even if developing iteratively.

Ian Spence and Kurt Bittner
Agile authors

"Plans are worthless, but planning is everything.

Dwight Eisenhower

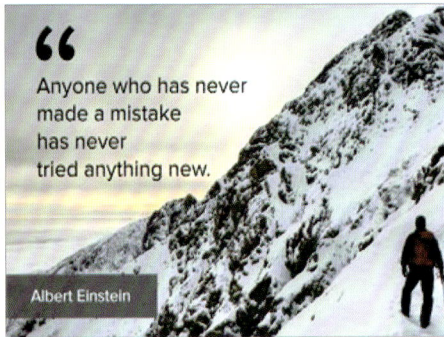
"Anyone who has never made a mistake has never tried anything new.

Albert Einstein

"The more elaborate our means of communication, the less we communicate.

Joseph Priestley
Theologian

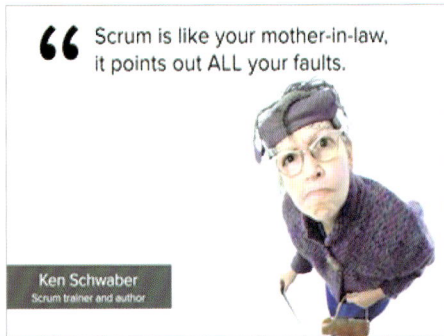
"Scrum is like your mother-in-law, it points out ALL your faults.

Ken Schwaber
Scrum trainer and author

It seems that perfection is reached not when there is nothing left to add, but when there is nothing left to take away.

Antoine de Saint-Exupéry
Author

"Scaling agile" always sounds to me like "scaling small-batch, hand-crafted artisanal beer." You end up with Bud Light

Andy Hunt
Pragmatic programmer

Listening is not simply hearing what others are saying; it's giving them space to contribute.

- Tanveer Naseer

"He that is good for making excuses is seldom good for anything else."

Benjamin Franklin

The value of an idea lies in the using of it.

Thomas Edison

Helping people find and pursue their passion is leadership's highest privilege.

There is nothing so useless as doing efficiently that which should not be done at all.

Peter Drucker

People don't adopt a methodology, they adapt it.

Tom DeMarco
Author

When to use iterative development?
You should use iterative development only on projects that you want to succeed.

Martin Fowler
Author and programmer

Success is not final, failure is not fatal: it is the courage to continue that counts.

Winston Churchill

To be uncertain is to be uncomfortable, but to be certain is to be ridiculous.

Chinese Proverb

If you define the problem correctly, you almost have the solution.

Steve Jobs

Planning is a quest for value.

Mike Cohn
Agile trainer and author

Scrum without automation is like driving a sports car on a dirt track – you won't experience the full potential, you will get frustrated, and you will probably end up blaming the car...

Ilan Goldstein
Scrum trainer and author

Be fixed on the vision, but flexible on the journey.

Jeff Bezos
Founder of Amazon

In XP, we don't divide and conquer. We conquer and divide. First we make something that works, then we bust that up and solve the little parts.

Kent Beck
XP trainer and author

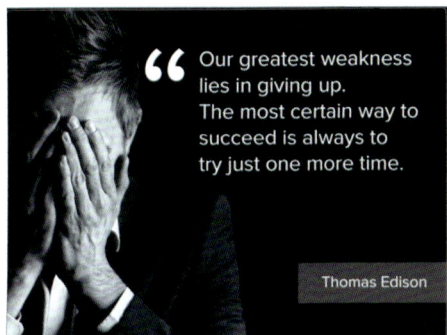

> " Our greatest weakness lies in giving up. The most certain way to succeed is always to try just one more time.
>
> **Thomas Edison**

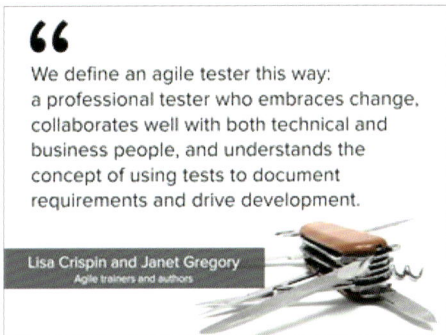

> " We define an agile tester this way: a professional tester who embraces change, collaborates well with both technical and business people, and understands the concept of using tests to document requirements and drive development.
>
> **Lisa Crispin and Janet Gregory**
> Agile trainers and authors

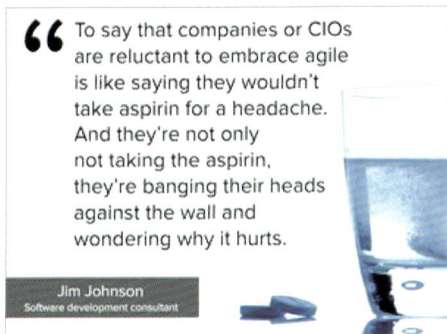

> " To say that companies or CIOs are reluctant to embrace agile is like saying they wouldn't take aspirin for a headache. And they're not only not taking the aspirin, they're banging their heads against the wall and wondering why it hurts.
>
> **Jim Johnson**
> Software development consultant

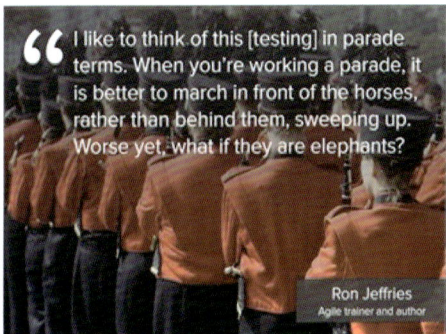

> " I like to think of this [testing] in parade terms. When you're working a parade, it is better to march in front of the horses, rather than behind them, sweeping up. Worse yet, what if they are elephants?
>
> **Ron Jeffries**
> Agile trainer and author

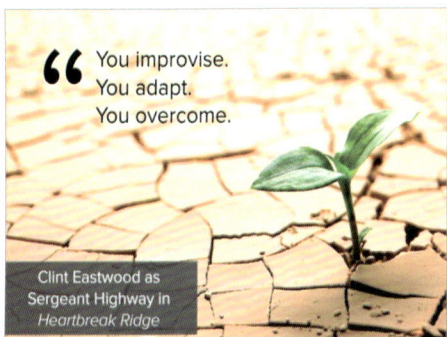

> " You improvise. You adapt. You overcome.
>
> **Clint Eastwood as Sergeant Highway in**
> *Heartbreak Ridge*

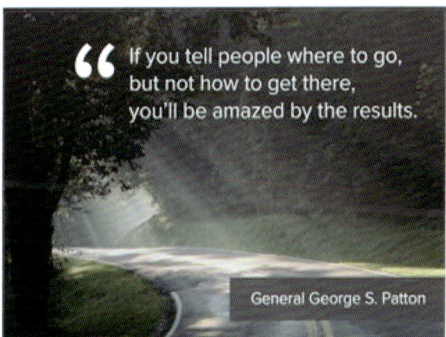

> " If you tell people where to go, but not how to get there, you'll be amazed by the results.
>
> **General George S. Patton**

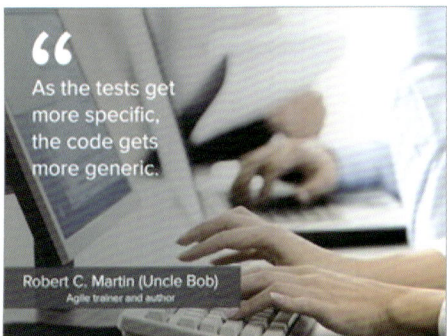

> " As the tests get more specific, the code gets more generic.
>
> **Robert C. Martin (Uncle Bob)**
> Agile trainer and author

> " After working for some years in the domains of large, multisite, and offshore development, we have distilled our experience and advice down to the following:
> *Don't do it.*
>
> **Bas Vodde and Craig Larman**
> Agile trainers and authors

> Most teams aren't teams at all but merely collections of individual relationships with the boss. Each individual vying with the others for power, prestige, and position.

Douglas McGregor
Management professor

> Agile teams produce a continuous stream of value, at a sustainable pace, while adapting to the changing needs of the business.

Elisabeth Hendrickson
Agile author and trainer

> If you want a guarantee, buy a toaster.

Clint Eastwood as Nick Pulovski in *The Rookie*

> It's never about how you start – it's always about how you finish.

Dwayne Johnson
The Rock

> An organization that treats its programmers as morons will soon have programmers that are willing and able to act like morons only.

Bjarne Stroustrup
Computer scientist

> We regularly coach groups that ask, "How can we calculate how many people we will need?" Our suggestion is, "Start with a small group of great people, and only grow when it really starts to hurt." That rarely happens.

Bas Vodde and Craig Larman
Agile trainers and authors

> Opportunity is missed by most people because it is dressed in overalls and looks like work.

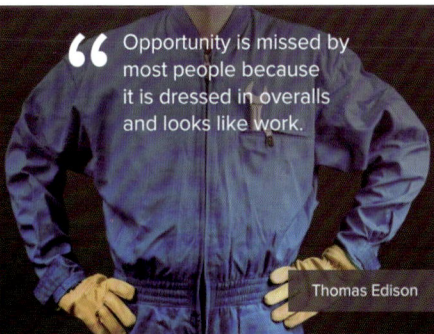

Thomas Edison

> A good plan violently executed now is better than a perfect plan executed next week.

General George S. Patton

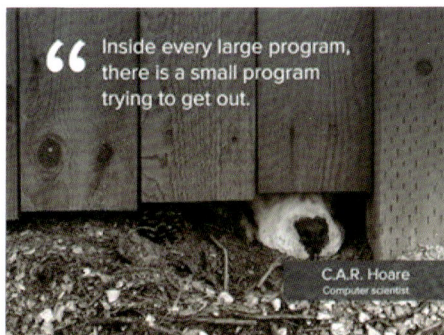

> Inside every large program, there is a small program trying to get out.
>
> **C.A.R. Hoare**
> Computer scientist

> Any fool can write code that a computer can understand. Good programmers write code that humans can understand.
>
> **Martin Fowler**
> Author and programmer

> Optimism is an occupational hazard of programming: feedback is the treatment.
>
> **Kent Beck**
> XP trainer and author

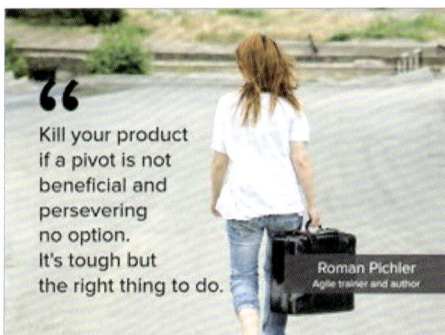

> Kill your product if a pivot is not beneficial and persevering no option. It's tough but the right thing to do.
>
> **Roman Pichler**
> Agile trainer and author

> The best way to get a project done faster is to start sooner.
>
> **Jim Highsmith**
> Agile author

> In a good shoe, I wear a size six, but a seven feels so good, I buy a size eight.
>
> **Dolly Parton as Truvy Jones in** *Steel Magnolias*

> However beautiful the strategy, you should occasionally look at the results.
>
> **Winston Churchill**

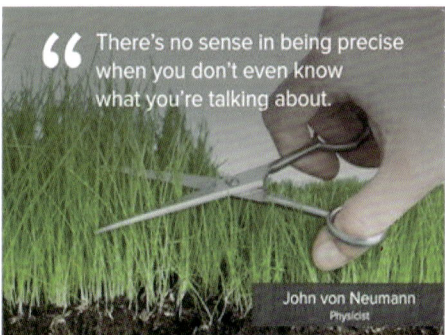

> There's no sense in being precise when you don't even know what you're talking about.
>
> **John von Neumann**
> Physicist

> " Everyone is a genius.
> But if you judge a fish
> on its ability to climb a tree,
> it will live its whole life
> believing that it is stupid.

Albert Einstein

> " People with goals succeed
> because they know
> where they're going.

Earl Nightingale
Motivational speaker

> " The benefit of allowing a
> team to self-organize isn't
> that the team finds some
> optimal organization for
> their work that a manager
> may have missed. Rather, it
> is that by allowing the team
> to self-organize, they are
> encouraged to fully own the
> problem.

Mike Cohn
Agile trainer and author

> " Agile is all about teams
> working together to
> produce great software.
> As an Agile coach, you
> can help your team go
> from first steps to
> running with Agile to
> unleashing their full
> Agile potential.

Rachel Davies and Liz Sedley
Agile trainers and authors

> " Focus on idle work
> not idle workers
> to achieve fast,
> flexible flow.

Ken Rubin
Agile Author and Trainer

> " In everything we do,
> whether writing tests,
> writing production code,
> or refactoring,
> we keep the system
> executing at all times.

Robert C. Martin (Uncle Bob)
Agile trainer and author

> " No matter what the problem is,
> it's always a people problem.

Gerald M. Weinberg

> " Scrum focuses on being agile
> which may (and should) lead to improving.
> Kanban focuses on improving,
> which may lead to being agile.

Karl Scotland
Agile trainer

> **Change is scary, but complacency is deadly.**
>
> Dave Dame
> *Agile leader*

> **The more they over think the plumbing, the easier it is to stop up the drain.**
>
> James Doohan as Scotty in *Star Trek III*

> **Agile leaders lead teams, non-agile ones manage tasks.**
>
> Jim Highsmith
> *Agile author*

> **This indispensable first step to getting what you want is this: *Decide what you want.***
>
> Ben Stein
> *Actor*

WANTED

> **If you have a choice of two things and can't decide, *take both.***
>
> Gregory Corso
> *Poet*

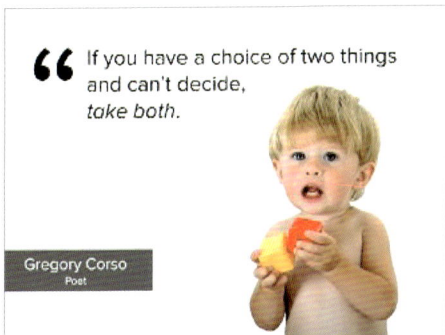

> **Everything stinks till it's finished.**
>
> Dr. Seuss

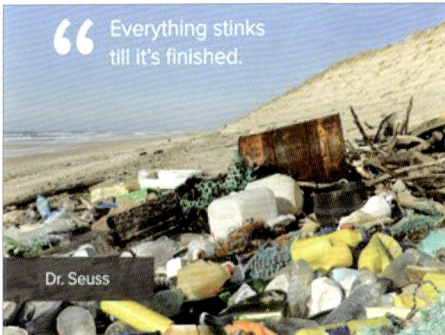

> **Agility means that you are faster than your competition. Agile time frames are measured in weeks and months, not years.**
>
> Michael Hugos
> *Agile systems architect*

> **It is always wise to look ahead, but difficult to look further than you can see.**
>
> Winston Churchill

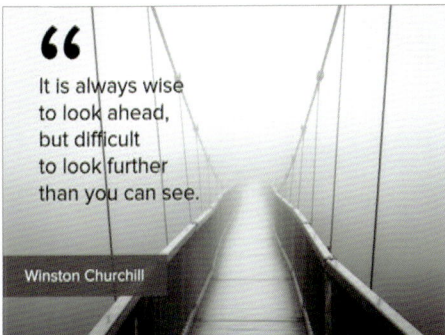

Everything is vague to a degree you do not realize 'till you have tried to make it precise.

Bertrand Russell
Philosopher

Keep your roadmap simple and easy to understand. Capture what really matters; leave out the rest.

Roman Pichler
Agile trainer and author

First-time product owners need time, trust, and support to grow into their new role.

Roman Pichler
Agile trainer and author

As an Agile coach, you don't need to have all the answers; it takes time and a few experiments to hit on the right approach.

Rachel Davies and Liz Sedley
Agile trainers and authors

That which is a feature to a component team is a task to a feature team.

Ken Rubin
Agile Author and Trainer

Failure is simply the opportunity to begin again, this time more intelligently.

Henry Ford

People are remarkably good at doing what they want to do.

Joseph Little
Scrum trainer and author

As a general rule of thumb, when benefits are not quantified at all, assume there aren't any.

Tom DeMarco and Timothy Lister
Software development authors

It doesn't matter
how good you are today;
if you're not better next month,
you're no longer agile.

Mike Cohn
Agile trainer and author

Simplicity is
the ultimate
sophistication.

Leonardo da Vinci

Although self-organizing
is a good term,
it has, unfortunately,
become confused with
anarchy.

Jim Highsmith
Agile author

扫码查看详情
包括彩蛋